Niveau intermédiaire

Maïa Grégoire
(Professeur de français langue étrangère)

Odile Thiévenaz
(PRAG à l'Université de Savoie)

Avec la collaboration de
Elisabeth Franco
et **Alina Kostucki**

Grammaire Progressive du Français

3e ÉDITION

avec 680 exercices

www.cle-inter.com

CRÉDITS PHOTOGRAPHIQUES

p. 45 g : SHUTTERSTOCK/RuthChoi – p. 45 m : SHUTTERSTOCK/ Damian Gil – p. 45 d : BnF : « Le Fuji rouge dans une embellie » par Hokusai, Tokitarô (1760-1849) XIXe siècle – p. 59 ht g : FOTOLIA/ alain Wacquier – p. 59 ht m : FOTOLIA.alain Wacquier – p. 59 ht d : FOTOLIA/speedfighter – p. 59 bas g : FOTOLIA/Redbult74 – p. 65 : Droits Réservés – p. 101 : FOTOLIA/James Steidl – p. 121 : FOTOLIA/ Delkoo – p. 184 : SHUTTERSTOCK/Penna Pazza – p. 209 : LEEMAGE/ Aisa – p. 270 : dessin de Sarah – p. 271 : éditions du Pacifique/« Burano », aquarelle © Fabrice Moireau.

Les auteurs remercient monsieur VALMOR LETZOW,
Directeur du département de français à l'Institut français de gestion,
pour la passion de l'enseignement qu'il leur a transmise.

Merci également à RADA ALLOY, BERTRAND DUHIREL,
ANNICK DUPUY, DANIELLE LAROCH, CHRISTINE LABURTHE ET DOMINIQUE SLUSNY
pour leurs précieuses suggestions.

Direction de la production éditoriale : BÉATRICE REGO
Marketing : THIERRY LUCAS
Édition : CHRISTINE GRALL
Couverture : FERNANDO SAN MARTÍN
Maquette intérieure : EVELYN AUDUREAU
Mise en page : Arts Graphiques Drouais (28100 Dreux)
Illustrations : MARCELO BENITEZ, JAVIER BLANCO BELVISI
Iconographie : CHRISTINE MOREL
Enregistrements : STUDIO BUND

ISBN : 978 209 038124 5

AVANT-PROPOS

■ La ***Grammaire progressive du français*** s'adresse à des étudiants, adultes et adolescents de niveau **faux débutant** ou **intermédiaire**.

Grâce à une méthode progressive et un langage simple, l'ouvrage vise à rendre vivant et stimulant l'apprentissage du français trop souvent considéré comme difficile.

Les règles de grammaire ne sont pas exhaustives mais vont à l'essentiel. Elles sont présentées et exploitées dans une perspective d'échange à l'écrit et à l'oral.

Chaque point de grammaire est abordé à la façon d'un cours de langue et non selon les classifications habituelles en parties de discours (déterminants, adjectifs, pronoms, etc.).

Les explications proposées privilégient d'abord le sens. Plusieurs sont le fruit d'une réflexion avec les étudiants.

■ La ***Grammaire progressive du français*** est une grammaire **d'apprentissage par étapes** qui présente :
• sur la *page de gauche* une **unité linguistique** :
– un encadré met en lumière le fait de langue avec des phrases simples et caractéristiques,
– les règles sont ensuite analysées point par point et illustrées par de nombreux exemples,
– des remarques de prononciation et d'écriture complètent la leçon ;
• sur la *page de droite*, des **exercices pratiques** :
– des encadrés avec des textes à reconstituer, des exercices de réemploi et des activités plus libres permettent l'utilisation immédiate de ce qui vient d'être étudié.

Trois pages d'exercices se succèdent pour approfondir des points plus complexes. Le professeur pourra naturellement développer certains exercices ou apporter des variantes personnelles compte tenu des besoins de la classe.

Des **exercices de récapitulation** en contexte puis des **bilans** permettent de réviser les chapitres étudiés. Un **test** général situé en fin d'ouvrage peut servir de test de placement en début d'apprentissage ou d'évaluation en fin de parcours.

■ La ***Grammaire progressive du français*** est une grammaire **pédagogique** : pour faciliter la découverte, la compréhension et l'acquisition, chaque point de grammaire étudié prépare le suivant. Par exemple, l'accord est d'abord étudié à travers le genre des adjectifs, puis des noms, il est repris dans les exercices sur la négation et l'interrogation, puis plus loin avec les possessifs, la profession, etc.

L'apprentissage se fait ainsi par enrichissement régulier des acquis. Certains points plus difficiles comme l'interrogation, la négation, les pronoms, sont repris dans le traitement de chacun des temps verbaux.

Les grands points grammaticaux sont découpés en unités plus petites et autonomes, les pages de gauche comportant toutes les informations nécessaires à la pratique des exercices. Ainsi, « Le temps » fait l'objet de plusieurs leçons (*chap. 14* : le jour, la date ; *chap. 17* : la durée ; *chap. 41* : l'origine, la chronologie, la succession).

Des **renvois** d'un chapitre à l'autre et des tableaux récapitulatifs permettent à l'étudiant et au professeur de reconstituer les grandes unités grammaticales. Un index détaillé et une synthèse des conjugaisons complètent l'ouvrage.

Cette grammaire peut s'utiliser en complément d'une méthode, ou plus ponctuellement pour étudier une difficulté particulière. Elle peut également servir de guide d'auto-apprentissage.

• Dans cette **troisième édition,** certains chapitres ont été remaniés (ex. : *chap.* 26 sur les verbes), certains exercices ont été transformés ou illustrés (ex. : comparatif, conditionnel) et les activités libres ou guidées de fin de page ont été développées.

• Des **activités communicatives** permettent, en fin d'ouvrage, de travailler la compréhension et la production orale et écrite en classe ou en auto-apprentissage. Elles se composent de textes ou de dialogues enregistrés et retranscrits accompagnés de questions, d'exercices de réemploi ou de productions à partir d'un modèle. Ces documents renvoient de façon explicite à certains chapitres de grammaire (passé composé/imparfait, relatif, conditionnel, subjonctif, relations logiques) et peuvent s'insérer en cours d'apprentissage.

• Les **corrigés** des exercices et des activités communicatives, ainsi que des suggestions pour les productions libres se trouvent dans un livret séparé.

DESCRIPTIF

L' UNITÉ GRAMMATICALE :	LES EXERCICES :
• Un encadré présentant **le point principal**.	• **Une ou trois pages d'exercices :** selon l'importance des problèmes.
• **Des explications simples** avec des exemples clairs et nombreux.	❶ • **Des exercices variés :** découverte, réemploi, mécanisation, activités libres, textes, etc.
• **Une démarche progressive**	① • **Des exercices récapitulatifs :** contenant des points déjà vus.
⚠ • **Des mises en garde :** difficultés particulières et interférences fréquentes.	≫ • **Des productions libres** ou guidées @ et des suggestions de recherches.
♪ • **Des remarques phonétiques :** liaison, élision, contraction, etc.	• **Des bilans notés :** pour évaluer les acquis.

Note sur la formation de l'imparfait et du gérondif :

Pour les étudiants en auto-apprentissage, les formes du dialogue « Je »/« Vous » étant acquises en priorité, il est plus facile de construire l'imparfait à partir du « Vous » : *Vous pren**ez** → Je pren-**ais** Vous voul**ez** → Je voul-**ais**.*

Dans les classes, où le « Nous » est rapidement introduit, on recourt plus facilement à la formation traditionnelle à partir du « Nous ». C'est l'option choisie dans cette troisième édition.

SOMMAIRE

1 LE VERBE « ÊTRE »

LE VERBE « ÊTRE » et LE DIALOGUE DE BASE

– **Je suis** français.
Vous êtes italien ?

En français, le verbe est en général précédé d'un nom ou d'un **pronom** sujet.

« JE » et « VOUS » sont les pronoms de base du dialogue :

*– **Vous êtes** de Paris, monsieur Ricard ?*
*– Non, **je suis** de Marseille.*

QUELQUES NATIONALITÉS

Je suis	*anglais.* *allemand.* *grec.* *japonais.* *brésilien.* *suédois.*
Vous êtes	*espagnol.* *américain.* *portugais.* *russe.* *australien.* *hollandais.*

« À », « DE », « CHEZ »

- « **À** » indique la ville où on est :

*Je suis **à*** | *Berlin.* / *Londres.* / *Moscou.*

- « **De** » indique la ville d'origine :

*Je suis **de*** | *Rome.* / *Madrid.* / *Lisbonne.*

- « **Chez** » s'utilise avec les personnes :

*Je suis **chez*** | *Pierre.* / *des amis.* / *moi.*

- « **De** » + **voyelle** devient « **d'** » :

*– Vous êtes **d'**où ? – Je suis **d'**Athènes.*

Pronoms sujets, p. 10 « À l' », « au », etc., p. 30 Accord des adjectifs, p. 12-14

EXERCICES

1 **« Je suis » ou « Vous êtes ». Complétez. Créez d'autres dialogues.**

Présentations

– Vous ________ d'où ?	– Vous ________ marié ?
– ________ suis anglais. Je ________ de Londres.	– Non, ________ ________ célibataire.
Et vous, vous ________ d'où ?	Et vous, ________ ________ marié ?
– ________ suis d'Athènes, ________ ________ grec.	– Oui, ________ ________ marié.

2 **Répondez aux questions au choix.**

1. – Vous êtes espagnol ou portugais, Luis ? – *Je suis espagnol.*
2. – Vous êtes de Madrid ou de Barcelone ? – ________________
3. – Vous êtes étudiant ou professeur ? – ________________
4. – Vous êtes marié ou célibataire ? – ________________
5. – Vous êtes fatigué ou en forme ? – ________________

3 **Complétez le dialogue avec « à », « de », « chez ».**

Paul : – Je suis en vacances *à* Nice. Et vous, vous êtes ________ Nice pour travailler ?

Aldo : – Non, je suis en vacances ________ ma tante. Vous êtes ________ l'hôtel ou ________ des amis ?

Paul : – Je suis ________ un ami d'enfance, Philippe Leroux. Vous êtes ________ quelle ville, Aldo ?

Aldo : – Je suis ________ Naples, mais je suis souvent ________ Rome pour mon travail.

Paul : – Moi, je suis ________ Lyon, mais je suis très souvent ________ Paris pour mes affaires.

4 **Faites l'exercice selon le modèle. Présentez-vous.**

Nom	Nationalité	Ville d'origine	Adresse actuelle
Per Olsen	Danois	Copenhague	Paris (hôtel Bréa)
Bruno Maggi	Italien	Florence	Londres (un ami)
Anne Briand	Belge	Bruxelles	New York (Astoria Hôtel)
Clément Monier	Français	Avignon	Marseille (des cousins)

1. – *Je m'appelle Per. Je suis danois. Je suis de Copenhague. Actuellement, je suis à l'hôtel Bréa, à Paris.*
2. – ________________
3. – ________________
4. – ________________

5 » **Répondez librement aux questions.**

1. – Vous êtes de Boston ? de Varsovie ? d'Athènes ? – ________________
2. – Actuellement, vous êtes à Oslo ? à Londres ? à Vienne ? – ________________
3. – Vous êtes chez vous ? au bureau ? à l'université ? au lycée ? – ________________

LE VERBE « ÊTRE » et LES PRONOMS SUJETS

Je	**suis**	italien.
Tu	**es**	américain.
Il / **Elle** / **On**	**est**	à Paris.
Nous	**sommes**	en vacances.
Vous	**êtes**	de Madrid ?
Ils / **Elles**	**sont**	de Londres.

■ « **VOUS** » : forme de politesse ou pluriel.

– ***Vous êtes*** *prêt, monsieur ?*
– ***Vous êtes*** *prêts, les enfants ?*

■ « **TU** » : pour les amis, la famille…

– ***Tu es*** *prêt, papa ?*
– ***Tu es*** *prêt, mon chéri ?*

- Avec les prénoms, on utilise « **vous** » ou « **tu** » selon le degré de familiarité :

– ***Vous êtes*** *prêt, Max ?* (moins familier)
– ***Tu es*** *prêt, Max ?* (plus familier)

■ « **IL** » et « **ELLE** » renvoient à une personne ou à une chose :

Elle est *belle, Isabelle.*
Elle est *belle, la tour Eiffel.*

Il est *beau, Kevin.*
Il est *beau, le musée d'Orsay.*

⚠ • « **Ils** » renvoie à un groupe masculin ou « mixte » :

Paul*, Marie, Cathy et Julie sont français.* ***Ils*** *sont de Nice.*

■ « **ON** » et « **NOUS** »

- « **On** » = « nous », en langage courant :

Paul et moi, ***nous*** *sommes français.* ***On*** *est de Nice.*
(nous sommes : verbe au pluriel ; On est : verbe au singulier)

- « **On** » signifie aussi « tout le monde » (« les gens ») :

En France, ***on est*** *gourmand :* ***tout le monde est*** *gourmand.*

♪ • La liaison est obligatoire entre le pronom et le verbe :

Vous‿êtes (z)   *On‿est* (n)

« C'est/Il est », p. 32   Accords, p. 16

EXERCICES

1 **Complétez avec le verbe « être » et les pronoms manquants.**

Informations

– Tu *es* célibataire ou tu ________ marié ?
– Je ________ marié.
– Ta femme ________ française ?
– Non, ________ ________ espagnole, comme moi.

– Vous ________ espagnols ! De quelle ville ?
– Nous ________________ de Séville.
– Mes parents aussi ________ espagnols, mais ________ ________ de Barcelone.

2 **Complétez avec « tu es » ou « vous êtes ».**

– *Vous êtes* suisse, madame ?

1. ________ ________ seule, mademoiselle ?
2. ________ ________ français, monsieur Dubois ?
3. ________ ________ là, papa ?
4. ________ ________ fatigué, mon chéri ?
5. ________ ________ prêts, les enfants ?
6. ________ ________ de Prague, madame ?

3 **Complétez avec « être » et les pronoms manquants.**

1. – Le professeur *est* là ? – *Oui, il est là.*
2. – La salle ________ grande ? –________________
3. – Les chaises ________ en bois ? –________________
4. – Votre livre ________ bleu ? – ________________
5. – Nous ________ mardi ? – ________________
6. – On ________ le 4 ? – ________________
7. – Les étudiants ________ en forme ? – ________ ________________________________

4 **Complétez avec « nous sommes » ou « on est » (plusieurs possibilités).**

Chère Marie, Cannes, le 15/09/12.
Jean et moi, ________ ________ à Cannes.
Depuis 10 heures, ________ ________ sur la plage.
Comme ________ ________ bien au soleil !
________ ________ en pleine forme. Mais c'est normal : quand ________ ________ en vacances, ________ ________ toujours en forme ! À bientôt.
Grosses bises ! Léa

5 **Répondez aux questions à partir du texte.**

– Allô ? Danièle ? C'est Martine. Je suis à Paris avec Jean et nos trois filles. Nous sommes à l'hôtel Saint-Michel. Tu es libre aujourd'hui ?
– Non ! Quel dommage, je suis occupée toute la journée. Je suis à Versailles, chez un client. Vous êtes à Paris pour combien de temps ?
– Nous sommes ici pour une semaine. Les filles sont en vacances : leur lycée est fermé pour travaux.

1. – Martine et Jean sont à Aix ? – ________________________________
2. – Danièle est libre ou occupée aujourd'hui ? – ________________________________
3. – Martine et Jean sont chez des amis ? – ________________________________
4. – Danièle est à Paris aujourd'hui ? – ________________________________
5. – Les filles sont au lycée ou en vacances ? – ________________________________

2 L'ADJECTIF (1)

MASCULIN et FÉMININ des ADJECTIFS

Paul est grand, blond et frisé.
Anne est grande, blonde et frisée.

■ En général, pour former le féminin des adjectifs, on ajoute « **-e** » au masculin :

masculin	féminin	
Paul est grand.	*Anne est grand**e**.*	Règle générale : masculin + -e
Il est original.	*Elle est original**e**.*	
Il est marié.	*Elle est marié**e**.*	

• Si le masculin se termine par « **-e** », le féminin est identique :

Il est sympathique. *Elle est sympathique.*

♪ • Les finales « **-s** », « **-d** », « **-t** » sont muettes au masculin mais sonores au féminin, à cause du « **-e** » :

François est grand, blond et intelligent.
*Françoise est gran**de**, blon**de** et intelligen**te**.*

■ Parfois, on double la consonne finale au féminin :

*Giorgio est itali**en**.*	*Bruna est itali**enne**.*	-en/-enne
*Il est mign**on**.*	*Elle est mign**onne**.*	-on/-onne
*Il est ponctu**el**.*	*Elle est ponctu**elle**.*	-el/-elle

■ Parfois, toute la finale change au féminin :

*Marc est sporti**f**.*	*Cathy est sporti**ve**.*	-f/-ve
*Il est séri**eux**.*	*Elle est séri**euse**.*	-eux/-euse
*Il est rêv**eur**.*	*Elle est rêv**euse**.*	-eur/-euse
*Il est calcula**teur**.*	*Elle est calcula**trice**.*	-teur/-trice
*Il est étrang**er**.*	*Elle est étrang**ère**.*	-er/-ère
*Il est discr**et**.*	*Elle est discr**ète**.*	-et/-ète

■ **Cas particuliers :**

beau/belle	*nouveau/nouvelle*	*faux/fausse*	*doux/douce*	*roux/rousse*	*jaloux/jalouse*
gentil/gentille	*vieux/vieille*	*gros/grosse*	*bas/basse*	*fou/folle*	*long/longue*
frais/fraîche	*sec/sèche*	*blanc/blanche*	*grec/grecque*	*public/publique*	

Adjectifs de couleur, p. 14 Professions, p. 34 Place des adjectifs, p. 54

EXERCICES

1 Mettez au féminin, selon le modèle.

Michael est anglais. Cathy *est anglaise*.

1. Franz est allemand.
   Petra ______________________
2. Mon père est français.
   Ma mère ______________________
3. Mon frère est grand.
   Ma sœur ______________________
4. Mon oncle est blond.
   Ma tante ______________________
5. Le petit garçon est content.
   La petite fille ______________________
6. Monsieur Charlus est élégant.
   Madame Charlus ______________________
7. Paul est intelligent.
   Alice ______________________
8. Le mari de Zoé est sympathique.
   La femme de Max ______________________

2 Mettez au féminin ou au masculin, selon le modèle.

Monsieur Daudet est agréable et charmant. — Madame Daudet est *agréable et charmante*.
Monsieur Daudet est *sérieux et intelligent*. — Madame Daudet est sérieuse et intelligente.

1. Axel est jeune et timide. — Joanna est ______________________
2. Le père de Kevin est ______________________ — La mère de Kevin est blonde et frisée.
3. Le frère de Laure est grand et bronzé. — La sœur de Kevin est ______________________
4. L'infirmier est ______________________ — L'infirmière est gentille et compétente.
5. Le boulanger est souriant et bavard. — La boulangère est ______________________
6. Steve est ______________________ — Nancy est intelligente, créative, originale…
7. Le serveur est mignon et sympathique. — La serveuse est ______________________
8. Le concierge est paresseux et agressif. — La concierge est ______________________

3 Mettez au féminin, selon le modèle.

1. Un sac neuf et une valise *neuve*.
2. Un pull bleu et une veste ______________
3. Un tapis ancien et une armoire ______________
4. Un poisson frais et une viande ______________
5. Un projet fou et une idée ______________
6. Un chapeau blanc et une robe ______________
7. Un virage dangereux et une route ______________
8. Un film génial et une pièce ______________

4 Classez selon le genre.

gentille – gros – folle – stupide – longue – ~~bas~~ – intéressant – chaude – fatigué

Masculin	Féminin
bas	______________
______________	______________
______________	______________
______________	______________
______________	______________

5 Mettez le texte au masculin.

Mona est canadienne. Elle est grande, brune et sportive. Elle est belle (mais un peu superficielle).

Alain ____

SINGULIER et PLURIEL des ADJECTIFS

Paul et Marc sont blond**s**. Anne et Marie sont blonde**s**.

■ Pour former le pluriel, on ajoute « **-s** » au singulier :

singulier	pluriel	
Paul est grand.	*Paul et Marc sont grand**s**.*	Règle générale :
Lou est grande.	*Lou et Léa sont grande**s**.*	singulier + -s

- Quand le singulier se termine par « **-s** » ou « **-x** », le pluriel est identique :

Il est français.	*Ils sont français.*
Il est roux.	*Ils sont roux.*

- Le « **-s** » et le « **-x** » ne se prononcent pas : *Ils sont grands et roux.*

■ « **-al** »/« **-au** » deviennent « **-aux** » :

*Paul est be**au**.*	*Paul et Marc sont be**aux**.*	-eau/-eaux
*Il est origin**al**.*	*Ils sont origin**aux**.*	-al/-aux
*Il est sentiment**al**.*	*Ils sont sentiment**aux**.*	

Mais : *banal/ban**als*** *fatal/fat**als*** *naval/nav**als*** *final/fin**als***

- Le féminin pluriel est régulier : « **ale** » devient « **ales** »

*Elle est origin**ale**.*	*Elles sont origin**ales**.*
*Elle est sentiment**ale**.*	*Elles sont sentiment**ales**.*

- Les groupes « mixtes » ont un accord masculin :

  *Paul, Anne et Marie sont **bruns** et ils sont **beaux**.*

■ **Les adjectifs de couleur s'accordent** au pluriel, sauf dans certains cas :

- **Couleurs dérivées d'un objet**
  - *une robe **orange***
  - *des pulls **marron***
  - *des yeux **noisette***
- **Couleurs composées**
  - *une robe **vert foncé***
  - *des pulls **bleu marine***
  - *des yeux **gris clair***

- « Rose », « mauve », « violette » et « châtain » s'accordent :

  des robes roses, des chemises violettes, des cheveux châtains

EXERCICES

1 **Mettez au pluriel, selon le modèle.**

1. Pierre est sympathique. Pierre et Alain *sont sympathiques.*
2. Stephan est réservé. Stephan et William ____________________
3. Arthur est petit et mince. Arthur et Bruno ____________________
4. Le père de Jim est roux. Les parents de Jim ____________________
5. Marcello est jaloux. Marcello et Alberto ____________________

2 **Complétez en mettant au pluriel les adjectifs soulignés.**

C'est la mode !

– J'aime bien ce pull, il est très doux, mais il est trop <u>court</u> et il est trop <u>serré</u>.

– C'est la mode ! Cette année, les pulls sont ________ et ils sont très ________ !

– Oui, mais moi, je suis <u>classique</u>, <u>ringarde</u> et <u>démodée</u>...

– Alors, essayez ces pantalons, ils sont vraiment ________ , ________ et ________ !

3 **Mettez au pluriel selon le modèle.**

1. – Michel est intelligent et sa femme aussi. – *C'est vrai, ils sont intelligents, tous les deux.*
2. – Solal est beau et Ariane aussi. – ____________________
3. – Paul est enrhumé et Julie aussi. – ____________________
4. – David est original et Luca aussi. – ____________________

4 **Commentez le menu, selon le modèle.**

1.– Le poisson est frais. Et les crevettes ? – *Elles sont aussi très fraîches !*
2.– Le riz est salé. Et les frites ? – ____________________
3.– Le dessert est original. Et les entrées ? – ____________________
4.– Le melon est sucré. Et les pêches ? – ____________________

Menu : 15 €

Entrées : Gaspacho vert
Crevettes coco
Plats : Poisson grillé/riz
Poulet/frites
Dessert : Fruits orange

5 **Transformez selon le modèle.**

1. Un pull léger. Des *pulls légers.*	Une robe *légère.*	Des *robes légères.*
2. Un plat régional. Des ________	Une spécialité ________	Des ________
3. Un poisson grillé. Des ________	Une viande ________	Des ________
4. Un sac marron. Des ________	Une valise ________	Des ________
5. Un gant vert foncé. Des ________	Une veste ________	Des ________

6 >> **Décrivez les vêtements qui sont dans votre armoire.** *Des jeans beiges, des pulls bleu marine,*

L'ACCORD de L'ADJECTIF avec les PRONOMS SUJETS

– Vous êtes prêt**e**, madame, vous êtes prêt**s**, messieurs ?
– Oui, on est prêt**s**.

L'accord des adjectifs varie selon les personnes remplacées par les pronoms.

■ « **JE** » et « **TU** » : accord masculin ou féminin singulier

*– **Tu** es étudiant, Ugo ?* *– Oui, **je** suis étudiant.*
*– **Tu** es étudiant**e**, Sylvia ?* *– Oui, **je** suis étudiant**e**.*

■ « **VOUS** » de politesse : accord masculin ou féminin **singulier**

*– **Vous** êtes prêt, monsieur ?*
*– **Vous** êtes prêt**e**, madame ?*

■ « **VOUS** » pluriel : accord masculin ou féminin **pluriel**

*– **Vous** êtes prêt**s**, messieurs ?*
*– **Vous** êtes prêt**es**, mesdames ?*

■ « **ON** » = « tout le monde » : accord masculin **singulier**

*En France, **on** est gourmand.*
*Quand **on** est malade, **on** est fatigué.*

■ « **ON** » = « nous » : accord masculin ou féminin **pluriel**

*Paul et moi, **on** est gourmand**s**.*
*Anna et moi, **on** est fatigu**ées**.*

- Avec « on » = « nous », le **verbe** est au singulier et **l'adjectif** au pluriel :

  *Ugo et moi, on **est** grand**s** et blond**s**.*

  *Patricia et moi, on **est** grand**es** et blond**es**.*

■ « **ON** » = « homme » ou « femme » : accord masculin ou féminin **singulier**

*Quand **on** est sporti**f**, on est musclé.*
*Quand **on** est sporti**ve**, on est muscl**ée**.*

Accords des adjectifs, p. 12 et 14

EXERCICES

1 **Mettez les accords manquants.**

Vous êtes pressé*e*, madame Doisnel ?

1. – Tu es prêt________, ma chérie ?
2. – Vous êtes étudiant________, mesdemoiselles?
3. – Eduardo et moi, on est napolitain________.
4. – Olga, Elsa et moi, on est polonais________.
5. – Vous êtes satisfait________, messieurs?
6. – Vous êtes seul________, madame ?
7. – Mes frères et moi, on est tous blond________.
8. – Vous êtes américain________, mesdames ?
9. – Cathy : Linda et moi, on est irlandais ________.
10. – Tu es fatigu________, maman?

2 **Complétez les dialogues. Accordez les adjectifs.**

– Vous êtes suédois ou norvégien, Ingmar ? – *Je suis* suédois.

– Et vous, Ingrid, vous *êtes suédoise* également?

1. – Vous êtes étudiant ou lycéen, Marc ? – ____________________ lycéen.
   – Et vous, Anne et Suzy, vous ____________________ également ?
2. – Vous êtes célibataire ou marié, Jean ? – ____________________ marié.
   – Et vous, Cathy, vous ____________________ également ?
3. – Vous êtes réservé ou bavard, Martin ? – En général, ____________________ réservé.
   – Et vous, Julie et Nadia, vous ____________________ également ?
4. – Vous êtes optimiste ou pessimiste, Veronica ? – En général, ____________________ optimiste.
   – Et vous, John, vous ____________________ également ?
5. – Vous êtes calme ou nerveux, avant un examen, Léo ? – En général, ____________________ nerveux.
   – Et vous, Paul et Marie, vous ____________________ ? – Non, nous, on ____________________

3 **Associez les adjectifs. Faites des phrases avec « on » (plusieurs possibilités).**

jeune	heureux
vieux	fatigué
enrhumé	impatient
amoureux	prudent

Quand on est jeune, on est impatient.

Quand ____________________

____

____

4 **Mettez les accords manquants.**

Une famille européenne

– Parlez-moi de votre famille, mademoiselle Berg...

– Eh bien : ma grand-mère est anglais______, mes parents sont espagnol______, mes cousines sont italien______ et moi, je suis allemand______. Dans ma famille, on est tous blond______, bavard______, optimiste______, musicien______ et européen______ !

3 LA NÉGATION et L'INTERROGATION (1)

– Vous êtes de Paris ?
– Non, je **ne** suis **pas** de Paris.

LA NÉGATION SIMPLE se compose de deux éléments :

ne + verbe + **pas**

*Je **ne** suis **pas** en vacances.*
*Nous **ne** sommes **pas** en juillet.*

• « **ne** » devient « **n'** » devant une voyelle.

*Vous ~~ne~~ êtes pas fatigué ? → Vous **n'**êtes pas fatigué ?*

LA QUESTION SIMPLE (réponse « oui » ou « non ») se forme avec :

• **Intonation** montante :
(forme la plus courante)

– *Vous êtes irlandais ?*
– *Patrick est irlandais ?*

• **Inversion** du verbe et du pronom :
(surtout avec « vous »)

– *Êtes-**vous** irlandais ?*

• « **Est-ce que** » en début de phrase :
(forme bien marquée, utile au téléphone)

– ***Est-ce que** vous êtes irlandais ?*
– ***Est-ce que** Patrick est irlandais ?*

• Reprise du nom par un **pronom** :
(langage formel)

– *Patrick est-**il** irlandais ?*

LA RÉPONSE affirmative ou négative

• « **Oui** » : réponse affirmative.
– *Vous êtes marié ? – **Oui**, je suis marié.*

• « **Non** » nie toute la question :
– *Tu travailles le samedi ? – **Non**.*

• « **Moi aussi** » confirme une affirmation :
– *Je suis marié. – **Moi aussi**.*

• « **Si** » = « oui » après une négation :
– *Vous n'êtes pas marié ? – **Si**, je suis marié.*

• « **Pas** » nie une partie de la question :
– *Tu travailles le samedi ? – **Pas** le matin.*

• « **Moi non plus** » confirme une négation :
– *Je **ne** suis **pas** marié. – **Moi non plus**.*

Autres négations, p. 152 Autres questions, p. 148

EXERCICES

1 Complétez négativement.

1. – Le mardi, le Louvre est fermé.
   – Le lundi, *il n'est pas fermé.*
2. – À midi, les magasins sont ouverts.
   – Le dimanche, ____________________
3. – En août, nous sommes en vacances.
   – En janvier, ____________________
4. – En été, les jours sont longs.
   – En hiver, ____________________

2 Reposez les questions.

1. – Vous êtes fatigué(e) ? / *Êtes-vous fatigué(e) ?*
   – Non, *et vous, est-ce que vous êtes fatigué(e) ?*
2. – Vous êtes pressé(e) ? / ____________________
   – Non, ____________________
3. – Vous êtes triste ? / ____________________
   – Non, ____________________
4. – Vous êtes fâché(e) ? / ____________________
   – Non, ____________________

3 « Moi aussi » / « moi non plus ». Répondez.

Affinités

– Je suis en vacances, et vous ? – *Moi aussi.*
– Je ne suis pas français, et vous ? – *Moi non plus.*
– Je suis célibataire, et vous ? – __________
– Je suis fou de musique, et vous ? – __________
– Je suis très romantique, et vous ? –
– Je ne suis pas jaloux, et vous ? – __________

4 Répondez avec « oui » ou « si ».

Repas de fête

– Le dîner est prêt ? – *Oui.*
– Le vin n'est pas ouvert ? – *Si.*
– Il est bon ? – __________
– La salade est lavée ? – __________
– Le pain n'est pas coupé ? – __________
– Le champagne est au frais ? – __________

5 Complétez en utilisant « non » ou « pas ».

1. – Vous êtes belge ? – *Non,* je suis français. 2. – Vous êtes de Paris ? – ________ de Paris, de Lyon.
3. – Vous êtes à Bruxelles avec votre femme ? – ________ avec ma femme, avec ma fille.
4. – Vous rentrez bien lundi ? – ________ lundi, mardi. 5. – Vous êtes libre ce soir ? – ________, je suis occupé.

6 Reposez les questions, selon le modèle. Répondez librement.

1. – Le directeur est là ? – Pardon ? – *Le directeur est-il là ? – Oui, il est là./Non, il n'est pas là.*
2. – La salle est prête ? – Pardon ? – ____________________
3. – Les clients sont arrivés ? – Pardon ? – ____________________
4. – Le chauffage est allumé ? – Pardon ? – ____________________

7 >> Répondez librement.

1. – Vous êtes professeur de français ? __________
2. – Nous sommes en hiver ? __________
3. Vous êtes à Paris, actuellement ? __________
4. Les exercices sont difficiles ? __________

EXERCICES

1 Répondez négativement, selon le modèle.

1. – Est-ce que Paul est là ? – Non, il *n'est pas là*. Il est sorti.
2. – Je suis bien au 01 40 30 50 50 ? – Non, vous ______________ au bon numéro. C'est une erreur.
3. – Ce pull est en laine ? – Non, il ______________. Il est en viscose.
4. – Vous êtes en colère, monsieur Valois ? – Non, je ______________. Je suis déçu.
5. – Nous sommes en retard, maman ? – Non, nous ______________. On est juste à l'heure.

2 Posez des questions compatibles avec les réponses, selon le modèle.

1. – *Est-ce que vous êtes de Chicago ?*
   – Oui, je suis de Chicago.
2. – ______________
   – Si, elle est là.
3. – ______________
   – Non, nous sommes le 25.
4. – ______________
   – Non, elle est fermée.
5. – ______________
   – Oui, il est en panne !
6. – ______________
   – Non, ils ne sont pas à Paris.

3 Utilisez la forme négative. Accordez les adjectifs.

1. Les pâtes sont cuites, mais la viande *n'est pas cuite*.
2. La salade est prête, mais le repas ______________
3. Le restaurant est cher, mais la pizzeria ______________
4. Paula est grande, mais son père et sa mère ______________

4 Posez une question négative et donnez une réponse affirmative.

1. – Je suis surpris par le coût de la vie. *Et vous, vous n'êtes pas surpris ? – Si, je suis surpris, moi aussi.*
2. – Je suis déçu par le gouvernement. ______________
3. – Je suis agacé par les médias. ______________
4. – Je suis inquiet pour l'avenir. ______________

5 Répondez négativement, selon le modèle.

Insatisfactions

1. – Je suis trop grosse, Paul.
   – *Mais non, tu n'es pas trop grosse...*
2. – Mon nez est trop long.
   – ______________
3. – Mes cheveux sont horribles.
   – ______________
4. – Je suis trop petite.
   – ______________

EXERCICES

1 **Décrivez les personnages féminins.**

Un film

Le jeune homme : il est blond, grand, mince, et très mignon. Il est musicien. Il est à la fois pianiste et violoniste. Il est tendre, rêveur, sentimental et un peu naïf. Il est beau et gentil, mais il est étranger dans la ville et il est très seul.

La jeune fille : *elle est* ______________________

____

____

Le méchant : il est brun et entièrement tatoué. Il est violent, cruel et insensible. Il est ambitieux et méfiant. Il n'est pas loyal. Il est menteur, jaloux, brutal, manipulateur, asocial et perturbé. Il est fou de pouvoir.

La méchante : *elle est* ______________________

____

____

2 **Attribuez à chaque signe du zodiaque des adjectifs choisis dans la liste ci-dessous. Utilisez des formes affirmatives et négatives.**

timide - courageux - paresseux - romantique - naïf - mystérieux - ambitieux - égoïste - passif - mondain - impatient - agressif - autoritaire - discret - généreux - changeant - têtu - fidèle - lent - froid - chaleureux - sensible - indépendant - désordonné - tolérant - dynamique - créatif

♈ BÉLIER (21-3/21-4)	♉ TAUREAU (22-4/21-5)	♊ GÉMEAUX (22-5/21-6)
♋ CANCER (22-6/21-7)	♌ LION (22-7/21-8)	♍ VIERGE (22-8/21-9)
♎ BALANCE (22-9/21-10)	♏ SCORPION (22-10/21-11)	♐ SAGITTAIRE (22-10/21-12)
♑ CAPRICORNE (22-12/21-1)	♒ VERSEAU (22-1/19-2)	♓ POISSONS (20-2/20-3)

Astrologie fantaisiste

Les hommes « Bélier » *sont dynamiques et généreux, mais ils ne sont pas tolérants.*

Les femmes « Bélier » *sont dynamiques et* ______________________

Les hommes et les femmes « Bélier » *sont* ______________________

____

3 **>> Décrivez-vous, selon le modèle.**

Je suis français. Je suis célibataire. Je ne suis pas grand. Je suis informaticien. Je suis assez réservé. Je suis passionné de musique classique. Je ne suis pas sportif.

____

____

4 **>> Sur le même modèle, décrivez deux membres de votre famille (un homme et une femme).**

5 **>> Sur le même modèle, décrivez l'homme idéal ou la femme idéale.**

4 LE NOM et L'ARTICLE

En français, le nom est toujours masculin ou féminin, singulier ou pluriel ; il est, en général, précédé d'un article défini ou indéfini.

__La__ Suède et __la__ Norvège sont __des__ pays voisins.

MASCULIN et FÉMININ des NOMS de PERSONNES

> **Un étudiant** anglais parle avec **une étudiante** anglaise.
> **Le garçon** est blond et **la fille** est brune.

Pour les **personnes**, le genre des noms correspond au sexe :

masculin	féminin
un étudiant	*une étudiante*

■ Pour former le féminin, on ajoute « **-e** » au masculin :

un étudiant blond	*une étudiant__e__ blond__e__*	Règle générale :
un ami adoré	*une ami__e__ adoré__e__*	masculin + -e

- Quand le masculin se termine par « **-e** », on change seulement l'article :

un concierge	***une** concierge*

■ Parfois, toute la terminaison du mot change :

un musici__en__ italien	*une musici__enne__ italienne*	-en/-enne
un champi__on__ breton	*une champi__onne__ bretonne*	-on/-onne
un serv__eur__ rêveur	*une serv__euse__ rêveuse*	-eur/-euse
un ac__teur__ séducteur	*une ac__trice__ séductrice*	-teur/-trice

⚠ • « -teur » devient « -teuse » dans quelques cas :
une chanteuse – une menteuse – une conteuse – une monteuse.

■ **Cas particuliers :**

un garçon, un fils/une fille	*un copain/une copine*
un homme, un mari/une femme	*un roi/une reine*
un monsieur/une dame	*un prince/une princesse*

 • *Madame, Mademoiselle, Monsieur* (titres) s'utilisent sans article.

Noms d'animaux, p. 24 Professions, p. 34 Villes et pays, p. 44 Parenté, p. 38

EXERCICES

1 **Complétez, selon le modèle.**
Un étudiant chinois et *une étudiante chinoise*.

1. Un homme seul et ______________________
2. Un homme élancé et ______________________
3. Un chanteur grec et ______________________
4. Un garçon sportif et ______________________
5. Un joli garçon et ______________________
6. Un chat roux et ______________________
7. Un mari jaloux et ______________________
8. Un serveur rêveur et ______________________

2 **Complétez les phrases suivantes.**
Marc est un directeur compétent. Michèle *est une directrice compétente*.

1. Monsieur Yamamoto est un client important. Madame Lauder ______________________
2. Gérard est un acteur français. Sophie ______________________
3. Paolo est un champion de ski italien. Anna ______________________
4. Daniel est un chanteur canadien. Alanis ______________________
5. Yannick est un sportif émotif. Surya ______________________
6. Monsieur Leroy est un électeur conservateur. ______________________
7. Léonard est un créatif imaginatif. Sonia ______________________

3 **Mettez tout le texte au féminin.**

C'est ma vie

J'ai un fils adolescent,
un mari toujours absent,
un voisin envahissant,
un copain américain,
un chien végétarien,
un arrière-grand-père normand
et un cousin germain allemand.

J'ai une fille adolescente,
____
____
____
____
____
____

4 » **Cochez et complétez au masculin ou au féminin.**

Êtes-vous un ❑ une ❑

étudian____ bavar____
gran______ lect______
séduc______ discr_____
conduc______ agress____

consomma_____ compuls_____
écologis______ act______
amour______ jal______
utilisat______ d'Internet

citoy_____ engag____
élec______ fid______
specta______ exigean______
ment____ occasion____

MASCULIN et FÉMININ des NOMS de CHOSES

un placard	**une** armoire
un problème	**une** solution

Pour les **objets** et les **notions**, le genre est arbitraire.

■ La terminaison des noms peut parfois indiquer le genre :

Masculin :	***-age***	*le garage, le fromage, le ménage…*
		(Mais : *la plage, la cage, la page, la nage, l'image, la rage*)
	-ment	*le gouvernement, le monument, le médicament…*
	-eau	*le bureau, le couteau, le carreau…*
	-phone/-scope	*un téléphone, un interphone, un microscope…*
	-isme	*le réalisme, le socialisme…*
Féminin :	***-tion***	*la situation, la solution, la réalisation…*
	-sion	*la décision, la télévision…*
	-té	*la société, la réalité, la bonté, la beauté…*
		(Mais : *le côté, l'été, le comité, le député, le pâté*)
	-ette	*la bicyclette, la trompette, la cigarette…*
		(Mais : *le squelette*)
	-ance	*la connaissance, la dépendance, la ressemblance…*
	-ence	*la référence, la différence, la présence…*
		(Mais : *le silence*)
	-ure	*la culture, la peinture, la nourriture…*
		(Mais : *le mercure, le cyanure…*)
	-ode/-ade/-ude	*la méthode, la salade, la certitude…*

⚠ • **Sont masculins** un grand nombre de noms terminés par « e » :

un problème	*un système*	*un programme*	*un volume*
un modèle	*un groupe*	*un domaine*	*un rôle*

• **Sont féminins** quelques noms en « -eur » :

la couleur	*l'odeur*	*la saveur*	*la peur*
la douleur	*la fleur*	*l'erreur*	*la valeur*

LES NOMS D'ANIMAUX ont souvent un genre unique :

la mouche *la souris* *la tortue* *le poisson* *le pigeon* *le moineau*

Mais : *le chat/la chatte* *le coq/la poule* *le cheval/la jument*

EXERCICES

1 **Complétez avec « un » ou « une » (observez l'adjectif).**

1. *une* voiture performante.
2. ____ situation gênante.
3. ____ événement important.
4. ____ attitude prudente.
5. ____ dosage précis.
6. ____ médicament dangereux.
7. ____ sculpture originale.
8. ____ fromage piquant.
9. ____ beauté éclatante.
10. ____ voyage intéressant.
11. ____ équipement complet.
12. ____ traduction précise.
13. ____ émotion forte.
14. ____ société imparfaite.
15. ____ problème permanent.

2 **Complétez avec « un » ou « une ».**

Un garçon, ____ dame, ____ garage,
____ télévision, ____ ordinateur, ____ tablette,
____ bateau, ____ voyage, ____ aventure,
____ voiture, ____ bicyclette, ____ virage,
____ assiette, ____ couteau, ____ fourchette,
____ pharmacienne, ____ nuage, ____ télescope,
____ chienne, ____ lionne, ____ cage, ____ souris,
____ image, ____ fleur, ____ couleur.

3 **Complétez avec « le » ou « la ».**

La société, ____ solution, ____ santé,
____ nature, ____ modèle, ____ sondage,
____ réalité, ____ publicité, ____ caution,
____ confiance, ____ culture, ____ système,
___ programme, ___ groupe, ____ différence,
___ courage, ___ révolution, ____ rangement,
____ jardinage, ____ sculpture, ____ côté,
____ domaine, ____ peinture, ____ peur.

4 **Complétez avec « le » ou « la ».**

Quel désordre !

– Où est *le* téléphone ?
– Sur _____ commode, sous _____ chapeau !
– Et _____ caméscope ?
– Sur _____ moquette, sous _____ télévision.

– Où est _____ tablette de Léo ?
– Dans _____ voiture, sur _____ banquette.
– Et _____ voiture : elle est dans _____ garage, j'espère !

5 **Complétez avec « le » ou « la ».**

1. *La* maisonnette est sur ________ plage près de ________ pension Beausoleil.
2. ________ problème est à ________ page 8 et ________ solution à ________ page 10.
3. ________ poussette et ________ bicyclette sont dans ________ garage.
4. ________ nourriture des bébés est importante dès ________ naissance.
5. ________ fiction est souvent plus banale que ________ réalité.
6. Marcher dans ________ nature est bon pour ________ santé.

6 » **Décrivez le contenu de votre sac.**

SINGULIER et PLURIEL des NOMS

un étudiant espagnol	des étudiant**s** espagnol**s**
une étudiante espagnole	des étudiante**s** espagnole**s**

■ Pour former le pluriel, on ajoute « **-s** » au singulier :

un livre bleu	*des livre**s** bleus*	Règle générale :
une table basse	*des table**s** basses*	singulier + -s

- Quand le singulier se termine par « **-s** », « **-x** » ou « **-z** », le pluriel est identique :

un cas précis	*des cas précis*
un choix malheureux	*des choix malheureux*
un gaz dangereux	*des gaz dangereux*

■ « **-al** »/« **-au** » deviennent « **-aux** » :

*un journ**al** original*	*des journ**aux** originaux*	-al/-aux
*un table**au** génial*	*des table**aux** géniaux*	-au/-aux

Mais : *des festivals* *des carnavals* *des bals*

- Le pluriel de « **-ail** » est régulier :

des rails *des éventails* *des portails* *des détails*

Mais : *des trav**aux*** *des vitr**aux*** *des ém**aux***

■ « **-eu** » devient « **-eux** » :

*un chev**eu** soyeux*	*des chev**eux** soyeux*	-eu/-eux
*un **jeu** dangereux*	*des **jeux** dangereux*	

Mais : *des bl**eus*** *des pn**eus***

■ Quelques noms terminés par « **-ou** » prennent un « **-x** » au pluriel :

*des bij**oux*** *des caill**oux*** *des ch**oux*** *des gen**oux***
*des hib**oux*** *des jouj**oux*** *des p**oux*** ⚠ *des bis**ous***

■ **Cas particuliers :**

un œil/des yeux *un ciel/des cieux*
Madame/Mesdames *Monsieur/Messieurs* *Mademoiselle/Mesdemoiselles*

♪ • On prononce le « **-f** » des noms suivants au singulier mais pas au pluriel :

*un œu**f**/des œufs* *un bœu**f**/des bœufs*

EXERCICES

1 **Mettez les noms et les adjectifs au pluriel.**
Une pomme verte, *des pommes vertes.*

1. Un costume noir, ______
2. Une rose rouge, ______
3. Un organisme international, ______
4. Un homme précis, ______
5. Un métal précieux, ______
6. Un journal espagnol, ______
7. Un bas gris, ______
8. Un comportement anormal, ______
9. Un jeu dangereux, ______
10. Un tableau original, ______

2 **Complétez au pluriel.**

Brunch

– Alors nous avons :
1 café allongé et 2 *cafés* serrés,
1 salade verte et 2 ______ niçoises,
1 œuf au plat et 2 ______ à la coque,
1 jus d'orange et 2 ______ de pomme
1 gâteau au chocolat et 2 ______ au citron.
Et voilà 3 fourchette___, 3 cuillère___ et
3 couteau___. Bon appétit !

3 **Mettez les noms et les adjectifs au pluriel.**
Un voisin amical, *des voisins amicaux.*

1. Un cheveu blond, ______
2. Un caillou bleu, ______
3. Un bureau spacieux, ______
4. Un couteau pointu, ______
5. Un animal domestique, ______
6. Un œil noir, ______
7. Un œuf dur, ______
8. Un bœuf normand, ______
9. Un pneu crevé, ______
10. Un monsieur poli, ______

4 **Mettez les phrases au pluriel.**
L'homme est un animal très spécial. *Les hommes sont des animaux très spéciaux.*

1. Le saphir est un bijou merveilleux. ______
2. La rose est une fleur ornementale. ______
3. Le chien est un animal amical. ______
4. Le chou est un légume indigeste. ______
5. Le zèbre est un cheval sauvage. ______

5 ≫ **Vous partez à la montagne pour un mois. Qu'est-ce que vous emportez ?**

Des pulls, ______ , ______ , ______ , ______.

L'ARTICLE

La tour Eiffel est **une** tour immense.
Les hommes sont **des** bipèdes particuliers.

L'article est masculin ou féminin, singulier ou pluriel, indéfini ou défini.

	Indéfini		Défini	
Masculin singulier	***un***	*garçon*	***le***	*garçon*
Féminin singulier	***une***	*fille*	***la***	*fille*
Pluriel	***des***	*enfants*	***les***	*enfants*

■ **L'ARTICLE INDÉFINI** désigne **une catégorie** de choses ou de personnes :

__une__ tour moderne *__un__ boulanger*

- « Un/une » exprime aussi l'unité. (= 1) :
  J'ai __un__ chien, __une__ chatte (et deux canaris).

■ **L'ARTICLE DÉFINI** désigne une chose ou une personne **en particulier** :

__la__ tour Eiffel *__le__ boulanger de ma rue*

- L'article défini exprime aussi une **généralité** :
  __la__ liberté, *__le__ bonheur,* *__l'__amour*

- L'article défini reprend un nom déjà mentionné :
  J'ai un chien et un chat. *__Le__ chat est noir,* *__le__ chien est blanc.*

⚠ • Avec les verbes de **goût** (aimer, détester, etc.), on utilise un article **défini** :
J'aime __la__ laine. *Je déteste __le__ polyester.* *J'adore __les__ couleurs gaies.*

♪ • **La liaison** avec voyelle ou « h » muet est obligatoire :
__un__‿__é__tudiant (n) *__un__‿__h__omme* (n) *le__s__‿__é__tudiants* (z) *de__s__‿__h__ommes* (z)

Mais : *les | __h__éros* *les | __H__ollandais* (« h » aspiré)

♪ • **L'élision** de **« le »** et **« la »** devant voyelle ou « h » muet est obligatoire :
~~la~~ école → __l'__école *~~le~~ homme → __l'__homme*

Mais : *le | __h__asard* *la | __H__ollande* (« h » aspiré)

Parties du corps, p. 36 Date, p. 64 Pays, p. 44 Négation de l'article, p. 50

EXERCICES

1 **Complétez avec « un », « une », « des » ou « le », « l' », « la », « les ».**

Chez « Adonis »

– Je cherche *un* restaurant, sur ________ petite place avec ________ église, ________ fontaine et ________ arbres…
– C'est ________ restaurant français ?
– Non, c'est ________ restaurant grec.
– Ah oui, je vois : c'est ________ restaurant « Adonis », sur ________ place Abélard !
– C'est loin ?
– Non, c'est là : juste derrière ________ arbres, à côté de ________ église !

2 **Complétez et associez, selon le modèle.**

J'ai acheté *une* lampe.	J'ai mis *la lampe* →	sur ____ lit.
____ couverture.	____________	sur *la* table.
____ tapis.	____________	sur ____ balcon.
____ plantes vertes.	____________	sur ____ étagère.
____ livres.	____________	sur ____ sol.

3 **Complétez avec un article défini ou indéfini (faites l'élision si c'est nécessaire).**

La tour de Pise est *une* tour du XIIe siècle.

1. ________ pyramide du Louvre est ________ grande pyramide de verre.
2. Pour ________ gouvernement, ________ chômage est ________ problème numéro un.
3. Selon moi, ________ téléphone est ________ invention diabolique !
4. À Paris, ________ stationnement est ________ problème permanent.
5. J'aime ________ fruits et ________ légumes, et je déteste ________ fromage et ________ poisson.
6. Quelle est ________ hauteur de ________ tour Eiffel ? Qui est ________ auteur des *Noces de Figaro* ?
7. Chaque fois que je vais à Paris, j'achète ________ tour Eiffel pour mon neveu.

4 **Complétez avec les articles manquants. >> Imaginez une suite.**

Je regarde *un* film à ________ télévision. ________ homme et ________ femme entrent dans ________ café. ________ homme est barbu, ________ femme est très jeune et elle porte ________ bébé dans les bras. Au fond du café, ________ autre femme lit ________ journal étranger. Sur ________ photo, dans ________ journal, on voit ________ homme, ________ femme et ________ bébé qui viennent d'entrer…

5 **>> Trouvez les noms.**

– Véhicule privé à moteur : *une voiture*
– Monument parisien en fer : ________
– Tourne autour de la terre : ________
– Brille pour tous : ________
– Circule sous terre : ________
– Individu né en France : ________
– Égale 60 secondes : ________
– Égale 7 jours : ________
– Langue parlée en France : ________

L'ARTICLE CONTRACTÉ

– Je vais **au** cinéma avec la fille **des** voisins.
– Moi, je pars **aux** sports d'hiver avec la femme **du** boulanger.

Les prépositions « **de** » et « **à** » se contractent avec « **le** » ou « **les** ».

■ « **DU** » = « de » + « le »

*C'est la voiture **du** directeur.*
*C'est le vélo **du** professeur.*
~~de le~~

■ « **AU** » = « à » + « le »

*Il est **au** bureau.*
*Il va **au** lycée.*
~~à le~~

■ « **DES** » = « de » + « les »

*C'est le chien **des** voisins.*
*Ce sont les skis **des** enfants.*
~~de les~~

■ « **AUX** » = « à » + « les »

*Ils sont **aux** sports d'hiver.*
*Ils vont **aux** sports d'hiver.*
~~à les~~

■ « **À la** », « **à l'** » et « **de la** », « **de l'** » ne se contractent pas :

*– Tu vas **à la** gare ou **à l'**aéroport ?*
*– Tu pars **de la** gare ou **de l'**aéroport ?*

⚠ • Il faut distinguer « **des** » contracté (« de » + « les ») et « **des** » indéfini :

*Je parle **des** Français.*
« de » + « les » (= tous)

*Je connais **des** Français.*
pluriel de « un » (= quelques)

■ Constructions courantes avec « **de** » ou « **à** » + article :

*Le vélo **du** professeur.* *La couleur **de la** mer.*	(appartenance)
*Je suis à côté **du** métro, près **de la** poste.* *Je suis **au** bureau. Je vais **au** café.*	(lieu)
*Une pizza **au** jambon.* *Un homme **aux** yeux bleus.*	(= avec)

Partitifs, p. 86 Verbes avec « à » et « de », p. 160

EXERCICES

1 **Associez et complétez, selon le modèle.**

~~train~~ bateau bus avion
l'aéroport la station de bus le port ~~la gare~~

1. Pour prendre *le train, je vais à la gare.*
2. Pour prendre ______________________
3. Pour prendre ______________________
4. Pour prendre ______________________

2 **Complétez, selon le modèle.**

~~le déjeuner~~ le dîner
l'apéritif la sieste

1. 12 h : *C'est l'heure du déjeuner.*
2. 15 h : ______________________
3. 19 h : ______________________
4. 20 h : ______________________

3 **Complétez avec les articles contractés manquants.**

Je suis *au* restaurant, près ________ bureau. Je mange une quiche ________ fromage et un gâteau ________ chocolat. La pâte ________ quiche est très légère, mais le goût ________ fromage est un peu fort. Le gâteau ________ chocolat et ________ amandes est une merveille : c'est une spécialité ________ chef.

4 **Complétez avec des articles définis ou contractés.**

Lisez « Global »

– *La* mode, _____ informatique, _____ sport, _____ cinéma, _____ voyages, _____ sciences : qu'est-ce qui vous intéresse ?
– Je m'intéresse surtout _____ informatique, _____ cinéma et _____ sciences.
– Alors, pour tout savoir sur le monde _____ informatique, _____ cinéma et _____ sciences (et sur le reste) : lisez *Global* !
– C'est nouveau ? Et ça coûte combien ?
– Un euro : c'est le prix _____ papier !

5 **Complétez avec les éléments manquants. Faites l'élision si c'est nécessaire.**

L' appartement de Chloé est vraiment ________ appartement extraordinaire : ________ éclairage ________ couloir est vert fluorescent. ________ milieu ________ salon, il y a ________ petit lac. ________ eau ________ lac est chaude en hiver et froide en été. ________ plafond ________ salle de bains est ouvert sur ________ étoiles. ________ placards ________ cuisine sont transparents. ________ lit ________ fils de Chloé est ________ hamac pendu aux branches de ________ arbre. ________ hamac est jaune d'or, ________ arbre est ________ palmier véritable. Tout est parfait à mon avis, sauf ________ couleur beige ________ moquette !

6 >> **Imaginez des plats.**

Une pizza *aux champignons*
Un sandwich ______________________
Un gâteau ______________________
Une glace ______________________
Une tarte ______________________
Des pâtes ______________________

5 « C'EST » et « IL EST »

– **C'est** Paul Mazot. **C'est** mon voisin.
– **Il est** sympathique.

L'IDENTIFICATION et LA PRÉSENTATION

■ Pour **identifier** ou **présenter** une chose ou une personne, on utilise :

- « **C'est** » + nom singulier :

  C'est *un fruit.*
  C'est *mon voisin.*

- « **Ce sont** » + nom pluriel :

  Ce sont *des fruits.*
  Ce sont *mes voisins.*

■ La question portant sur l'identification est toujours au singulier :

– Qu'est-ce que c'est ? (pour identifier une ou plusieurs choses)
– C'est un dessin de ma fille.
– Ce sont des dessins de ma fille.

– Qui est-ce ? (pour identifier une ou plusieurs personnes)
– C'est mon cousin.
– Ce sont mes cousins.

⚠ • Dites : *– Qui est-ce ?* *– C'est Peter Kirov.*
Ne dites pas : *– Qui est-il ?* *– Il est Peter Kirov.*

■ On utilise « **c'est** » (toujours au singulier) pour s'annoncer, par exemple à l'interphone :
– Qui est-ce ? *– **C'est** nous ! **C'est** Anna et Peter !*

■ La négation se place avant et après le verbe : *– Ce **n'est pas** Max.* Ce ***n'est pas*** mon livre.

LA DESCRIPTION

■ Pour **décrire** une chose ou une personne **en particulier**, on utilise **Il/Elle est** + adjectif :

*C'est mon livre. **Il est** bleu.* *C'est une rose. **Elle est** belle.*
*C'est Peter. **Il est** blond.* *C'est Anna. **Elle est** brune.*

■ Pour faire un **commentaire général**, on utilise « **c'est** » + adjectif **neutre**.
*– Oh, **c'est beau** !* *– Mmm, **c'est bon**.* *– Oh là là, **c'est cher**.*

⚠ • Dites : *La mer, **c'est** beau.*

EXERCICES

1 **Complétez avec « c'est » ou « ce sont ».**

– Ouvrez votre cadeau ! Qu'est-ce que c'est ? – *C'est* un stylo ! – *Ce sont* des stylos !

– ________ un téléphone ! – ________ des livres ! – ________ des gants ! – ________ un sac !
– ________ une montre ! – ________ un parfum ! – ________ des DVD ! – ________ des rollers !

2 **Associez les objets et les personnes, selon le modèle.**

1. livre de grammaire professeur **2.** casquette rouge petit garçon **3.** rollers étudiant **4.** jeux vidéo enfants

1. – *C'est un livre de grammaire. Je crois que c'est le livre du professeur.*
2. – ________
3. – ________
4. – ________

3 **Posez des questions avec « Qui est-ce ? » ou « Qu'est-ce que c'est ? ».**

Album de photos

– *Qui est-ce ?*	– C'est ma grand-mère.
– *Qu'est-ce que c'est ?*	– C'est un éléphant, c'est une sculpture de Calder.
– ________	– C'est ma cousine Juliette.
– ________	– C'est moi à 20 ans…
– ________	– C'est un ticket de train, c'est un souvenir !
– ________	– Ce sont des copains : Yorgos et Elena.
– ________	– C'est un coquillage.

4 **Donnez votre avis, selon le modèle.**

reposant, ~~compliqué~~, beau, simple, stressant, nécessaire, ennuyeux, passionnant, fatigant, difficile

1. Les femmes, *c'est compliqué* !
2. La mer, ________
3. La gymnastique, ________
4. Les exercices, ________
5. Le football, ________
6. L'argent, ________
7. Les embouteillages, ________
8. Les hommes, ________

5 » **Donnez votre avis avec « c'est » ou « ce n'est pas ».**

1. Le bruit, ________ agréable.
2. La grammaire, ________ passionnant.
3. Le vin rouge, ________ bon pour la santé.
4. Les langues étrangères, ________ utile.

LA PROFESSION

Paul est médecin. **Il est** pédiatre.
C'est un pédiatre renommé.

■ Dans certains cas, on ne met **pas d'article** devant les noms de profession :

*Je suis **secrétaire.** Tu es **ingénieur**. Vous êtes **professeur**.*

- L'absence d'article concerne la nationalité, la religion, la profession, etc., qui sont traitées comme des adjectifs :

  *Paul est **professeur**.*
  *Il est **anglais**. Il est **protestant**. Il est **marié**.*

■ On met un article pour apporter une **précision** :

*Paul est **un** professeur exceptionnel.*
*Paul est **un** bon professeur.*

- On ne met pas d'article quand la précision indique une **catégorie professionnelle** :

  *Paul est **médecin généraliste*** — *Paul est **un** bon médecin.*
  (« Médecin généraliste » est une catégorie professionnelle, mais pas « bon médecin ».)

- On utilise « **c'est** » au lieu de « **il est** » devant un **nom déterminé** :

– ***C'est mon*** *voisin.*	– ***Il est*** *sympathique ?*
– ***C'est un*** *professeur.*	– ***Il est*** *professeur de quoi ?*
– ***C'est un*** *jeune professeur d'anglais.*	– *Ah,* ***il est*** *prof d'anglais !*
« C'est » + **nom** déterminé	« Il est » + **adjectif** ou profession

- Dites :

  C'est un *bon professeur.*
  C'est mon *voisin.*

  Ne dites pas :

  Il est ~~un~~ ...
  Il est ~~mon~~ ...

■ Certains noms de profession qui n'avaient pas de féminin ont aujourd'hui deux formes.

Paul est	*professeur.*	*Marie est*	*professeur/professeure.*
	écrivain.		*écrivain/écrivaine.*
	auteur.		*auteur/auteure.*

⚠ • À la question :

– Quelle est votre profession?
– Qu'est-ce que vous faites (comme travail/dans la vie) ?

• Répondez :

– Je suis professeur/comptable...
– Je travaille dans une école/banque...
~~Ma profession est comptable.~~

EXERCICES

1 Répondez aux questions, selon le modèle.

– Quelle est la profession de monsieur Dupond ? (chirurgien compétent)
– *Il est chirurgien. C'est un chirurgien compétent.*

1. – Quelle est la profession de monsieur Bocuse ? (cuisinier renommé)
– ____________________
2. – Quelle est la profession de madame Beretta ? (styliste originale)
– ____________________
3. – Quelle est la profession de monsieur Holmes ? (détective perspicace)
– ____________________
4. – Quelle est la profession de monsieur Livingstone ? (explorateur imprudent)
– ____________________
5. – Quelle est la profession de monsieur et madame Verdon ? (comptables précis)
– ____________________

2 Complétez avec « il est »/« elle est » ou « c'est », selon le modèle.

Vous connaissez : 1. Robert Doisneau ? – Oui, *il est* photographe. *C'est* un très grand photographe.
2. Marie Ravel ? – Oui, ________ architecte d'intérieur. ________ notre architecte.
3. Céline Dion ? – Oui, ________ une chanteuse. ________ canadienne.
4. Monsieur Jones ? – Oui, ________ le chat du voisin. ________ adorable.

3 Complétez le dialogue avec « il est »/« elle est » ou « c'est ». Continuez librement.

Mondanités

– Qui est cet homme ?
– *C'est* Paul Marat. ________ un ami de Julie.
– Qu'est-ce qu'il fait ?
– ________ journaliste : ________ un journaliste très connu.
– Et cette femme : qui est-ce ?
– ________ la mère de Julie.
– ________ jeune ! Qu'est-ce qu'elle fait ?
– ________ pédiatre.
– Julie est mariée ?
– Non, ________ célibataire.
– Qu'est-ce qu'elle fait maintenant ?
– Maintenant, ________ professeur de yoga.
– Ah oui, ________ bouddhiste, je crois.
– Oui, et ________ une végétarienne convaincue.
– Et la jolie brune là-bas, qui est-ce ?
– ________ ma femme.

4 >> Donnez les noms de deux personnalités de votre pays. Faites deviner leur profession.

____

6 LES POSSESSIFS

– C'est **mon** sac. C'est **ma** montre. Ce sont **mes** livres.
– C'est **le mien**. C'est **la mienne**. Ce sont **les miens**.

L'ADJECTIF POSSESSIF s'accorde avec le **nom** possédé et change avec le **possesseur** :

	nom masculin		nom féminin		nom pluriel	
Je	***mon***	*père*	***ma***	*mère*	***mes***	*parents*
Tu	***ton***	*fils*	***ta***	*fille*	***tes***	*enfants*
Il/Elle	***son***	*cousin*	***sa***	*cousine*	***ses***	*cousin(e)s*
Nous	***notre***	*père*	***notre***	*mère*	***nos***	*parents*
Vous	***votre***	*fils*	***votre***	*fille*	***vos***	*enfants*
Ils/Elles	***leur***	*cousin*	***leur***	*cousine*	***leurs***	*cousin(e)s*

⚠ • ***On*** *est chez* ***notre*** *grand-mère.* (« on » = « nous »)
Quand ***on*** *est vieux, on parle de* ***son*** *passé.* (« on » = « tout le monde »)

• Pour les parties du corps, on remplace le possessif par l'article défini quand il est évident que le possesseur est le sujet de la phrase :
Ma tête est brûlante. ***J'****ai mal à* ***la*** *tête. (à ~~ma~~ tête)*

♪ • **La liaison** avec une voyelle est obligatoire, sauf devant « **h** » aspiré :
*mo**n**‿ami* (n) *me**s**‿idées* (z) *mes |* ***h****éros préférés*

♪ • « **Ma, ta, sa** » deviennent « **mon, ton, son** » devant voyelle ou « **h** » muet :
mon *amie* ***ton*** *erreur* ***son*** *hésitation*

LE PRONOM POSSESSIF change selon le nom qu'il remplace.

masc. sing.	fém. sing.	masc. plur.	fém. plur.
le mien	***la mienne***	***les miens***	***les miennes***
le tien	***la tienne***	***les tiens***	***les tiennes***
le sien	***la sienne***	***les siens***	***les siennes***
le nôtre	***la nôtre***	***les nôtres***	***les nôtres***
le vôtre	***la vôtre***	***les vôtres***	***les vôtres***
le leur	***la leur***	***les leurs***	***les leurs***

⚠ • *notre* : adjectif *le n**ô**tre* : pronom

EXERCICES

1 **Complétez avec « mon », « ma », « mes ».**

Distraite

– J'ai trouvé un sac, un stylo, des clés, des lunettes et une écharpe !
– Oh ! *c'est mon sac ! C'est* ______________
____
____
– Tu es vraiment trop distraite !

2 **Complétez avec « mon », « ma », « mes ».**

1. *Ma* mère est à Paris.
2. ________ frère est aux Bahamas.
3. ________ sœur est dentiste.
4. ________ enfants sont à la plage.
5. ________ école est fermée.
6. ________ ami Pierre est en voyage.
7. ________ amie Lola est malade.

3 **Complétez en utilisant « son », « sa », « ses ».**

beauté humour musique ~~sourire~~ romans

1. La Joconde est célèbre pour *son sourire*.
2. Apollon est célèbre pour ______________
3. Woody Allen est célèbre pour ______________
4. Mozart est célèbre pour ______________
5. Balzac est célèbre pour ______________

4 **Complétez avec « votre » ou « vos ».**

chien ~~enfants~~ plantes linge papiers

1. Je garde *vos enfants*.
2. J'arrose ______________
3. Je repasse ______________
4. Je promène ______________
5. Je range ______________

5 **Complétez avec « son », « sa », « ses », « leur(s) » ou « le », « la », « les ».**

Voyage de noces

Marc et Sylvie sont prêts à partir en voyage de noces : *leurs* places d'avion sont réservées, ________ valises sont faites. ________ arrivée à Venise est prévue pour le 15 février. Sylvie est nerveuse parce que ________ cheveux sont trop longs (________ coiffeur est malade), ________ habits sont trop grands (depuis ________ régime) et ________ amie Nathalie n'est pas à Paris. Elle a mal à ________ tête et à ________ estomac, et ________ anxiété est terrible. Marc lui prend ________ main. Il trouve ________ attitude un peu enfantine, mais si charmante…

6 **Complétez avec les possessifs manquants. Continuez librement.**
Prête-moi *ton* stylo, *le mien* est cassé.

1. Prête-moi ________ moto, ______ est en panne.
2. Prête-moi ________ briquet, ________ est vide.
3. Prête-moi ________ portable, j'ai oublié ______
4. Prête-moi ______ veste, ________ est au pressing.
5. Prête-moi ______ notes, je ne trouve plus ______
6. Prête-moi ______________

7 » **Au café. Imaginez des questions (et des réponses).**

– C'est ton verre ou *c'est le mien ?* – C'est ma serviette ou ____________ ? – C'est ton couteau ou ____________ ? – C'est mon portable ou ____________ ? – Ce sont mes lunettes ou ____________ ?

7 LES NOMS de PARENTÉ et de GROUPE

LA PARENTÉ

le père/la mère	=	*les parents*
le fils/la fille	=	*les enfants*
le grand-père/la grand-mère	=	*les grands-parents*
le petit-fils/la petite-fille	=	*les petits-enfants*
l'oncle/la tante		
le neveu/la nièce	=	*les neveux*
le grand-oncle/la grand-tante		
le petit-neveu/la petite-nièce	=	*les petits-neveux*

- « **Grand** » qualifie les ascendants au deuxième degré, « **petit** » les descendants.
- « **Les parents** » = le père et la mère, « **des parents** » = autre parenté (cousins, oncles, tantes, etc.).

■ Pour la parenté par alliance, on dit :

	le mari	***la femme***	
(père du mari/de la femme)	*le beau-père*	*la belle-mère*	(mère du mari/de la femme)
(frère du mari/de la femme)	*le beau-frère*	*la belle-sœur*	(sœur du mari/de la femme)
(mari de la fille)	*le gendre*	*la belle-fille*	(femme du fils)

- La « belle-mère » est aussi la femme du père et le « beau-père » le mari de la mère en cas de remariage.
- « **Beau** » est une ancienne marque de respect.

- « **Mon** ami(e) » = compagnon ou compagne ; « **un(e)** ami(e) » = relation amicale.

LES NOMS DE GROUPE

- « **Des gens** » = nombre indéterminé d'individus (collectif)

  *Il y a **des gens** dans la rue.*
  ***Les gens** pensent que…*

- « **Des personnes** » = nombre déterminé d'individus (= 1, 2, 3…)

  *Il y a **dix personnes** dans la rue.*
  ***Quelques personnes** pensent que…*

- « **Tout le monde** » = « les gens »

  ***Tout le monde** aime les vacances.*

- « **Le monde entier** » = tous les pays

  *Max voyage dans **le monde entier**.*

⚠ • *Les gens **pensent** que…* (verbe au pluriel) — *Tout le monde **pense** que…* (verbe au singulier)

EXERCICES

1 **Observez le tableau. Complétez avec le terme de parenté correspondant.**

Pierre + Marie

Élisabeth (+ François) — Catherine (+ Bernard) — Jean (+ Corinne)

Gilles, Guillaume, Clément — Léo, Quentin, Élise — Manon, Fanny

1. – Qui est Élise pour Quentin ? – *C'est sa sœur.* – Qui est Léo ? – *C'est son frère.*
2. – Qui est Jean pour Manon ? – ________ – Qui est Pierre ? – ________
3. – Qui sont Léo, Quentin et Élise pour Catherine ? – ________
4. – Qui sont Léo, Quentin et Élise pour Pierre et Marie ? – ________
5. – Qui est Élisabeth pour Élise ? – ________ – Qui est Jean pour Quentin ? – ________

2 **Complétez avec les relations de parenté et les possessifs manquants.**

1. – Qui étaient les ________ de Louis XIII ?
   – Je crois que Marie de Médicis était ________ mère et Henri IV était ________ père.
2. – Napoléon Ier n'était pas le père de Napoléon III ?
   – Non, c'était le frère de ________ père, c'est-à-dire ________ .
3. – Le cinéaste Jean Renoir était le ________ du peintre impressionniste Auguste Renoir ?
   – Oui, Auguste Renoir était ________ père.

3 **Complétez avec « gens », « personnes », « tout le monde » ou « le monde entier ».**

Un grand reporter

Mon beau-père est un grand journaliste : il voyage dans ________ . Il parle souvent à la télévision et, dans la rue, ________ le reconnaît. Il parle cinq ou six langues couramment et il peut interviewer plusieurs ________ à la fois en plusieurs langues.
Les ________ pensent en général qu'il est français, mais, en réalité, il est roumain. Il connaît très bien plusieurs ________ du monde de la politique et du spectacle, et il a des amis dans ________ . Il s'appelle Radulescu mais ________ l'appelle « Radu ».

4 » **Photos de famille. Présentez vos parents et amis, selon le modèle.**

C'est Chris : c'est mon frère, il est ingénieur. C'est Anne : c'est ma sœur, elle est lycéenne.
Ce sont mes parents, Monique et André. Mon père est assureur. Ma mère est diététicienne.

____

____

8 LES DÉMONSTRATIFS

– Je voudrais **ce** gâteau, **cette** brioche et **ces** croissants.
– Moi, je voudrais **celui-ci, celle-ci** et **ceux-ci**.

L'ADJECTIF DÉMONSTRATIF s'accorde avec le nom.

■ Il désigne des choses ou des personnes **présentes**, proches ou lointaines :

– Regarde, | ***ce** pont!*
| ***cette** église!*
| ***ces** statues!*

- Pour marquer l'éloignement, on ajoute « là-bas » :

  *– Ce monument, **là-bas**, c'est l'Opéra.*

■ Il désigne une période de **temps** proche ou en cours :

***ce** matin* ***cette** semaine* ***cet** été*

- Avec « jours » et « mois », on ajoute **« -ci »** : ***ce** mois-**ci**.*
- Pour marquer l'éloignement, on ajoute **« -là »** : *ce mois-**là**.*
- La liaison avec voyelle ou « h » muet est obligatoire :

  *ce**s**‿amis* *ce**s**‿étudiants* Mais : *ces | **h**éros* (« h » aspiré)
  z z

- « Ce » devant voyelle ou « h » muet devient **« cet »** :

  *~~ce~~ ami → **cet** ami* *~~ce~~ homme → **cet** homme* Mais : *ce | **h**éros* (« h » aspiré)

LE PRONOM DÉMONSTRATIF permet d'éviter la répétition et s'utilise surtout composé avec « -ci » et « -là » :

	Adjectifs démonstratifs		Pronoms démonstratifs		
masculin	***Ce***	*vélo est à Paul.*	***Celui***	*-ci/-là*	*est à Léa.*
féminin	***Cette***	*moto est à Paul.*	***Celle***	*-ci/-là*	*est à Léa.*
pluriel	***Ces***	*vélos sont à Paul.*	***Ceux***	*-ci/-là*	*sont à Léa.*
pluriel	***Ces***	*motos sont à Paul.*	***Celles***	*-ci/-là*	*sont à Léa.*

■ **« Celui de », « celle de »**, etc., expriment la possession :

*– À qui est ce vélo ? – C'est **celui de** Léa.*

EXERCICES

1 Complétez avec un démonstratif.

Ce café est excellent !

1. ________ problème est complexe.
2. ________ poires sont trop mûres.
3. ________ acteur est insupportable.
4. ________ bijoux sont très beaux.
5. ________ histoire est terrible !
6. ________ homme est dangereux.
7. ________ alcool est trop fort.

2 Complétez avec un démonstratif.

Paysage tropical

– Regarde *ce* paysage : ________ ciel, ________ mer, ________ palmiers, ________ fleurs !
– C'est magnifique ! Mais ________ animal horrible, là-bas, qu'est-ce que c'est ?
– C'est un iguane. Il est magnifique !
– Regarde ________ oiseau vert et bleu !
– Et sens ________ odeur de jasmin...

3 Complétez avec un adjectif ou un pronom, selon le modèle.

1. J'adore *cette* maison, mais j'aime bien aussi ________________ , à droite, la bleue.
2. N'achète pas ________ vin, il est trop fort. Achète ________________ , il est meilleur.
3. Ne prenez pas ________ chaise. Prenez ________________ , elle est plus confortable.
4. Faites tirer ________ photos, mais pas ________________ . Elles sont floues.
5. Ne mets pas ________ robe, je préfère ________________ . Elle est plus gaie.

4 Complétez avec des démonstratifs et des possessifs, selon le modèle.

1. – *Ce* vélo est à vous ? – *Non, ce n'est pas le mien. C'est celui de mon* voisin.
2. – ________ voiture est à vous ? – ________________________________ mari.
3. – ________ clés sont à vous ? – ________________________________ enfants.
4. – ________ anorak est à vous ? – ________________________________ fils.
5. – ________ gants sont à vous ? – ________________________________ amie.

5 Répondez selon le modèle.

1. – Vous partez la <u>semaine</u> prochaine ?
   – Non, *cette semaine.*
2. – Vous fêtez vos 30 ans l'<u>année</u> prochaine ?
   – Non, ________________________________
3. – Vous entrez à la fac le <u>mois</u> prochain ?
   – Non, ________________________________

6 Complétez avec des démonstratifs.

– Tu as vu *cette* voiture de sport ?
– ________ qui est garée sur le trottoir ?
– Oui, c'est ________ de mon voisin, ________ qui est acteur.
– Et ________________ vieux vélo, là : ce n'est pas ________ du prof de français ?

7 >> Vous achetez un gâteau, une brioche, une baguette, etc. Imaginez des dialogues.

– Je voudrais ce gâteau. – Celui-ci ? – Non, pas celui-ci, celui-là... ________________________

9 « IL Y A » et « C'EST »

Dans la rue, **il y a** une voiture verte. **C'est** une Jaguar.

Alors que de nombreuses langues (comme l'anglais, l'italien, etc.) utilisent le verbe « être » pour signaler l'existence d'une chose ou d'une personne, le français utilise la construction impersonnelle « il y a ».

L'EXISTENCE et L'IDENTIFICATION

■ « **IL Y A** » signale l'existence d'une personne ou d'une chose **dans un lieu** :

Dans la rue,
Sur la place, | ***il y a*** *des arbres en fleurs.*
Dans mon jardin,

⚠ • Dites : ***Dans la rue,*** *il y a un…*

Ne dites pas : ***Dans la rue,*** ~~*c'est*~~ *un…*

• **« Il y a »** + nom est une construction impersonnelle toujours au **singulier** :

Dans la rue, ***il y a*** | ***un*** *homme.*
dix *hommes.*

• Le lieu n'est pas nécessairement exprimé :

À huit heures, ***il y a*** *un match de football.* (à la télévision/au stade, etc.)

■ « **C'EST** » (singulier) et « **CE SONT** » (pluriel) identifient une chose ou une personne présente ou déjà présentée par le discours :

– Regarde, | ***c'est un*** *cerisier du Japon.*
ce sont des *cerisiers du Japon.*

À Budapest, il y a un fleuve : ***c'est*** *le Danube.*

Dans le bureau, il y a une dame blonde : ***c'est*** *la secrétaire.*

« C'est »/« Ce sont », p. 32 « Il y a » et la négation, p. 50

EXERCICES

1 **Complétez par « il y a » ou « c'est »/« ce sont », selon le modèle.**
Dans le journal, *il y a* la photo d'une très belle femme : *c'est* une actrice américaine.

1. Dans la cour, ________ deux enfants, ________ les enfants de la concierge. – **2.** Dans mon quartier, ________ un restaurant très connu : ________ un restaurant russe. – **3.** Au musée d'Art moderne, ________ une très belle exposition : ________ une exposition sur les impressionnistes allemands. – **4.** Devant l'hôtel, ________ une dizaine de personnes : ________ des touristes italiens.

2 » **Complétez les phrases, selon le modèle.**
Dans mon portefeuille, *il y a une photo : c'est la photo de ma fille.*
il y a des photos : ce sont les photos de mes enfants.

Sur mon bureau, ____
____
Dans ma chambre, ____
____
Dans mon sac, ____
____

3 **Complétez les phrases, selon le modèle.**
Au centre de Londres, *il y a* un très grand parc : *c'est* Hyde Park.

1. À New York, ________ un musée important : ________ le musée Guggenheim.
2. En Grèce, ________ des trésors archéologiques : ________ des monuments de l'époque classique.
3. En Suisse, ________ beaucoup de stations de ski : ________ des stations très animées en hiver.
4. Sur la Seine, ________ bateaux pour les touristes : ________ les bateaux-mouches.
5. Près de Paris, à Marne-la-Vallée, ________ un grand parc d'attractions : ________ Euro-Disney.

4 **Complétez avec « c'est »/« ce sont », « il y a », « il est »/« elle est », selon le cas.**

Un petit hôtel

Dans ma rue, ________ un hôtel. ________ un petit hôtel. Il n'est pas très moderne, mais ________ vraiment charmant. Dans certaines chambres, ________ un balcon, et sur la table ________ toujours des fleurs, ________ en général des roses. L'hôtel est souvent complet, car ________ très connu et ________ toujours beaucoup d'étudiants français et étrangers. La propriétaire est une vieille dame, ________ un peu bavarde, mais ________ très gentille.

5 » @ **Donnez des informations sur votre ville, votre région, votre pays.**

10 LA SITUATION dans L'ESPACE (1)

Je suis **à** Madrid, **en** Espagne. Vous êtes **à** Tokyo, **au** Japon.

LES VILLES, LES PAYS, LES CONTINENTS

■ **Les villes** n'ont en général **pas d'article** :

Paris
Vienne — Mais : *Le Havre, Le Caire, La Haye…*
Tokyo

■ **Les pays et les continents** ont en général **un article** :

la *France*
le *Japon* — Mais : *Chypre, Haïti, Israël, Cuba…*
les *États-Unis*
l'*Afrique*

■ En général, les pays qui se terminent par « **-e** » sont **féminins** :

la *Suisse*	*le Japon*	Mais : *le Mexique*
la *Russie*	*le Canada*	*le Cambodge*
la *Hollande*	*le Brésil*	*le Mozambique*

■ « **À** », « **EN** », « **AU(X)** » indiquent la ville, le pays, le continent où on **est**/où on **va**.

« **à** » + ville ou pays sans article			« **en** » + pays féminin ou continent			« **au** » + pays masculin « **aux** » + pays pluriel		
Je suis	***à***	*Paris.*	*Je suis*	***en***	*France.*	*Je suis*	***au***	*Brésil.*
	à	*Madrid.*		***en***	*Russie.*		***au***	*Canada.*
Je vais	***à***	*Cuba.*	*Je vais*	***en***	*Europe.*	*Je vais*	***aux***	*États-Unis.*
	à	*Hawaï.*		***en***	*Afrique.*		***aux***	*Pays-Bas.*

♪

- On utilise « **en** » devant tout pays singulier qui commence par une **voyelle** :

  ~~*au*~~ *Iran* → ***en*** *Iran* (n) ~~*au*~~ *Angola* → ***en*** *Angola* (n)

- Villes avec article : *Je vais* ***à La*** *Havane et* ***au*** *Caire.*

EXERCICES

1 **Complétez, si c'est nécessaire.** » **Citez des pays que vous connaissez et où vous êtes allé(e).**

Un grand voyageur

- Quels pays connaissez-vous ?
- Je connais ____ Japon, ____ Chine, ____ Russie, ____ Finlande, ____ Chili, ____ États-Unis, ____ Canada, ____ Mexique et ____ Cuba.
- C'est vrai? Vous êtes allé ____ Japon, ____ Chine, ____ Russie, ____ Finlande, ____ Chili, ____ États-Unis, ____ Canada, ____ Mexique et ____ Cuba!
- Oui, et je repars demain.

2 **Situez les lieux avec « à », « en » ou « au(x) », selon le modèle.**

Où se trouvent :

1. La tour Eiffel ? – ______ Paris, ______ France, ______ Europe.
2. Les chutes du Niagara ? – ______ Amérique du Nord, ______ États-Unis et ______ Canada.
3. Le Kilimandjaro ? – ______ Afrique, ______ Kenya et ______ Tanzanie.
4. Le canal de Suez ? – ______ Égypte, ______ Afrique du Nord.
5. Le « Pain de sucre » ? – ______ Rio, ______ Brésil, ______ Amérique du Sud.
6. Le Colisée ? – ______ Rome, ______ Italie, ______ Europe.

3 **Complétez avec « être », les possessifs, et « à », « en », « au(x) ».**

Une famille cosmopolite

Mon grand-père *est à* Berlin, *en* Allemagne. ______ frère ______ Caire, ______ Égypte. ______ sœur et moi, nous ______ ______ Rotterdam, ______ Pays-Bas. ______ oncle ______ ______ La Havane, ______ Cuba. ______ cousine Beth ______ ______ Nicosie, ______ Chypre, ______ cousins ______ ______ Téhéran ______ Iran et mes parents ______ Madrid ______ Espagne.

4 » **Faites des phrases selon le modèle.** @ **Situez l'Himalaya, Topkapi, l'Etna, etc.**

Inde : Le Taj Mahal (tombeau célèbre)

Pérou : Machu Picchu (site archéologique inca)

Japon : Fuji Yama (grand volcan sacré)

Écosse : Loch Ness (lac mystérieux)

En Inde, il y a un tombeau célèbre : c'est le Taj Mahal. ______________________

Dans mon pays ______________________

QUELQUES EXPRESSIONS de LIEU

Dans le bus, il y a des enfants. **Sur** le bus, il y a des affiches.
Un avion passe **au-dessus** de la ville. **Sous** le pont coule la Seine.

■ « **DANS** » + un espace fermé :

dans *la maison*
dans *le tiroir*

- « **à l'extérieur de** » ≠ « dans »

  à l'extérieur de *la maison*

■ « **SUR** » + une surface :

sur *le toit*
sur *la photo*

- « **sous** » ≠ « sur »

  sous *le parapluie*

■ **Cas particuliers :**

dans *la rue* — ***dans*** *le journal*
sur *la place* — ***à la*** *radio*
sur *le boulevard* — ***à la*** *télévision*
dans *un fauteuil* — ***sur*** *Internet*
sur *une chaise*

⚠ • Dites :

Je suis ***dans*** *le train.*
À la *télévision, il y a Lady Gaga.*

Ne dites pas :

Je suis ~~sur~~ le train.
~~Sur~~ la télévision, il y a Lady Gaga.

■ « **AU-DESSUS** (de) »
= un niveau plus haut :

Au-dessus du *5e étage : au 6e.*
Nous volons ***au-dessus de*** *l'Atlantique.*

■ « **AU-DESSOUS** (de) »
= un niveau plus bas :

Au-dessous du *5e étage : au 4e.*
Au-dessous de *nos pieds coule la Seine.*

- « **Sous** » peut signifier aussi « au-dessous de » : *Le chat est* ***sous*** *la table.*
- « **Dessus** » ≠ « **dessous** »

  – Le chat est sur le lit ? – Oui, il est ***dessus****./Non, il est* ***dessous****.*
- « **Dedans** » ≠ « **dehors** »

  – Le chat est dans la maison ? – Oui, il est ***dedans****./Non, il est* ***dehors****.*

■ « **À CÔTÉ** (de) »/« **PRÈS** (de) »
= proximité

Versailles est ***près de*** *Paris. (10 km)*

■ « **LOIN** (de) »
= éloignement

Moscou est ***loin de*** *Paris. (2 500 km)*

« À », « de », « chez », p. 8 « Ici/Là », « là-bas », p. 40, 84 Adverbes de lieu, p. 84

EXERCICES

1 **Complétez en utilisant « dans », « sur » ou « sous », selon le modèle.**

Déjeuner au soleil

– Les assiettes sont *dans* le placard ?
– Non, elles sont ________ le lave-vaisselle.
– Les verres sont ________ la table ?
– Non, ils sont ________ l'étagère.
– On mange ________ la cuisine ?
– Non, ________ la terrasse, il fait beau !
– Il y a des tas de journaux ________ la table...
– Jette-les ________ la poubelle, ________ l'évier.

2 **Complétez avec « dans », « sur », « sous » et « à la ».**
Enveloppe (adresse, lettre) *Sur l'enveloppe, il y a une adresse. Dans l'enveloppe, il y a une lettre.*

1. Bouteille (étiquette, cognac) ________________
2. Lac (bateaux, poissons) ________________
3. Télévision (table basse, reportage) ________________
4. Avion (voyageurs, James Bond) ________________
5. Radio (autocollant, concert de jazz) ________________

3 **Complétez avec « dans », « sur », « sous » et « à la ».**

1. Le chat est *dans* la cuisine ou ________ le balcon ? – **2.** Il y a beaucoup de monde ________ la rue. – **3.** Le père de Charlie est toujours assis ________ un gros fauteuil en cuir jaune et sa mère ________ une petite chaise en paille. – **4.** Regarde, il y a Sharon Stone ________ télévision. – **5.** Le cinéma Le Champo est ________ la rue des Écoles ou ________ le boulevard Saint-Michel ? – **6.** Nous déjeunons souvent ________ l'herbe, ________ les arbres. – **7.** Ce soir, il y a un bon concert ________ radio et un bon film ________ télé.

4 **Complétez avec « dessus », « dessous », « dedans » et « dehors ».**
– Les enfants sont dans la maison ? – Oui, ils sont *dedans*.

1. Le prix est marqué sous le vase : regarde, il est collé ________________
2. – Ma veste n'est pas dans l'armoire ! – Mais si, regarde bien, elle est ________________
3. – Il y a une étiquette sur ta valise ? – Oui, regarde, elle est collée ________________
4. Le chien n'a pas le droit d'entrer dans ce restaurant, laissez-le ________________
5. Un cadeau est caché sous ta serviette : regarde vite ________________

5 **Faites des phrases en utilisant « dans », « sur », « sous », « au-dessus », « au-dessous ».**
Table (Vase/Lustre/Tapis/Chat) Miroir (Lampe/Photo/Lavabo) Lit (Balle/Couverture/Pantoufles)

Le vase est sur la table. Le lustre ________________

11 LE VERBE « AVOIR »

J'	**ai**	un passeport.
Tu	**as**	une carte d'identité.
Il / Elle / On	**a**	vingt ans.
Nous	**avons**	un garçon et une fille.
Vous	**avez**	des enfants ?
Ils / Elles	**ont**	froid.

Après le verbe « avoir », on utilise en général un **nom** :

J'ai une moto. *Vous avez un vélo.*

L'ÂGE

- Pour indiquer l'âge, on utilise le verbe « **avoir** » :

  *Mon fils **a** 3 mois.*
  *J'**ai** trente ans.* Ne dites pas : ~~*Je suis trente*~~

⚠ • ***Il est** jeune.* (« être » + adjectif) ***Il a** vingt ans.* (« avoir » + nom)

« AVOIR FAIM », « AVOIR FROID », etc.

- Pour exprimer une sensation de **manque** ou de **douleur**, on utilise « avoir » suivi d'un **nom sans article** :

*J'**ai*** | *chaud.* / *froid.* / *faim.* / *soif.* / *sommeil.* / *peur (de).*

*J'**ai*** | *besoin de…* / *envie de…*

*J'**ai** mal* | *à la tête.* / *au dos.* / *aux dents.*

⚠ • Avec ces expressions, on utilise « **très** » pour exprimer l'intensité.

Dites : *J'ai très faim.* Ne dites pas : *J'ai ~~beaucoup~~ faim.*

Mais, avec « besoin », on dit : *J'ai **vraiment** besoin de repos.*

« Avoir beau », p. 254 Besoin/Envie et les partitifs, p. 88

EXERCICES

1 **Répondez aux questions, selon le modèle.**

Sondage : le logement

- Vous avez un appartement ou une maison ? – *J'ai un appartement.*
- Vous avez une, deux ou trois chambres ? – ______
- Vous avez des meubles anciens ou modernes ? – ______
- Vous avez un grand ou un petit salon ? – ______
- Vous avez un chauffage électrique ou au gaz ? – ______
- Vous avez des voisins calmes ou bruyants ? – ______

2 **Complétez les phrases avec « avoir », les pronoms sujets et les articles manquants.**

1. Vous *avez* un stylo bleu ? – Non, *j'ai un* stylo noir. **2.** Cathy ______ moto ? – Oui, ______ Yamaha. – **3.** Les voisins ______ chien ? – Oui, ______ chien et deux chats. – **4.** Paul et toi, ______ diplômes ? – Oui, tous les deux ______ licence d'histoire.

3 **Complétez avec les verbes ci-dessous.**

avoir faim ~~avoir sommeil~~
avoir peur avoir mal

1. Il est tard, le bébé est fatigué : il *a sommeil.*
2. Il est midi : nous ______
3. Mon chien n'est pas courageux : il ______ des souris !
4. Mon mari est chez le kiné : il ______ au dos.

4 **Complétez les dialogues.**

1. – Vous avez besoin d'un café ?
– *Oui, j'ai besoin d'un café ! Pas vous ?*
2. – Vous avez envie d'une glace ?
– ______
3. – Vous avez peur des serpents ?
– ______

5 **Posez des questions oralement avec « avoir besoin de », selon le modèle.**

voyager en Europe	écrire en français	rester en forme	travailler en France
visa	dictionnaire	faire du sport	parler français

– *Pour voyager en Europe, vous avez besoin d'un visa ?* ______

6 » **Faites des phrases oralement avec « avoir envie de ». Continuez librement.**

thé/café/glace – manger au restaurant/chez sa mère/au McDo – lire/dormir/sortir – un chien/un chat/un lapin

– *J'ai envie d'un thé. Mon mari a envie d'un café. Les enfants* ______

7 » **Exprimez vos envies et vos peurs, en vous inspirant des exemples.**

envies : vacances au bord de la mer/nouvelle voiture/animal domestique/appartement plus grand

peurs : chômage/krach boursier/futur /solitude/insectes/chiens/obscurité

Elle a **les** yeux bleus, **les** cheveux bruns et **un** petit nez.
Elle a **l'**air sympathique. Elle n'a **pas d'**enfant.

« AVOIR LES YEUX BLEUS », etc.

■ Pour indiquer une **caractéristique physique**, on utilise « avoir » + article **défini** :

*Lola a **les** yeux bleus et **les** cheveux bruns.*
*Elle a **la** peau douce et **la** taille fine.*

- Quand l'adjectif est placé devant le nom, on utilise un **indéfini** :

*Elle a **un** petit nez et **une** jolie bouche.*

« AVOIR LE TEMPS », « AVOIR L'HABITUDE », etc.

■ Pour exprimer une **disposition**, on utilise généralement « avoir » + article :

*avoir **le** temps de* — *avoir **l'**intention de* — *avoir **du** mal à*
*avoir **l'**habitude de* — *avoir **l'**occasion de*

- **Autres expressions avec « avoir »** :

***avoir l'**air en forme/fatigué* — ***avoir de la** chance*
***avoir** bon/mauvais caractère* — ***avoir** raison/tort*
***avoir** lieu : Le spectacle a lieu le 3 mars. La réunion a lieu salle 5.*

« AVOIR » et la NÉGATION de L'ARTICLE

- La négation de l'article **indéfini** est « **de** » :

	un	*chien ?*		***pas de***	*chien.*
– Vous avez	***une***	*voiture ?*	*– Non, je n'ai*	***pas de***	*voiture.*
	des	*enfants ?*		***pas d'***	*enfants.*

*Il y a **un** tableau sur le mur.* — *Il n'y a **pas de** miroir.*
*Il y a **des** chaises dans la salle.* — *Il n'y a **pas de** canapé.*

- Quand on apporte une **précision**, on conserve l'article indéfini :

*– Vous avez une moto ? – **Pas une** moto, un scooter.*

- La négation de l'article défini est régulière :

*– Vous avez le permis de conduire ? – Non, je n'ai **pas le** permis de conduire.*

Articles, p. 30 — Place de l'adjectif, p. 54

EXERCICES

1 **Décrivez le personnage. >> Décrivez-vous.**

Portrait de Jules

âge :	45 ans
cheveux :	bruns/blonds/châtains/blancs
yeux :	bleus/noirs/verts/marron
visage :	rond/carré/allongé/ovale
particularités :	gros nez/longue barbe/ grand front

Il a quarante-cinq ans.
Il a les cheveux châtains.
____
____
____
____

2 **Répondez aux questions, à la forme affirmative ou négative.**

1. – Cet été, vous avez l'intention de partir ? – Oui, ____________________
2. – Vous avez l'intention de partir en charter ? – Non, ____________________
3. – Vous avez l'habitude de voyager seul ? – Oui, ____________________
4. – Vous avez le temps de lire des guides ? – Non, ____________________
5. – Vous avez souvent l'occasion de voyager ? – Oui, ____________________

3 **Répondez à la forme positive ou négative.**

– Vous avez une voiture ?
– *Non, je n'ai pas de voiture.*

1. – Vous avez un chien ? – Oui, ____________________
2. – Vous avez des enfants ? – Non, ____________________
3. – Vous avez une piscine ? – Non, ____________________
4. – Vous avez un garage ? – Non, ____________________
5. – Vous avez la télé ? – Oui, ____________________
6. – Vous avez le satellite ? – Non, ____________________

4 **Posez des questions selon le modèle.**

~~avoir froid~~ – avoir faim – avoir chaud – avoir soif – avoir peur – avoir sommeil

1. – Il fait 15° ! *Vous n'avez pas froid ?*
2. – Il est midi passé ! ____________________
3. – Ce plat est trop salé ! ____________________
4. – Il est 2 heures du matin. ____________________
5. – Cette rue est très sombre ! ____________________
6. – Il fait plus de 30° ! ____________________

5 **Répondez affirmativement ou négativement.**

Dans la salle de classe, est-ce qu'il y a :

Des rideaux ? – Non, *il n'y a pas de rideaux.*
Des chaises ? – Oui, ____________________
Un canapé ? – Non, ____________________
Une télévision ? – Oui, ____________________
Un miroir ? – Non, ____________________
Des placards ? – Oui, ____________________
Des plantes vertes ? – Non, ____________________
Des posters ? – Oui, ____________________
Un ordinateur ? – Non, ____________________
Un fauteuil ? – Non, ____________________

EXERCICES

1 **Complétez avec « avoir » et répondez aux questions.**

Mes voisins

Franck et Brigitte sont mes voisins. Ils *ont* deux enfants : Lou et Marcus. Marcus ________ huit ans, comme mon fils Antoine. Il ________ les yeux bleus et les cheveux noirs, comme lui. Lou ________ trois ans. Elle ________ aussi les yeux bleus, mais elle ________ les cheveux blonds. Brigitte et moi, nous ________ la même baby-sitter, Jouba. Elle ________ seulement dix-neuf ans, mais elle ________ beaucoup d'expérience, car elle ________ cinq frères et sœurs. Mon fils ________ un petit chien, Bill. Les enfants de Brigitte ________ un chat, un singe et un perroquet. Ça fait beaucoup de monde, mais Jouba ________ beaucoup de patience et elle ________ bon caractère.

1. – Est-ce que Franck et Brigitte ont des enfants ? – ________
2. – Quel âge ont Antoine et Marcus ? – ________
3. – Quel âge a la baby-sitter ? – ________
4. – Les enfants ont-ils des animaux domestiques ? – ________
5. – Est-ce que la baby-sitter a mauvais caractère ? – ________

2 **Répondez selon le modèle en utilisant « être » et « avoir ».**

– En général, vous êtes nerveux/nerveuse, avant un examen ?
– *Oui, quand j'ai un examen, je suis nerveux/nerveuse.*

1. – Vous êtes à l'heure, en général, quand vous avez un rendez-vous ?
   – ________
2. – Quand vous êtes en retard, vous avez toujours une bonne excuse ?
   – ________
3. – Est-ce que vous êtes de mauvaise humeur, quand vous êtes fatigué(e) ?
   – ________
4. – Vous avez de la température, quand vous êtes enrhumé(e) ?
   – ________

3 **Complétez avec « être », « avoir » et les pronoms manquants.**

Paul *est* blond, il *est* grand et *il a* les yeux bleus.

1. Je ________ marié, ________ trente ans et ________ deux enfants.
2. Mon fils et ma fille ________ à la maison : ________ la grippe.
3. Eva ________ très riche ; ________ une Rolls et un chauffeur.
4. Je ________ pressée : ________ rendez-vous à 10 heures chez le dentiste.
5. Il ________ minuit, je ________ fatiguée et ________ sommeil.

EXERCICES

1 **Mettez le texte à la forme affirmative puis négative, selon le modèle.**

un petit studio	une maison de campagne
une vieille voiture	un garage
des jeans	un costume
des écharpes	une cravate
des meubles en pin	des meubles en acajou
le temps de lire	le temps de répondre à ses mails
envie de voyager	envie de travailler dans un bureau
besoin de faire du sport	besoin de maigrir

Franck a un petit studio. *Il n'a pas de maison de campagne.*

______________________ ______________________

______________________ ______________________

______________________ ______________________

2 **D'après ces offres d'emploi, faites des phrases en utilisant « être » et « avoir ».**

1. Secrétaire commerciale	**2. Directeur des ventes**	**3. Comédien**
Bilingue. 30 ans environ. 5 ans minimum d'expérience en entreprise. Organisée. Sens des responsabilités. Autonome. Disponible.	40 ans environ. Expérience internationale dans le domaine de la vente. Dynamique. Goût des relations humaines.	25 ans environ. Petit. Brun. Yeux clairs. Cheveux longs. Athlétique.

1. *Vous êtes secrétaire commerciale, vous êtes bilingue, vous* ______________________

____

2. ______________________

____

3. ______________________

____

3 **>> Trouvez les questions et répondez personnellement.**

1. – *Qu'est-ce que vous avez comme stylo ?* – J'ai un roller ______________________
2. ______________________ – J'ai un fox-terrier ______________________
3. ______________________ – J'ai un PC portable ______________________
4. ______________________ – J'ai un 4 X 4 gris métallisé ______________________

4 **>> Sur le modèle de l'exercice 2, rédigez l'offre d'emploi qui correspondrait parfaitement à votre profil. Rédigez d'abord en style télégraphique, puis avec des phrases complètes.**

12 L'ADJECTIF (2)

LA PLACE de L'ADJECTIF

un **jeune** homme **brun** avec une bicyclette **verte**

■ On place en général l'adjectif **après** le nom :

*une chemise **blanche***   *un livre **intéressant***   *un exercice **difficile***

■ Quelques adjectifs **fréquents** et assez courts se placent **devant** le nom : beau/joli bon/mauvais petit/grand/gros nouveau/jeune/vieux double/demi autre/même

*une **petite** maison*   *une **jolie** robe*   *un **gros** livre*

- **Les nombres** se placent toujours **devant** le nom :
  *les **trois** mousquetaires*   *les **sept** nains*   *le **septième** art*

- Quand il y a plusieurs adjectifs, les nombres se placent **devant** les autres :
  *les **trois** petits cochons*   *les **dix** dernières années*

■ « Premier », « dernier », « prochain » se placent **devant** le nom pour les **séries** :

*le **premier** candidat*   *le **prochain** candidat*   *le **dernier** candidat*

⚠ • « Dernier » et « prochain » se placent **après** le nom pour les **dates** :

mardi | ***dernier*** / ***prochain***   *le mois* | ***dernier*** / ***prochain***

♪ • « Beau », « vieux », « nouveau » deviennent « bel », « vieil », « nouvel » devant voyelle ou « h » muet :

*un **bel** acteur*   *un **vieil** homme*   *un **nouvel** ordinateur*
un ~~beau~~ acteur   *un ~~vieux~~ homme*   *un ~~nouveau~~ ordinateur*

- En général, devant un adjectif, « des » devient **« de »** :
  ***de** bons amis*   ***de** beaux livres*
  ~~des~~ bons amis   *~~des~~ beaux livres*

- Quand l'adjectif est placé devant le nom, on fait la liaison :
  un petit‿enfant (t)   *un bon‿acteur* (n)   *de grands‿amis* (z)

« Demi », p. 66

EXERCICES

1 **Décrivez, selon le modèle.**

garçon (petit) yeux (immenses) *Un petit garçon avec des yeux immenses*

1. monsieur (vieux) barbe (blanche) ______________________
2. homme (sportif) visage (carré) ______________________
3. dame (brune) lunettes (noires) ______________________
4. poisson (gros) ventre (jaune) ______________________
5. fille (belle) jambes (longues) ______________________
6. voiture (grosse) coffre (grand) ______________________
7. livre (précieux) illustrations (belles) ______________________
8. whisky (double) glaçons (deux) ______________________
9. appartement (beau) terrasse (petite) ______________________
10. soirée (bonne) amis (vieux) ______________________

2 **Transformez, selon le modèle.**

1. – Cet immeuble est très vieux !
   – *Oui, c'est un vieil immeuble.*
2. – Cet acteur est très beau ! ______________________
3. – Cet ordinateur est nouveau ? ______________________
4. – Cet avion est très vieux ! ______________________

3 **Transformez, selon le modèle.**

1. – Le premier jour (2)
   – *Les deux premiers jours.*
2. – La dernière année (10) ______________________
3. – Le prochain cours (2) ______________________
4. – Le dernier concurrent. (3) ______________________

4 **Complétez avec « des », « de » ou « d' ».**

1. La styliste Emmanuelle Kahn a toujours ________ grosses lunettes. – **2.** Les contes de Leo Perutz sont ________ histoires étranges. – **3.** Les contes de Perrault sont ________ belles histoires. – **4.** Apportez-moi ________ autres photos de votre famille. – **5.** Les vieux bistrots de Paris sont ________ endroits magnifiques.

5 **Transformez en accordant les adjectifs.** >> **Dites ce que vous préférez.**

lunettes : *Vous préférez les grosses lunettes ou les lunettes invisibles ?* (gros/invisible)
appartements : ______________________ (vieux/moderne)
plats : ______________________ (salé/sucré)
voitures : ______________________ (petit/gros)
couleurs : ______________________ (clair/sombre)

ADJECTIFS PARTICULIERS

■ Certains adjectifs changent de sens selon leur **place**. Les adjectifs placés devant le nom sont en général plus subjectifs :

(de haute taille)	*un homme très **grand***	*un **grand** homme*	(remarquable)
(indiscret)	*un voisin **curieux***	*un **curieux** voisin*	(bizarre)
(sans argent)	*un homme **pauvre***	*un **pauvre** homme*	(malheureux)
(sans amis)	*une femme **seule***	*une **seule** femme*	(unique)
(prix élevé)	*une maison **chère***	*ma **chère** maison*	(valeur affective)
(pas sale)	*une chambre **propre***	*ma **propre** chambre*	(la mienne)
(époque passée)	*un immeuble **ancien***	*mon **ancien** immeuble*	(précédente adresse)
(variés)	*des livres **différents***	***différents** livres*	(plusieurs)

■ Parfois, « **grand** », « **petit** », « **vieux** » ont une valeur quantitative :

*un **grand** voyageur*
(qui voyage beaucoup)

*un **petit** consommateur*
(qui consomme peu)

*un **vieux** client*
(de longue date)

■ « NEUF » ou « NOUVEAU » ?

- « **Neuf** » = de fabrication récente :
  (se place après le nom)

  *– Paul a une voiture **neuve** ?*
  – Oui, c'est la dernière Citroën.

- « **Nouveau** » = différent d'avant :
  (se place avant le nom)

  *– Paul a une **nouvelle** voiture ?*
  – Oui, c'est une vieille Jaguar magnifique.

- On utilise « neuf » pour les **objets** :

  *un stylo **neuf***
  *des chaussures **neuves***

- On utilise « nouveau » pour tout **changement** :

  *une **nouvelle** adresse*
  *un **nouveau** mari*

- neuf/neuve ≠ vieux/vieille :

  *une **vieille** voiture*
  *de **vieilles** chaussures*

- nouveau/nouvelle ≠ ancien/ancienne :

  *un **ancien** professeur*
  *une **ancienne** adresse*

⚠ • Mais pour avoir des « nouvelles », on dit :

*– Quoi de **neuf** ?* = – Qu'est-ce qui est nouveau dans votre vie ?

EXERCICES

1 **Faites l'exercice selon le modèle.**

Médor (chien, animal) (gros, très doux) *Médor est un gros chien, mais c'est un animal très doux.*

1. Dustin Hoffman (homme, acteur) (petit, grand)
____
2. Alexandre (enfant, écolier) (agité, studieux)
____
3. Madame Claude (femme, voisine) (seule, bruyante)
____
4. Les ordinateurs portables (appareils, objets) (pratiques, chers)
____
5. Le mari de Nadia (mari, sculpteur) (mauvais, bon)
____
6. Kitty (femme, actrice) (belle, mauvaise)
____
7. Monsieur Barlou (maire, voyou) (respecté, ancien)
____
8. Monsieur Hire (voisin, personnage) (réservé, curieux)
____

2 **Complétez les phrases avec « neuf »/« nouveau », « vieux »/« ancien ».**

Ma voiture est une Peugeot de 1962 : c'est une *vieille* voiture !

1. Je dois vous donner mon ______________ numéro de téléphone.
2. J'ai mal aux pieds parce que mes chaussures sont ______________ .
3. Je connais Patricia depuis hier, c'est ma ______________ copine !
4. Ma grand-mère est une ______________ dame de quatre-vingt-dix ans.
5. Paul a vingt-cinq ans. On se connaît depuis 15 ans : c'est un ______________ copain !
6. Je n'aime pas les meubles ______________ : ils brillent trop !
7. Je regrette souvent mon ______________ travail, si agréable.
8. – Quoi de ______________ aujourd'hui, monsieur Duranton ?

3 **Décrivez les appartements à partir de la fiche de l'agence immobilière. >> Décrivez le vôtre.**

1. appartement : 250 m^2	immeuble : 1800	ascenseur : non	terrasse : oui
2. studio : 30 m^2	immeuble : 2013	ascenseur : oui	terrasse : non

____

13 LES NOMBRES

LES NOMBRES CARDINAUX

0	Zéro	10	Dix
1	Un	11	Onze
2	Deux	12	Douze
3	Trois	13	Treize
4	Quatre	14	Quatorze
5	Cinq	15	Quinze
6	Six	16	Seize
7	Sept	17	Dix-sept
8	Huit	18	Dix-huit
9	Neuf	19	Dix-neuf

20	Vingt	21	Vingt **et** un	22	Vingt-deux
30	Trente	31	Trente **et** un	32	Trente-deux
40	Quarante	41	Quarante **et** un	42	Quarante-deux
50	Cinquante	51	Cinquante **et** un	52	Cinquante-deux
60	Soixante	61	Soixante **et** un	62	Soixante-deux
70	Soixante-dix	71	Soixante **et onze**	72	Soixante-**douze**
80	Quatre-vingts	81	Quatre-vingt-un	82	Quatre-vingt-deux
90	Quatre-vingt-dix	91	Quatre-vingt-**onze**	92	Quatre-vingt-**douze**

100	Cent	101	Cent un	110	Cent dix
200	Deux cent**s**	201	Deux cent un	250	Deux cent cinquante
300	Trois cent**s**	301	Trois cent un	320	Trois cent vingt

1 000	Mille
10 000	Dix mille
100 000	Cent mille
200 000	Deux cent mille

1 000 000	Un million
10 000 000	Dix million**s**
1 000 000 000	Un milliard
10 000 000 000	Dix milliard**s**

En Suisse romande et en Belgique, on dit septante (70), octante (80) et nonante (90). En Suisse romande, on dit aussi huitante (80).

1 **Répondez, à l'oral, selon le modèle.**

 Aéroports de Paris : 01 70 36 39 50

 Police : 17

 Pharmacies de garde : 3237

 Urgences

Quel est le numéro de l'aéroport de Roissy ? – C'est le zéro un, so

LES NOMBRES

2 **Transcrivez en chiffres les résultats du jeu de cartes.**

Qui a gagné ?

Paul : Trois cent cinquante-neuf	= *359*	points
Max : Cinq cent quarante-trois	= ______	points
Jules : Mille cent dix-huit	= ______	points
Pierre : Sept cent cinquante-cinq	= ______	points
Ivan : Quatre-vingt-quinze	= ______	points

3 **Complétez les phrases selon le modèle.**

1. Dans une année, *il y a douze mois.*
2. Dans un mois, ______
3. Dans une semaine, ______
4. Dans une journée, ______
5. Dans une heure, ______
6. Dans une minute, ______

4 **Répondez oralement, selon le modèle.**

France : +33

Suisse : +41

Cameroun : +237

Luxembourg : +352

Belgique : +32

Danemark : +45

– Quel est l'indicatif téléphonique de la France ?

– C'est le zéro zéro trente-trois.

5 **Faites les opérations (addition, soustraction, multiplication et division) à l'oral.**

6 *six*		125		75 *soixante-quinze*		26
+ 25 *plus vingt-cinq*		+ 51		x 2 *multiplié par deux*		x 3
= 31 *égale trente et un*		= 176		= 150 *ça fait cent cinquante*		= 78

45 *quarante-cinq*		69		44 *quarante-quatre*		72
– 15 *moins quinze*		– 18		: 4 *divisé par quatre*		: 6
= 30 *égale trente*		= 51		= 11 *ça fait onze*		= 12

6 **Donnez vos numéros de téléphone (fixe, portable, bureau) et l'indicatif téléphonique de votre pays.**

À L'ÉCRIT

■ Les nombres cardinaux sont en général invariables :

*« Les **Quatre** Saisons »* *« Les **Sept** Samouraïs »* *« Les **Cent** Familles »*

■ « **VINGT** » et « **CENT** » prennent un « **-s** » quand ils sont **multipliés** :

***quatre**-vingts* ***trois** cents* ***huit** cents*

- La liaison met en évidence le pluriel :

  quatre-vingts_ans (z) *trois cents_heures* (z) Mais : *cent_ans* (t)

- « Vingt » et « cent » sont invariables s'ils sont **suivis** d'un autre nombre :

  *quatre-vingt-**trois*** *trois cent **cinquante***

■ Jusqu'à **cent**, les nombres composés sont reliés par un **tiret** :

dix-sept *cinquante-cinq* *soixante-douze*

- 21, 31, 41, 51, 61, 71 sont reliés par « **et** » :

  *vingt **et** un* *trente **et** un* *soixante **et** onze*

■ « **MILLE** » est toujours **invariable**, « **MILLION** » et « **MILLIARD** » s'accordent :

trois mille *trois million**s*** *dix milliard**s***

- On dit : *mille euros.* Mais : *un milliard **d**'euros.*

À L'ORAL

- On prononce la finale de « cinq », « sept », « huit », « neuf ».
  Le « x » de « six » et « dix » se prononce « s ».

  5 *cin**q*** 7 *sep**t*** 8 *hui**t*** 9 *neu**f*** 6 *six* [si**s**] 10 *dix* [di**s**]

- Le « x » de « six » et « dix » se prononce « z » devant voyelle ou « h » muet :

  six_adultes (z) *dix_amis* (z) *dix-huit jours* (z)

- La finale de « huit », « six » et « dix » est muette devant consonne :

  huit jours *six livres* *dix personnes* Mais : *dix-neuf* [diz neuf]

- « Neuf » se prononce « neuv » devant « heures » et « ans » :

  neuf_heures (v) *neuf_ans* (v)

- La consonne finale de « vingt » est muette, sauf de 21 à 29 :

  vingt *quatre-vingt-onze* *cent quatre-vingt-un*
  Mais : *ving**t**-sept* *cent ving**t**-quatre*

EXERCICES

1 **Complétez le chèque. Rédigez d'autres chèques avec d'autre bénéficiaires.**

Date : 16/11/2013 Ordre Domolec (télé) € 1800

BFP
Payez contre ce chèque :
*Mille huit*__________ € 1800
à __________
Mlle SIMON CORINNE
17, RUE EUGÈNE DUPREY à ______ le ______
38000 GRENOBLE
N° Chèque : 879 000 75

1. Gants (21 €) *Vingt et un euros*
2. Chaussures (50 €) __________
3. Pull (41 €) __________
4. Manteau (200 €) __________
5. Robe (100 €) __________
6. Veste (170 €) __________
7. Ordinateur (2 000 €) __________

2 **Écrivez en lettres, selon le modèle.**

« (100) *Cent* ans de Solitude » : roman

1. (400) « Les __________ Coups » : film
2. (24) « Les __________ Heures du Mans » : course
3. (4) « Les __________ Saisons » : concertos
4. (101) « Les __________ Dalmatiens » : dessin animé
5. (24 000) « __________ Baisers » : chanson
6. (7) « Les __________ Mercenaires » : film

3 **Écrivez en lettres, selon le modèle.**

La tour Eiffel

Elle mesure (300) *trois cents* mètres de haut et elle pèse plus de (7 000) __________ tonnes. Elle se compose de (2,5 millions) __________ de rivets que (300) __________ monteurs-acrobates ont assemblés de (1887) __________ à (1889) __________

4 **Complétez les phrases, selon le modèle.** >> **Comparez avec votre pays.**

En France

En France, il y a environ (65 000 000) *soixante-cinq millions* de Français.
En moyenne, les Français partent à la retraite à (62) __________ ans.
Le salaire minimum est de (1 244) __________ euros.
Il y a (389) __________ cinémas à Paris. Le billet coûte environ (7) __________ euros.
Un bon repas dans un restaurant parisien coûte autour de (40) __________ euros.
Le journal le plus lu est le journal sportif *l'Équipe* avec (2 300 000) __________ lecteurs.

5 **Prononcez les phrases suivantes.**

1. Le 5 et le 9 sont mes numéros fétiches.
2. 10 personnes attendent depuis 10 heures.
3. Le 23, pour mes 21 ans, je reçois 82 personnes à 22 h.
4. J'ai invité 9 enfants de 9 ans, le 9 août à 9 h.
5. Il y a 6 erreurs à la page 6 et 7 à la page 10.
6. J'ai 10 neveux de 19 ans et 6 oncles de 88 ans.

6 @ **Indiquez le nombre de jours de congés en France, et dans d'autres pays.**
(ex. : Autriche, Japon, Espagne, Chine, États-Unis)

LES NOMBRES ORDINAUX

1er	Premier	11e	Onzième	21e	Vingt **et** unième
2e	Deuxième/second	12e	Douzième	30e	Trentième
3e	Troisième	13e	Treizième	31e	Trente **et** unième
4e	Quatrième	14e	Quatorzième	40e	Quarantième
5e	Cinq**u**ième	15e	Quinzième	50e	Cinquantième
6e	Sixième	16e	Seizième	60e	Soixantième
7e	Septième	17e	Dix-septième	70e	Soixante-dixième
8e	Huitième	18e	Dix-huitième	71e	Soixante et onzième
9e	Neu**v**ième	19e	Dix-neuvième	80e	Quatre-vingtième
10e	Dixième	20e	Vingtième	91e	Quatre-vingt-onzième
100e : centième		1 000e : millième		1 000 000e : millionième	

- une diz**aine** = environ 10 — une douz**aine** = douze — une cent**aine** = environ 100
- 1/2 = un demi — 1/3 = un tiers 1/4 = un quart — 1/5 = un cinquième
- 10 % : dix pour cent — 50 % : cinquante pour cent

NOMBRE et NUMÉRO

- **Nombre** = quantité comptable :
  – *Quel est le **nombre** d'abonnés ?*
  – *Quel est le **nombre** de joueurs ?*
- « **Numéro** » = élément d'une **série** :
  – *Quel est votre **numéro** de téléphone ?*
  – *Quel est le **numéro** du gardien de but ?*

AN et ANNÉE

- « **An** » : **unité** de temps (+ nombres cardinaux)

  *Il a vingt **ans**.*
  *Cette église a deux cents **ans**.*
  *Je vais à Londres deux fois par **an**.*

- « **Année** » : **durée** (+ ordinaux ou adjectifs)

  *Il est en deuxième **année**.*
  *C'est une bonne **année** pour le vin.*
  *Je suis là toute l'**année**.*

- On dit aussi :

  *trois **jours*** — *toute la **journée*** — *une belle **journée***
  *ce **soir*** — *toute la **soirée*** — *une bonne **soirée***

⚠ • Avec des quantités indéfinies, on utilise « année » :

*Combien d'**années** ? Des millions d'**années**.*
*Chaque **année**. Plusieurs **années**.*

- Pour exprimer la fréquence, on dit :

  *tous les ans/**tous les** quatre ans* — *tous les jours/**tous les** deux jours*

Date, p. 64 Indéfinis, p. 68

EXERCICES

1 **Répondez en toutes lettres, selon le modèle.**

1. – La concierge est au 1er étage ?...
   – *Oui, elle est au premier.*
2. – Le docteur est au 2e étage ?
   – ____________________
3. – Les bureaux sont au 32e étage ?
   – ____________________
4. – Le directeur est au 41e étage ?
   – ____________________

2 **Complétez, selon le modèle.**

1. – Jeudi est le 3e jour de la semaine ?
   – Non, c'est le *quatrième*.
2. – Novembre est le 12e mois de l'année ?
   – Non, c'est le ____________________
3. – C'est la 20e page du livre ?
   – Non, c'est la ____________________
4. – C'est le premier exercice ?
   – Non, c'est le ____________________

3 **Complétez avec « nombre » ou « numéro ».**

– Quel est le *numéro* d'immatriculation de votre voiture ? – 345 VX 65.
– Quel est le *nombre* de kilomètres ? – 12 000 kilomètres.

1. J'habite au ____________ 46 de la rue Henri-Barbusse. Et vous ?
2. Quel est le ____________ de personnes prévu pour le dîner ?
3. Un grand ____________ d'animaux sauvages est en voie d'extinction.
4. Quel est le ____________ de votre passeport ?
5. Le ____________ de naissances diminue en Europe.
6. C'est fou le ____________ de choses qu'il faut emporter en vacances.
7. Le ____________ gagnant est le 23 ! Il gagne un million d'euros !
8. Nous avons les places ____________ 12 et 13 en deuxième classe.

4 **Complétez avec « an » ou « année ».**

1. Je vais en Grèce chaque *année*, depuis dix ______
2. Je connais Paul depuis plusieurs ____________
3. C'est notre dixième ____________ de mariage.
4. J'ai quarante ________ cette ____________

5 **Choisissez, selon le modèle.**

1. Au mois de juin, il y a trente *jours/~~journées~~*.
2. Passez me voir dans *le soir/la soirée*.
3. Il pleut depuis trois *jours/journées*.
4. Tu as vécu combien d'*ans/années* au Chili ?

6 **Complétez avec « an »/« année », « nombre »/« numéro », « il y a »/« c'est ».**

Le numéro 1000

Notre magazine a vingt ________ cette ________. Dans le ________ 1 000 du 6 septembre, ________ un supplément de 20 pages : ________ notre album souvenir qui commence par la rencontre de trois vieux amis, un 14 juillet, au milieu d'un grand ________ d'inconnus. C'est cette ________ -là que notre magazine est né… Notre revue en ligne est aujourd'hui consultée par six millions d'internautes.

14 LE TEMPS (1)

Aujourd'hui, **nous sommes le** 3 février. **C'est** l'hiver.

LE JOUR, LA DATE et LES SAISONS

■ **LA DATE :** pour indiquer une date, on utilise « **nous sommes** »/« **on est** » + jour :

__Nous sommes__ le 21 juin.
__On est__ lundi. / __C'est__ lundi. (à l'oral)

- L'article précède toujours la date : *Paris, __le__ 8 novembre 1988.*
- Quand on précise le jour et la date, l'article se place avant le jour :
  Nous sommes __le__ mercredi 18 août.
- On dit « le premier », mais « le deux », « le trois », etc. :
  Nous sommes __le premier__ ou __le deux__?

■ **LES JOURS :** lundi, mardi, mercredi, jeudi, vendredi, samedi, dimanche.

- Lundi = ce lundi :
  ***Lundi**, je suis à Berlin.*
- **Le** lundi = tous les lundis :
  ***Le** lundi et **le** jeudi, je suis à Lyon.*
- « **Le** » + matin/après-midi/soir = pendant :
  Je dors __le__ matin. Je travaille __l'__après-midi. Je sors __le__ soir.

■ **LES MOIS :** janvier, février, mars, avril, mai, juin, juillet, août, septembre, octobre, novembre, décembre.

Nous sommes __en__ mars. *Nous sommes __au__ mois de mars.*
Nous sommes __début__ mars/__mi__-mars/__fin__ mars. (sans article)

■ **LES SAISONS : le** printemps, **l'**été, **l'**automne, **l'**hiver.

- On utilise « **au** » devant consonne, « **en** » devant voyelle ou « h » muet :
  Nous sommes __au__ printemps, __en__ été, __en__ automne, __en__ hiver.

■ Pour les années, on utilise « **en** » ; pour les siècles, on utilise « **au** » :

Nous sommes __en__ 2013, __au__ XXIe siècle/__en__ 1789, __au__ XVIIIe siècle.

An/Année, p. 62

EXERCICES

1 **Écrivez la date selon le modèle.**

1. mardi 25/06 *Aujourd'hui, c'est mardi. Nous sommes le 25. Nous sommes en juin.*
2. jeudi 21/01 ________________
3. dimanche 15/08 ________________
4. vendredi 12/12 ________________

2 **Complétez le texte avec « le », « en », « au », si c'est nécessaire.**

De bonnes nageuses

Ma mère n'est pas jeune (elle est née ________ 31 août 1950), mais c'est une excellente nageuse et, ________ été, nous passons ________ dimanche au bord de la mer. En Bretagne, ________ août, il y a beaucoup de monde, surtout ________ week-end : nous partons ________ matin et nous rentrons ________ soir après la chaleur. En revanche, ________ printemps et ________ automne, nous sommes seules sur la plage. Nous prenons le dernier bain ________ septembre ou même, parfois, ________ début octobre et nous recommençons ________ mois de mai.

3 **Écrivez en lettres, selon le modèle.**

Simone de Beauvoir (09/01/1908). *Elle est née en janvier, au vingtième siècle.*

1. Marcel Proust (10/07/1871) : ________________
2. Marilyn Monroe (01/06/1926) : ________________
3. Albert Einstein (14/03/1879) : ________________
4. Napoléon Ier (15/08/1769) : ________________

4 **Datez les événements. @ Trouvez la date d'autres inventions ou d'autres événements.**

- 1er timbre (1850) *Mille huit cent cinquante*
- 1re bicyclette (1872) ________________
- 1er piano (1698) ________________
- 1res lunettes (1300) ________________
- 1er pistolet (1480) ________________
- 1er appareil photo (1839) ________________

5 **» Répondez librement aux questions.**

- Quel jour êtes-vous né(e) ? ________________
- Quel jour sommes-nous? ________________
- Sommes-nous au début ou à la fin du mois? ________________

L'HEURE et LE TEMPS (la météo)

– Quelle heure **est-il** ? – **Il est** 10 heures.
– Quel temps **fait-il** ? – **Il fait** beau.

L'HEURE

- Pour dire l'heure, on utilise « **il est** », toujours au singulier, + heure :

  – ***Il est*** | ***une*** *heure.*
  dix *heures.*

- On indique les minutes après l'heure :

8 h 00	*huit heures*	9 h 00	*neuf heures*
8 h 05	*huit heures cinq*	8 h 55	*neuf heures moins cinq*
8 h 10	*huit heures dix*	8 h 50	*neuf heures moins dix*
8 h 15	*huit heures* ***et*** *quart*	8 h 45	*neuf heures moins* ***le*** *quart*
8 h 30	*huit heures* ***et*** *demie*	9 h 45	*dix heures moins* ***le*** *quart*
12 h = *midi*		24 h = *minuit*	

- « **Demi** » s'accorde **après** le nom : *une* ***demi****-heure/une heure et* ***demie****.*

- Pour les horaires officiels, on dit :

  20 h 25 : *vingt heures vingt-cinq* 17 h 15 : *dix-sept heures quinze*

Expressions utiles :

– Quelle heure ***est-il*** *?/****Vous avez*** *l'heure ? – Il est 7 h.*
– Tu as rendez-vous ***à*** *quelle heure ? –* ***À*** *8 h (du matin/du soir).*

– J'ai rendez-vous à 8 h.
- *Il est 7 h 45 : je suis* ***en avance.***
- *Il est 8 h : je suis* ***à l'heure****.*
- *Il est 8 h 15 : je suis* ***en retard****.*

Il est 5 h du matin : il est ***tôt****.* *Il est minuit : il est* ***tard****.*

LE TEMPS (la météo)

- Pour décrire le temps, on utilise les constructions impersonnelles :

	+ adjectif		+ nom		+ verbe
Il fait	*chaud.*	***Il y a***	*du soleil.*	***Il***	*pleut.*
	froid.		*du vent.*		*neige.*
	beau.		*des nuages.*		*fait 10°.*
	mauvais.		*du brouillard.*		

⚠ • Dites :
Aujourd'hui, il fait froid.

Ne dites pas :
Aujourd'hui, ~~c'est~~ froid, il ~~est~~ froid.

Partitif, p. 86

EXERCICES

1 **Transcrivez l'heure. Donnez l'horaire usuel, puis l'horaire officiel.**

19h45 : *Il est huit heures moins le quart. Il est dix-neuf heures quarante-cinq.*

14h15 : ____________________ 15h45 : ____________________

16h30 : ____________________ 20h50 : ____________________

19h10 : ____________________ 22h : ____________________

12h25 : ____________________ 24h00 : ____________________

13h55 : ____________________ 10h15 : ____________________

2 **Complétez en utilisant « tard » ou « tôt », « en retard » ou « en avance ».**

1. Il est une heure et demie du matin, viens te coucher : *il est tard.*
2. – Pierre n'est pas encore arrivé ? – Non, il ____________________ comme d'habitude.
3. Le film commence à dix heures : c'est ____________________ pour les enfants.
4. – Nous sommes en retard, Paul ? – Non, au contraire, vous ____________________ !
5. Le bébé se réveille toujours très ____________________ : à cinq heures du matin !
6. Il est dix heures et le facteur n'est pas passé : il ____________________ ce matin !

3 **Complétez les phrases avec « il y a », « il fait », « il est », etc.**

1. Quand ____________ 8 heures à Paris, ____________ 4 heures à São Paulo.
2. Aujourd'hui, ____________ très froid et ____________ du brouillard.
3. Dans les îles grecques, en été, ____________ chaud, mais ____________ toujours du vent.
4. C'est l'heure du journal télévisé : ____________ huit heures.
5. C'est le premier jour du printemps : ____________ pleut, mais ____________ très doux.
6. Couvrez-vous bien : dehors ____________ froid et ____________ du vent.

4 » **Répondez librement aux questions.**

1. Quelle heure est-il ? ____________________
2. Quel temps fait-il ? ____________________
3. Nous sommes en quelle saison ? ____________________
4. Nous sommes en quelle année ? ____________________
5. Il fait froid ou il fait chaud dans votre pays en janvier ? ____________________
6. Il fait froid au Brésil, en février ? ____________________
7. En août dans votre pays, quel temps fait-il ? ____________________
8. Quelle est la température de la salle où vous êtes actuellement ? ____________________

15

LES INDÉFINIS

J'ai lu **plusieurs** romans de Duras, **quelques** romans de Camus, **tous les** romans de Modiano. Je n'ai lu **aucun** roman de Zola.

L'ADJECTIF INDÉFINI exprime souvent une quantité :

Je connais	***quelques** étudiant(e)s.*	petit nombre
	***plusieurs** étudiant(e)s.*	nombre plus important
	***chaque** étudiant(e).*	individu en particulier
	***tous** les étudiants/**toutes** les étudiantes.*	totalité des éléments
	***tout** le groupe/**toute** la classe.*	totalité de l'ensemble
	***certain(e)s** étudiant(e)s/**d'autres** étudiant(e)s*	partie de l'ensemble
*Je **ne** connais **aucun**(e) étudiant(e).*		quantité zéro

■ «**Chaque**» = **tous** les éléments d'un ensemble, pris séparément :

Chaque étudiant a un livre. (= Tous les étudiants ont un livre.)

■ «**Tout**» s'accorde avec le nom :

	masculin	féminin
singulier	***tout** le groupe*	***toute** la classe*
pluriel	***tous** les étudiants*	***toutes** les étudiantes*

- «**Tous**»/«**toutes**» + expression de temps = «chaque» :

  tous les jours (= chaque jour) *toutes les nuits* (= chaque nuit)

⚠ • Dites : *tous les deux jours.* Ne dites pas : ~~*chaque*~~ *deux jours.*

■ «**Aucun**» (= « pas un seul ») ne peut pas s'utiliser avec « pas » :

*Je **ne** connais **aucun** étudiant.*
***Aucun** étudiant **n**'est venu.*

■ «**Quelques**» (adjectif) est toujours au pluriel : *quelque**s**‿**a**mis* (z)

■ «**D'autres**» est le pluriel de «un(e) autre» :

⚠ • Dites : *J'attends d'autres étudiants.* Ne dites pas : *J'attends ~~des autres~~ étudiants.*

EXERCICES

1 **Commentez le sondage en utilisant « plusieurs », « quelques », « tous » et « aucun ».**

Logement	
Sur 30 étudiants :	
– habitent chez leurs parents	12
– habitent à la cité universitaire	4
– cohabitent avec des amis	14
– habitent dans le centre	30
– habitent à l'hôtel	0

Dans la classe,
plusieurs étudiants habitent chez leurs parents.
____
____
____
____

Distinguez des groupes en utilisant « certains » et « d'autres ».

habiter dans un studio/un deux-pièces vivre seuls/en couple être propriétaires/locataires

Certains étudiants habitent dans un studio, d'autres habitent ______________________________
____

2 **Complétez, selon le modèle.**

J'aime

toutes les couleurs, mais surtout le bleu,
______________________ les pêches,
______________________ les asperges,
______________________ l'automne,
______________________ les tulipes,
______________________ les chiens,
______________________ le football,
______________________ le jazz.

3 **Complétez avec « chaque »/« tous »/« toutes ».**

1. – Vous vous lavez les cheveux *chaque* jour ?
   – Non, *tous les* deux jours.
2. – Vous changez de voiture ________ année ?
   – Non, ________ trois ans environ.
3. – Vous allez chez le coiffeur ________ mois ?
   – Non, ________ deux semaines.

4 **Complétez.**

Tou*t* le groupe.
Tou*s* les étudiants.

1. Tou_____ le temps.
2. Tou_____ les nuits.
3. Tou_____ les jours.
4. Tou_____ la vie.
5. Tou_____ les habitants.
6. Tou_____ la région.
7. Tou_____ le pays.
8. Tou_____ les villes.

5 **Trouvez les indéfinis correspondants, puis continuez librement sur le même modèle.**

– Je connais *plusieurs* acteurs américains (une dizaine) et ________________ acteurs français (2 ou 3).
– Je connais ____________ chansons françaises (3 ou 4) et ____________ chansons anglaises (une vingtaine).
– Je ne connais ____________ poème de Baudelaire (0) et ____________ pièce de Marivaux. (0).

Et vous ? Je connais ____

Les étudiants sont **tous** sympathiques. **Certains** sont très jeunes, **d'autres** plus âgés. **Quelques-uns** sont bilingues.

LE PRONOM INDÉFINI de quantité est identique à l'adjectif, sauf « quelques-un(e)s » et « chacun(e) » :

*Parmi les étudiant(e)s, **plusieurs** sont scandinaves,*
***certain(e)s** sont danois(e)s,*
***d'autres** sont suédois(e)s,*
***aucun(e) n**'est français(e).*

***quelques-un(e)s** sont bilingues,*
***chacun(e)** est intéressant(e),*

■ **« Tous »/« toutes »** se placent le plus souvent après le verbe :

*Ils sont **tous** sympathiques. Elles sont **toutes** sympathiques.*

- On prononce le « s » du pronom « tous », mais pas le « s » de l'adjectif :

  *Tous les étudiants sont là. Ils sont tou**s** là.*
  /tou/adjectif /tous/pronom

- **« Tout »** pronom neutre renvoie à des **choses** :

  ***Tout** va bien. Je comprends **tout**.*

- On dit : *Merci pour **tout**.* (toutes les choses)
  *Merci à **tous**.* (toutes les personnes)

« QUELQU'UN », « QUELQUE CHOSE », « QUELQUE PART » indiquent une personne, une chose, un lieu non identifiés :

pronoms	questions	contraires
*J'attends **quelqu'un**.*	Qui ?	Personne
*Je cherche **quelque chose**.*	Quoi ?	Rien
*Je vais **quelque part**.*	Où ?	Nulle part

- Quand ces pronoms sont suivis d'un adjectif, on ajoute **« de »** :

  quelqu'un / *quelque chose* / *rien* **de** *bien* / *nouveau* / *spécial*

- Ces pronoms sont invariables :

  *Paul est **quelqu'un** d'intelligent.* (Paul = homme)
  *Marie est **quelqu'un** d'intelligent.* (Marie = femme)

« Beaucoup »/« Peu », p. 82 « En », p. 90 Négation, p. 152

EXERCICES

1 Transformez avec des pronoms, selon le modèle.

Photos de vacances	
Regarde mes photos :	Voilà vos photos :
plusieurs photos sont ratées,	*plusieurs sont* ratées,
quelques photos sont réussies,	____________ réussies,
certaines photos sont originales,	____________ originales,
d'autres photos sont bizarres,	____________ bizarres,
aucune photo n'est banale,	____________ banale,
chaque photo a une histoire.	____________ a une histoire.

2 Complétez avec « quelques » ou « quelques-uns », « chaque » ou « chacun ».

1. Voici *quelques* nouveaux produits. *Quelques-uns* sont révolutionnaires. ____________ produit de cette gamme est garanti sans OGM. ____________ a un label de qualité. **2.** J'ai ____________ timbres anciens. ____________ datent de 1850 ! **3.** Vos enfants ont ____________ leur chambre ? **4.** Attendez ! ____________ son tour ! ____________ passager a un ticket avec un numéro. **5.** Je ne connais pas tous les étudiants, je connais seulement ____________ d'entre eux.

3 Répondez en utilisant « tous »/« toutes » ou « aucun(e) ».

1. – *Tous les* étudiants sont arrivés ? – Oui, *ils sont tous arrivés.* – Non, *aucun n'est arrivé !*
2. – ________ dossiers sont complets ? – Oui, ____________ – Non, ____________
3. – ________ salles sont occupées ? – Oui, ____________ – Non, ____________
4. – ________ tests sont corrigés ? – Oui, ____________ – Non, ____________

4 Complétez avec « quelqu'un », « quelque chose » ou « quelque part ».

1. Il y a *quelqu'un* à côté de vous ? – **2.** – Vous avez soif ? Vous voulez boire ____________ ? – **3.** Si ____________ appelle, dites-lui de laisser un message. – **4.** Qu'est-ce que vous cherchez ? Vous avez perdu ____________ ? – **5.** Je ne trouve plus mes clés : j'ai dû les oublier ____________.

5 Complétez avec « quelque chose de », « quelqu'un de ». >> Continuez librement.

– Un sac, *c'est quelque chose d'*utile.
– Charlie Chaplin, ____________ amusant.
– La liberté, ____________.
– Une star, ____________.
– Un revolver, ____________ dangereux.
– Ma tante, ____________ spécial.
– Un milliardaire, ____________.
– L'argent, ____________.

BILAN N° 1

1 « Être », « avoir », « c'est »/« ce sont », « il y a », « il fait », « il est », prépositions de lieu et de temps. Complétez et faites l'élision si c'est nécessaire. (40 points)

Un Brésilien à Paris

Je m'appelle Roberto Bastos. Je ________ brésilien. Je ________ trente-quatre ans. Je ________ grand, brun, et je ________ les yeux noirs. Je ________ professeur de littérature. Je ________ marié et je ________ trois enfants. Ma femme ________ vingt-huit ans. Elle ________ dessinatrice publicitaire. ________ une artiste connue dans notre pays.

Ma femme et moi, nous ________ de Rio, mais actuellement, nous ________ Paris pour un an. Je ________ en congé sabbatique : les vacances, à Paris, ________ merveilleux ! Nous ________ un petit appartement dans le quartier du Marais. Dans ce quartier, ________ beaucoup de choses intéressantes. À côté de ________ nous, ________ le musée Picasso : ________ un très beau musée. Quand ________ beau, nous allons pique-niquer ________ la place des Vosges, ________ un banc, avec les pigeons (________ des pigeons partout à Paris,________ des pigeons gris comme le ciel...). En ce moment,________ midi à Paris et ________ huit heures à Rio. Nous sommes ________ février. ________ l'hiver. ________ France, ________ froid, mais ________ Brésil, ________ très chaud. ________ les rues de Rio, ________ beaucoup de monde : ________ le Carnaval. La nuit, ________ les places, ________ des orchestres très populaires : ________ les écoles de samba.

Le matin, ________ les plages, ________ beaucoup de surfistes et de footballeurs.

2 « Être », « avoir », « il fait », « il y a », « c'est »/« il est », articles, possessifs, démonstratifs, date. Complétez et faites l'élision si c'est nécessaire. (20 points)

Automne en Provence

Mon anniversaire est ________ 16 novembre et ________, Paul ? Ah ! c'est vrai, tu es Taureau comme ________ mari : il est né ________ 18 mai. Il ________ trente ans, comme toi. ________ année, je fête mon anniversaire ________ campagne, en Provence : chez ________ parents.

________ souvent très beau, ________ novembre, ________ l'été de la Saint-Martin.

Dans les vignes, ________ beaucoup de monde : c'est ________ époque des vendanges. Mon oncle est agriculteur, mais ________ aussi apiculteur (________ un très bon apiculteur : ________ miel est connu dans tout ________ département). Oh, comme je ________ envie de partir ! Je ________ besoin de retrouver tout cela. Mais je n'ai pas ________ vacances avant le mois prochain.

BILAN N° 2

1 **Complétez les phrases (avec élision si c'est nécessaire).** **(40 points)**

1. Christian est pédiatre : ________ un très bon médecin et ________ très doux avec ________ enfants.

2. ________ Lune tourne autour ________ Terre. ________ Terre tourne autour ________ Soleil.

3. Je vais ________ plage quand ________ beau et ________ cinéma quand ________ froid.

4. Je suis ________ restaurant, à côté ________ cinéma Rex, avec ________ cousine.

5. Regarde ________ oiseau, ________ cette photo : ________ un albatros ?

6. J'habite ________ dernier étage : il n'y a pas ________ voisins au-dessus de chez moi.

7. Viens chez moi ________ soir : ________ un beau film ________ télévision.

8. J'adore Buster Keaton, ________ magnifique avec ________ grands yeux tristes : ________ un très grand acteur.

9. J'ai beaucoup d'amis ________ France, ________ Espagne et ________ Portugal.

10. Dans ton rapport, il y a un grand ________________ de fautes et tu as oublié d'insérer les ________ de pages.

11. – Pouvez-vous attendre ________ minutes en ligne ? Monsieur Dupond est occupé.
    – Mais ça fait ________________ fois que j'appelle !

12. – Aujourd'hui, nous ________ 25 janvier. C'est l'anniversaire de Jo.
    – Il ____________ quinze ans.

13. – Je peux vous poser ______________ questions ? Ça ne sera pas long…
    – Je suis désolé, je n'ai pas ________ temps de vous répondre.

14. Un grand ________ de personnes possèdent un portable.
    Est-ce que tous les ________ de téléphone portable commencent par 06 ?

15. Bravo ! Vous avez 20 sur 20 ! ________ vos réponses sont justes : vous n'avez fait ________ faute.

16 LES VERBES en « -ER » au PRÉSENT

Je	dîn-**e**	tôt.
Tu	dîn-**es**	tard.
Il / Elle / On	dîn-**e**	à neuf heures.
Nous	dîn-**ons**	au restaurant.
Vous	dîn-**ez**	chez Pierre.
Ils / Elles	dîn-**ent**	à dix heures.

Les verbes en « -er » sont très nombreux en français. (La plupart des verbes « récents » appartiennent à ce groupe : *télécharger, faxer, photocopier*, etc.)

CONJUGAISON

■ La conjugaison des verbes du premier groupe est très régulière.
Elle se forme à partir d'un seul **radical** : l'infinitif sans **« -er »**.

Parl-er : *je **parl**-e*   *vous **parl**-ez*
Dîn-er : *je **dîn**-e*   *vous **dîn**-ez*

■ Négation : *Je **ne** parle **pas**.*   *Vous **ne** parlez **pas**.*

PRONONCIATION

- Pour toutes les personnes, sauf « nous » et « vous », la finale est muette et on prononce seulement le radical :
  *Je **parl**-~~e~~*   *Tu **parl**-~~es~~*   *Il **parl**-~~e~~*   *Ils **parl**-~~ent~~*

- Pour « nous » et « vous », la finale est sonore :
  *Nous **parl-ons***   *Vous **parl-ez***

- Attention à ne pas oublier le « i » des verbes qui se terminent par « -ier » :
  Étudi-er : *j'**étudi**-e*   **Appréci**-er : *j'**appréci**-e*

- « Je » devient « j' » devant une voyelle ou un « h » muet :
  ~~Je~~ arrive → J'arrive   *~~Je~~ habite → J'habite*

EXERCICES

1 **Répondez personnellement aux questions, selon le modèle.**

– Vous parlez français, anglais, espagnol, grec ?
– *Je parle allemand.*

1. – En général, vous déjeunez à midi, à une heure, à deux heures ?
– ______
2. – En général, vous dînez à sept heures et demie, à huit heures, à neuf heures ?
– ______
3. – Vous habitez à Paris, à Londres, à Amsterdam ?
– ______
4. – Vous habitez dans le centre, en banlieue, à la campagne ?
– ______
5. – Vous étudiez le français seul, dans une école, avec un professeur particulier ?
– ______

2 **Posez les questions, selon le modèle.**

– En général, je marche beaucoup, et vous, *vous marchez beaucoup ?*

1. – En général, je commence le travail à 9 heures, et vous ______
2. – Normalement, je termine à 18 heures, et vous, ______
3. – En général, je dîne pendant le journal télévisé, et vous ______
4. – D'habitude, je mange peu le soir, et vous ______
5. – En général, je regarde la télévision après le dîner, et vous ______

3 **Commentez à la forme affirmative ou négative.**

Quiz

1. Les Colombiens parlent espagnol.
2. La tour Eiffel mesure 50 mètres.
3. Le printemps commence le 21 mars.
4. La Terre tourne autour de la Lune.
5. Les enfants marchent à 6 mois.
6. Les Brésiliens parlent espagnol.

C'est vrai. Ils parlent espagnol.
C'est faux. Elle ne mesure pas 50 mètres.
______
______
______
______

4 » **Écrivez un blog. Dites quels sont :**

– les activités que vous aimez / les chanteurs que vous écoutez / les séries que vous regardez ;
– les couleurs que vous portez / les plats que vous cuisinez / les aliments que vous détestez.

LES VERBES en « -ER » : ÉCRIT et PRONONCIATION

Je **jett**e tout et je recommence à zéro.
Nous **jet**ons tout et nous recommen**ç**ons à zéro.

■ **À L'ÉCRIT,** les finales muettes varient, alors que la prononciation est identique :

*– Je parl**e** mal français, et toi, tu parl**es** bien ?*
*– Je parl**e** assez bien, mais mes parents parl**ent** très bien.*

- Quand un radical se termine par « -g » ou « -c », il s'écrit **« -ge »** ou **« -ç »** devant **« -o »** :

Voya**g**-er :	*Nous voya**ge**ons*	**g**	→	**ge**
Commen**c**-er :	*Nous commen**ç**ons*	**c**	→	**ç**

■ **LA PRONONCIATION** et **L'ÉCRIT** peuvent varier selon les **finales** :

Infinitif	Finales sonores « nous », « vous »	Finales muettes « je », « tu », « il(s) », « elle(s) », « on »			
Ach**e**ter L**e**ver Préf**é**rer Esp**é**rer	*Nous ach**e**tons* *Nous l**e**vons* *Vous préf**é**rez* *Nous esp**é**rons*	*J'ach**è**te* *Elle l**è**ve* *Il préf**è**re* *Elle esp**è**re*	**e/é**	→	**è**
Appe**l**er	*Vous appe**l**ez*	*J'appe**ll**e*	**l**	→	**ll**
Je**t**er	*Nous je**t**ons*	*Je je**tt**e*	**t**	→	**tt**
Envo**y**er Essu**y**er	*Vous envo**y**ez* *Nous essu**y**ons*	*J'envo**i**e* *On essu**i**e*	**y**	→	**i**
Verbes en « -ayer »	*Nous pa**y**ons* *Vous essa**y**ez*	*Je pa**i**e/Je pa**y**e* *J'essa**i**e/J'essa**y**e*	(deux formes possibles)		

EXERCICES

1 **Complétez avec les terminaisons manquantes.**

1. Ils dîn*ent* et tu travaille*s*. – **2.** Tu fum_____ et il bavard_____. – **3.** Elle étud_____ et tu chant_____. – **4.** Elles dans_____ et tu pleur_____. – **5.** On jou_____, tu gagn_____ et on continu_____.

2 **Mettez le texte au pluriel.**

« Mélomane(s) »

Mon fils aime beaucoup la musique.
Il achète plusieurs disques par mois.
Il mange et il travaille avec la radio allumée.
Il chante des airs d'opéra sous la douche
et il joue du rock dans le garage.

Mes enfants aiment beaucoup la musique.
____
____
____
____

3 **Remplacez « je » par « nous » et « nous » par « je ».**

Je commence un roman. Je change d'adresse. J'espère avoir du succès.
Nous commençons un roman. Nous changeons d'adresse. Nous espérons avoir du succès.

1. Je partage un appartement. Je nettoie la cuisine. J'essuie la vaisselle. Je jette les vieux papiers.
Nous _______________

2. Nous rejetons ces propositions. Nous suggérons des modifications. Nous appelons un juriste.
Je _______________

3. Je dirige une entreprise. J'engage des employés. Je place de l'argent.
Nous _______________

4. Nous essayons un nouvel ordinateur. Nous changeons de matériel. Nous payons par chèque.
J' _______________

5. Nous voyageons. Nous emmenons des amis. Nous envoyons des cartes postales.
Je _______________

4 **Complétez avec les verbes manquants.**

1. Vous commencez le travail à 9 heures, mais nous, nous _______________ à 7 h 30.
2. Nous achetons souvent des roses et vous, vous _______________ parfois des fleurs ?
3. Ma cousine et moi, nous avons le même prénom, nous nous _______________ « Éléonore ».
4. Max change de voiture chaque année. Nous, nous _______________ de voiture tous les cinq ans.

5 >> **Complétez avec les terminaisons manquantes et répondez personnellement.**

1. Je préf___ le thé au café. Et vous ? – **2.** Les jeunes env___ beaucoup de SMS. Et vous ? – **3.** Nous chang___ de portable tous les ans. Et vous ? – **4.** Je pa___ 800 € de loyer. Et vous ? – **5.** Je voyage beaucoup. Et vous ?

EXERCICES

1 **Répondez aux questions selon le modèle.**

– Vous travaillez le samedi, en ce moment, Lola ?
– Oui, *en ce moment, je travaille le samedi.*

1. – Vous aimez la cuisine chinoise, Max ? – Oui, ______________________
2. – Vous cherchez un appartement dans le centre, Julie ? – Oui, ______________________
3. – Vous restez deux mois à Paris, Lucas ? – Oui, ______________________
4. – Vous jouez aux échecs, Antoine ? – Oui, ______________________
5. – Vous fumez beaucoup, Zoé? – Oui, ______________________
6. – Vous étudiez le chinois, John ? – Oui, ______________________
7. – Vous parlez italien, Emma ? – Oui, ______________________
8. – Vous recopiez vos notes, Caroline ? – Oui, ______________________

2 **Ajoutez les terminaisons manquantes.**

1. – Je regard________ rarement la télévision ; je préfèr________ écouter la radio.
2. – Mes enfants ador________ jouer au tennis et parfois ils jou________ tout le week-end.
3. – Tu travaill________ beaucoup trop et tu ne mang________ pas assez.
4. – Les voisins parl________ fort et ils cri________ beaucoup.
5. – À midi, nous mang________ souvent à la cantine et nous bavard________ entre amis.
6. – Mon mari fum________ le cigare et moi, je fum________ des cigarillos.
7. – Tu regard________ les petites annonces ? Tu cherch________ un appartement ?
8. – Je parl________ avec des amis français et ils me corrig________ quand je prononc________ mal.
9. – Vous pass________ vos vacances à Moscou ou vous rest________ à Paris ?
10. – Nous étud________ la règle de grammaire et nous recommen________ les exercices.

3 **Répondez librement aux questions.**

Vie quotidienne

- Où habitez-vous actuellement ?
- Vous travaillez ou vous étudiez ?
- Quelle langue parlez-vous en classe ?
- Quel journal achetez-vous, le plus souvent ?
- Où passez-vous vos vacances habituellement ?
- En général, où dînez-vous le soir ?
- Où déjeunez-vous à midi ?
- Vous étudiez des langues étrangères ?

– *J'habite* ______________________

EXERCICES

1 **Complétez les phrases avec les verbes manquants.**

1. Je joue mal au tennis, mais toi, tu ________________ bien. – **2.** Mon mari travaille dans le centre, mais moi, je ________________ en banlieue. – **3.** Mes amis apprécient le calme de la campagne, mais moi, ________________ l'animation de la ville. – **4.** Vous étudiez le japonais ? Mon fils ________________ le chinois !

2 **Complétez le texte avec les verbes manquants. Faites l'élision si c'est nécessaire.**

dîner écouter téléphoner regarder jouer ~~rentrer~~ préférer préparer aimer enlever

Le soir

Le soir, quand je *rentre* à la maison, je ________________ mon manteau et mes chaussures et je ________________ mon répondeur téléphonique. Ensuite, je ________________ à un ou deux amis, puis je ________________ quelque chose pour le dîner. Mon mari et mes enfants ________________ les pâtes, moi, je ________________ la soupe. Nous ________________ rapidement, puis nous ________________ la télévision quand il y a quelque chose d'intéressant ou nous ________________ au scrabble en famille.

3 **Répondez aux questions. Continuez le dialogue sur le même modèle.**

Pharmacie : 9 h 15/20 h Bus : 6 h 15/23 h 45 Film : 20 h 30/22 h 15 Musée : 10 h/18 h 45

1. – La pharmacie ouvre à quelle heure ? – *Elle ouvre à neuf heures et quart.*
– Elle ferme à quelle heure ? – ________________
2. – Le premier bus passe à quelle heure ? – ________________
– Le dernier bus passe à quelle heure ? – ________________
3. – Le film commence à quelle heure ? – ________________
– Il se termine à quelle heure ? – ________________
4. – ________________ – ________________
– ________________ – ________________

4 **Commentez ce sondage (Sofres) sur les préférences alimentaires des Français en écrivant les pourcentages.**

Hommes	Côte de bœuf 22 %	Magret de canard 22 %	Moules – frites 20 %	Couscous 18 %
Femmes	Magret de canard 20 %	Pavé de saumon 19 %	Tomates farcies 19 %	Blanquette de veau 18 %

5 @ **Recherchez les goûts alimentaires de vos compatriotes. Comparez selon les âges. Comparez le budget alimentation chez les hommes et les femmes (ex. : vin, alcool, poisson,fruits...).**

17 LE TEMPS (2)

LA DURÉE au PRÉSENT

Je travaille **depuis** 1982. Je suis à Paris **pour** trois mois.

■ « **DEPUIS** » : origine d'une action ou d'une situation toujours actuelle.

Je suis professeur | ***depuis*** *1981.* / ***depuis*** *15 ans.* (avec une date ou une durée)

- En début de phrase, on dit :

Il y a *15 ans* ***que*** / ***Ça fait*** *15 ans* ***que*** | *je suis professeur.*

- Devant un verbe, on dit « **depuis que** » :

Depuis que *je fais du sport, je dors mieux.*

■ « **POUR** » : durée prévue.

Je suis en stage ***pour*** *trois jours.*
J'ai un traitement ***pour*** *six mois.*

■ « **PENDANT** » : durée de **développement** d'une action.

Le matin, je me brosse les cheveux ***pendant*** *cinq minutes.*

- « **Pendant** » est souvent supprimé, sauf en début de phrase :

Je dors huit heures, je me repose deux heures.
Pendant *deux heures, je ne pense à rien.*

■ « **EN** » : **quantité** de temps nécessaire **pour faire quelque chose**.

Je fais huit kilomètres ***en*** *une heure.*
En général, je déjeune ***en*** *10 minutes.*

⚠ • « **Pendant** » met l'accent sur l'action, « **en** » sur le temps nécessaire à l'action :

Tous les jours, je nage ***pendant*** *1 h.* (Je nage et je nage et je nage…)
Je fais 3 km ***en*** *1 h.* (Je mets 1 h pour faire 3 km.)

Voir aussi p. 198

EXERCICES

1 « Depuis » + durée. Répondez librement aux questions.

– Vous êtes en France depuis un mois, six mois, un an ? – *Je suis en France depuis trois mois.*

1. – Vous habitez à la même adresse depuis dix ans, cinq ans, trois ans ?
   – ______________________________
2. – Vous êtes dans cette salle depuis dix minutes, deux heures, une demi-heure ?
   – ______________________________
3. – Vous connaissez votre professeur depuis un mois, deux mois, un an ?
   – ______________________________
4. – Vous étudiez le français depuis combien de temps ? Vous avez ce livre depuis longtemps ?
   – ______________________________

2 Refaites l'exercice 1 oralement avec « Ça fait... que »/« Il y a... que » : *Ça fait trois mois que...*

3 Complétez avec une date et une durée.

2002 1994 ~~1889~~ 1945

1. La tour Eiffel existe *depuis 1889, c'est-à-dire* ______________ ans.
2. En France, les femmes votent ______________ ______________ ans.
3. Le tunnel sous la Manche existe ______________ ______________ ans.
4. L'euro est une monnaie européenne ______________ ______________ ans.

4 Choisissez l'expression de la durée.

1. Tous les jours, les étudiants font une pause *pendant* / ~~pour / en~~ 30 minutes.
2. « Déménageur express » vide votre appartement pendant / pour / en 3 heures.
3. En France, le président de la République est élu pendant / pour / en 5 ans.
4. Avec cette imprimante, on peut imprimer 300 pages pendant / pour / en 5 minutes.
5. J'ai signé un contrat pendant / pour / en 6 mois.

5 Complétez avec « depuis (que) », « pour », « pendant » ou « en ».

1. Ma mère cuisine *pendant* cinq heures et elle fait à manger *pour* trois jours. **2.** Mon mari ne fume plus __________ trois semaines, et il a pris un abonnement à la piscine __________ un an ! – **3.** On fait Paris-New York __________ huit heures, mais on doit attendre un visa __________ six mois. – **4.** Mon fils travaille comme serveur __________ huit jours et il est déjà fatigué. – **5.** J'ai fait des progrès __________ j'étudie le français. – **6.** Le taxi a traversé tout Paris __________ vingt minutes. – **7.** __________ je suis ici, il pleut !

6 >> Faites des phrases en utilisant les expressions de temps étudiées.

trois exercices (5 minutes) – de la gymnastique (2 heures) – du rock acrobatique (2010)
le lit (3 minutes) – du jogging (1 heure) – du piano (20 ans) – du yoga (une demi-heure)

Je fais trois exercices ______________________________

18 L'ADVERBE

L'ADVERBE et L'ADJECTIF

Il comprend **vite**. Il parle **bien**. Il a un **bon** accent.

L'adjectif modifie un nom. L'adverbe modifie un verbe, un adjectif ou un adverbe.

■ « **BON** » : adjectif

*Alain est un **bon** acteur.*
*≠ Lili est une **mauvaise** actrice.*

■ « **BIEN** » : adverbe

*Il joue **bien**.*
*≠ Elle joue **mal**.*

⚠ • « C'est bon » = **goût,** sensation physique, et « c'est bien » = tout le reste :

C'est bon, | *le chocolat.* / *le soleil.*

C'est bien, | *le cinéma.* / *le français.*

• « C'est mal » = jugement moral négatif. « *Mentir, c'est mal.* »

• **Autres sens de « bon » et « bien »**

– *Vous pouvez venir le 8 ? – Attendez, je vérifie… Oui, **c'est bon** !* (= ça va, c'est ok)
– *Voulez-vous encore un peu de café ? – Non, c'est **bon**. Merci.* (= c'est assez)
– *Ça fait **bien** cinquante-cinq euros ? – Oui, **c'est bien** ça.* (= confirmation)

■ « **RAPIDE** » : adjectif

*Ce train est **rapide**.*
*≠ Ces trains sont **lents**.*

■ « **VITE** » : adverbe

*Il roule **vite**.*
*≠ Ils roulent **lentement**.*

■ « **TRÈS** » modifie un adjectif/un adverbe :

*Il est **très** bavard. Il parle **très** bien.*
*≠ Il est **peu** bavard.*

■ « **BEAUCOUP** » modifie un verbe :

*Il parle **beaucoup**.*
*≠ Il parle **peu**.*

⚠ • « Beaucoup » et « très » sont incompatibles.

Dites : *Il dort beaucoup*
Ne dites pas : *Il dort très ~~beaucoup~~.*

• Avec « avoir peur/froid/mal », etc., on utilise « très ».

Dites : *J'ai **très** froid.*
Ne dites pas : *J'ai ~~beaucoup~~ froid.*

• Les adverbes « bien » et « beaucoup » atténuent la valeur du verbe « aimer » :

*J'aime **bien** Marie.* (sympathie) *J'aime **beaucoup** Marie.* (amitié) *J'aime Marie.* (amour)

EXERCICES

1 **Complétez avec « bon », « mauvais », « bien » ou « mal ».**

1. J'ai envie d'aller voir un *bon* film et de dîner dans un ____________ restaurant. – **2.** Gérard est un ____________ ami, mais il a ____________ caractère. – **3.** Max danse ____________ : attention à vos pieds, mademoiselle ! – **4.** – Jean est un ____________ plombier ? – Oui : il travaille ____________ . – **5.** J'ai passé une ____________ soirée au théâtre : la pièce était horrible et les acteurs jouaient ____________ !

2 **Répondez avec « c'est bon » ou « c'est bien ».**

1. – Vous aimez le tiramisu ? – Oh oui, *c'est bon* ! C'est délicieux avec le café.
2. – Je vous félicite pour vos résultats. Continuez, ________ ! Vous avez bien travaillé.
3. – Tu aimes ma coiffure? – Oui, __________ : ça te rajeunit.
4. – Que penses-tu de ma recette de tajine aux abricots ? – Mmmm : ____________ !
5. – Vous avez vos billets : alors, ________, vous pouvez entrer.

3 **Complétez avec « vite », « rapide », « lent » ou « lentement ».**

1. Ce journaliste parle trop *vite*, je ne le comprends pas. – **2.** Dans une partie de ping-pong, les joueurs sont très ______________ . – **3.** Il ne faut pas conduire ______________ en ville. – **4.** Épelez ______________ votre nom, s'il vous plaît : je vais le noter. – **5.** Les trains de campagne sont très ______________ . – **6.** Communiquer par mail, c'est plus ____________ que par la poste : ça va beaucoup plus ____________ !

4 **Complétez le dialogue du médecin et de la patiente avec « beaucoup » ou « très ».**

Fatiguée

– Vous êtes *très* nerveuse en ce moment, vous travaillez ______________ ?
– Oui, je commence _______ tôt le matin et je voyage ______________ à l'étranger.
– Vous vous couchez __________ tard, le soir ? Vous dormez ______________ ?
– Oui, mais la nuit, je rêve ______________ et le matin, je suis ______________ fatiguée.

5 **Complétez avec « bon », « bien », « mal », « vite », « lentement », « beaucoup », « lent », « rapide ».**

Chers parents,

Je vais _______ et je m'amuse _______ . Giorgio a plein de _______ copains et de _______ idées ! On fait des concours de vélo et de natation : Giorgio nage _______ , mais je suis plus _______ à vélo (on chronomètre !). La mère de Giorgio est napolitaine : elle parle très _______ et je ne comprends presque rien de ce qu'elle dit. Mais elle est gentille et elle cuisine _______ : la cuisine italienne, c'est _______ ! J'apprends l'italien mais je ne suis pas doué, mes progrès sont _______ et je parle très _______ . Ce n'est pas grave, tout le reste va _______ . Je termine _______ ma lettre parce qu'il y a un _______ match à la télé !

Grosses bises. Loulou

Je mange **rarement** chez moi. Je travaille **énormément**.
Je dîne **souvent dehors**.

LES ADVERBES en « -MENT »

■ Un grand nombre d'adverbes se terminent par **« -ment »** :

- En général, on ajoute « -ment » au **féminin** de l'adjectif :

lent — *lente* — ***lente**ment*
doux — *douce* — ***douce**ment*
heureux — *heureuse* — ***heureuse**ment*
sec — *sèche* — ***sèche**ment*

Mais : *gentil* → ***genti**ment*

- On ajoute « -ment » au **masculin** de l'adjectif terminé par une voyelle :

poli — ***poli**ment*
absolu — ***absolu**ment*
modéré — ***modéré**ment*
vrai — ***vrai**ment*

Mais : *gai* → ***gaie**ment*

- Quand l'adjectif masculin se termine par « **-ent** » ou « **-ant** », l'adverbe se termine par **« -emment »** ou **« -amment »** :

récent — *réc**emment***
fréquent — *fréqu**emment***
suffisant — *suffis**amment***

♪ On prononce : a-ment.

■ **Cas particuliers :**

précis — *précis**é**ment*
profond — *profond**é**ment*
énorme — *énorm**é**ment*
intense — *intens**é**ment*

QUELQUES ADVERBES de TEMPS et de LIEU

■ **Adverbes de temps :**

toujours *souvent* *quelquefois*	*ne … pas toujours* *ne … pas souvent* *ne … pas toujours*	*de temps en temps* *de temps en temps* *de temps en temps*	*rarement* *rarement* *rarement*	*ne … jamais* *ne … jamais* *ne … jamais*
tôt	*assez tôt*	*assez tard*	*tard*	*très tard*

■ **Adverbes de lieu :**

*– Il fait chaud **dedans** !* — *– Oui, mais **dehors**, il fait froid.*
*– Paul est **ici** ?* — *– Oui, il est **là** !*

(ici = là)

Adjectifs féminins, p. 12 Négation, p. 152 Lieu, p. 46

EXERCICES

1 **Transformez les adjectifs en adverbes, selon le modèle.**

Doux → *doucement*

Chaud ________	Long ________	Poli ________	Léger ________	Fou ________
Sec ________	Sincère ________	Pauvre ________	Passif ________	Absolu ________
Rare ________	Vrai ________	Discret ________	Suffisant ________	Méchant ________
Régulier ________	Mou ________	Franc ________	Secret ________	Récent ________
Gentil ________	Énorme ________	Simple ________	Fréquent ________	Rapide ________

2 **Complétez les phrases selon le modèle.**

Ce camion est lent. Il roule *lentement*.

1. Cet enfant est bruyant. Il joue ________
2. Cet élève est attentif. Il écoute ________
3. Cette femme est patiente. Elle attend ________
4. Ce garçon est sérieux. Il travaille ________
5. Ce chauffeur est prudent. Il conduit ________

3 **Transformez selon le modèle.**

Parlez- lui :	Parlez-lui :
avec sincérité	*sincèrement*
avec douceur	________
avec franchise	________
avec gentillesse	________
avec fermeté	________

4 **Comment terminez-vous votre mail ?**

Tendrement ~~Respectueusement~~ Cordialement Amicalement

Supérieur plus âgé : *Respectueusement* Ami(e) proche : ________

Relations professionnelles : ________ Mari/femme : ________

5 » **Donnez les adverbes, puis complétez librement chaque phrase.**

rare *rarement* Nous sortons *rarement le soir*.

1. énorme ________ J'aime ________
2. fréquent ________ Je téléphone ________
3. lent ________ Parlez ________
4. régulier ________ Je vais ________

6 » **Répondez librement aux questions, en vous inspirant des suggestions ci-dessous.**

tôt tard souvent rarement de temps en temps quelquefois

1. – Vous dînez tard le soir ? – *Non, je dîne tôt. (Oui, je dîne tard.)*
2. – Vous dansez souvent ? – ________
3. – Vous regardez souvent la télévision ? – ________
4. – Vous parlez de temps en temps français ? – ________
5. – Vous regardez parfois la BBC ? – ________

19 L'EXPRESSION de LA QUANTITÉ

LES QUANTITÉS INDÉTERMINÉES (ou non exprimées)

Je mange **du** poisson avec **de la** salade et **des** légumes.

■ LES PARTITIFS

- Pour indiquer une **quantité** indéterminée, on utilise :

  « de » + article défini

	de la	*viande.*	
J'achète	***de l'***	*huile.*	
	du	*poisson.*	(de + le → du)
	des	*fruits.*	(de + les → des)

- L'article défini désigne un ensemble, le partitif une **partie** de cet ensemble :

  ***Le** lait est bon pour la santé.* (= tout)
  *Buvez **du** lait.* (= partie)

⚠ • Dites :
*Le matin, je bois **du** thé.*
*À midi, je mange **des** pâtes.*

Ne dites pas :
Le matin, je bois ~~le~~ thé.
À midi, je mange ~~les~~ pâtes.

- Le partitif s'utilise avec toutes les quantités globales non comptables :

  *Quand j'ai **de la** fièvre, je bois **de l'**eau.*
  *Dans la rue, il y a **des** gens, **du** bruit et **de la** musique.*
  *Aujourd'hui, il y a **du** soleil et **du** vent.*

- **« Des »** peut être un article indéfini (pl. de « un ») ou un partitif (« de » + « les ») :

  *Il y a **des** tomates dans le frigo.* (deux, trois)
  *Il y a **des** rillettes dans le frigo.* (« de » + « les » rillettes)

♪ • « De » se contracte avec « le » et « les », mais pas avec « la » et « l' » :
*Je mange **de la** salade avec **de l'**huile, **du** vinaigre et **des** épices.*
de ~~le~~ de ~~les~~

- Dites : *Je mange **de la** salade **sans** huile/**sans** vinaigre.*
  = pas de partitif après « sans »

« En », p. 90 Météo, p. 66 Indéfinis, p. 68

EXERCICES

1 **Complétez le texte avec les partitifs manquants.**

Le matin, je mange *du* pain avec ________ beurre et ________ confiture. Mon mari boit ________ café et mange ________ fromage ! Ma fille mange ________ biscuits et boit ________ Coca. Le soir, nous mangeons ________ riz, ________ pâtes ou ________ soupe. Ma fille mange ________ frites avec ________ ketchup, ou ________ crêpes avec ________ chocolat et ________ bananes. D'après elle, il y a ________ magnésium dans le chocolat, ________ calcium dans les crêpes et ________ potassium dans les bananes. Ça donne ________ force et ________ tonus (mais aussi ________ kilos) !

2 **Faites des dialogues, selon le modèle. Imaginez la composition des plats.**

MENU

Entrées : Potage
Salade

Plats : Thon grillé
Poulet basquaise

Desserts : Crème caramel
Salade de fruits

– Qu'est-ce que *vous avez comme entrées ?*
– *Nous avons du potage ou de la salade.*
– Qu'est-ce que ________________________
____
– Qu'est-ce que ________________________
____

3 **Complétez les phrases, selon le modèle.**
air ~~lait~~ eau essence

1. Dans le biberon, *il y a du lait.*
2. Dans le ballon, ________________________
3. Dans l'aquarium, ________________________
4. Dans le réservoir, ________________________

4 **Transformez avec des partitifs.**
énergie ~~ambition~~ argent goût

Il est ambitieux. *Il a de l'ambition.*
Il est riche. ________________________
Il est élégant. ________________________
Il est dynamique. ________________________

5 **Complétez les informations météo.**

Il fait froid, *il y a du vent.*
On peut skier, ________________________
Le temps est gris, ________________________
Il fait chaud, ________________________

6 **Décrivez les ressources agricoles de différents pays. @ Recherchez les ressources minières.**

France : blé, orge, raisins
Japon : riz, sucre, mandarines
Brésil : sucre, café, maïs, bananes
Togo : manioc, coton, cacao
Grèce : raisins, olives, tabac…
Dans mon pays : ________

En France, on produit ________________________
____
____

LES QUANTITÉS DETERMINÉES (ou exprimées)

Je mange **beaucoup de** viande. Je bois **un peu de** vin.
Je ne mange **pas de** gâteaux. Je ne bois **jamais de** café.

■ « **DE** » remplace « du », « de la, « des » quand la quantité est **exprimée** :

un kilo *cent grammes* *un demi-kilo*	***de** sucre*	*beaucoup* *un peu* *assez*	***de** sucre*	*un morceau* *une cuillerée* *un paquet*	***de** sucre*
= quantité précise		= quantité globale		= quantité-forme	

⚠ • Dites : *Paul a beaucoup d'amis.* Ne dites pas : *Il a beaucoup ~~des~~ amis.*

LA NÉGATION

■ « **DE** » remplace « du », « de la », « des » quand il y a une négation :

Je n'achète | ***pas de** viande.* / ***jamais de** poisson.* / ***plus de** fruits.* = quantité zéro

⚠ • Mais on conserve le partitif quand il y a une opposition :
*– C'est du miel ? – Non, ce n'est **pas du** miel, c'est **de la** confiture.*

RÉSUMÉ

– Est-ce qu'il y a		**de la** **du** **des**	*viande ?* *café ?* *pommes ?*	Quantité non **exprimée**
– Oui, il y a	*un kilo* *un paquet* *beaucoup*	**de** **de** **de**	*viande.* *café.* *pommes.*	Quantité **exprimée** ou négative
– Non, il n'y a	*pas* *plus*	**de** **de** **de**	*viande.* *café.* *pommes.*	

⚠ • « Besoin » et « envie » ne sont jamais suivis d'un partitif :
*J'ai besoin **de** vacances. J'ai envie **de** soleil.*

EXERCICES

1 Complétez avec « du », « de la » ou « de ».

1. Le panaché, c'est *de la* bière, avec un peu ________ limonade. Le café liégeois, c'est ________ café avec ________ glace au café et un peu ________ chantilly. La mauresque, c'est ________ pastis avec un peu ________ sirop d'orgeat et beaucoup ________ eau.

2. Dans la soupe au pistou, il y a un demi-kilo ________ courgettes, quatre cents grammes ________ haricots verts, trois cents grammes ________ haricots blancs et rouges, deux cents grammes ________ carottes, six cuillerées ________ huile d'olive, ________ sel, ________ poivre, ________ basilic et quatre gousses ________ ail ; dans ma recette, il n'y a pas ________ pommes de terre.

2 Complétez avec « du », « de la », « de l' », « des ».
Répondez avec « beaucoup de » (+++), « un peu de » (+) ou « pas de » (0).

1. Vous avez *du* travail ? (+++) – Oui, j'ai *beaucoup de* travail...
2. Vous avez ________ argent de côté ? (+) – Oui, j'ai ________ argent, pour partir en vacances.
3. Vous avez ________ chance au jeu ? (0) – Non, je n'ai ________ chance, je perds toujours.
4. Vous avez fait ________ progrès en français ? (+) – Oui, je crois que j'ai fait ________ progrès.
5. Votre professeur a ________ patience ? (+++) – Oui, il a ________________ patience.

3 Quels sont les ingrédients des salades ? Continuez les dialogues, selon le modèle.

Sandwichs et salades

- Salade « Niçoise »
  Tomates, thon, olives, huile d'olive
- Salade « Indienne »
  Poulet, maïs, soja, salade, curry
- Salade du Chef
  Avocats, carottes, vinaigrette

– Qu'est-ce qu'il y a dans la salade « Niçoise » ?
– ________________________
– Il y a de la mayonnaise dans la « Niçoise » ?
– ________________________
– Est-ce qu'il y a du fromage ?
– ________________________

4 Complétez et précisez, selon le modèle.
boîte paquet tube ~~pot~~ bouteille

Achète : *de la* moutarde *un pot de moutarde*
________ dentifrice ________________
________ eau ________________
________ petits pois ________________
________ biscuits ________________

5 Complétez avec « beaucoup de »/« peu de ».

Un bon régime, c'est *beaucoup de* légumes, ________ fruits et ________________ graisses.
Une ville agréable c'est ________ pollution et ________________ espaces verts.
Un bon couple, c'est ________________ amour, ________ complicité et ________ agressivité.

6 » Dites ce que vous aimez, ce que vous mangez dans la journée et en quelle quantité.

20 LE PRONOM « EN »

– Vous avez des disques de jazz ? – Oui, j'**en** ai beaucoup.
– Vous avez des disques de Chet Baker ? – J'**en** ai deux.

« En » remplace en général un nom précédé par « **de** ».

« EN » exprime une quantité indéterminée (partitif) :

*– Vous mangez **de la** viande ?* *– Oui, j'**en** mange.*
*– Vous buvez **du** vin ?* *– Oui, j'**en** bois.*
*– Vous achetez **des** surgelés ?* *– Oui, j'**en** achète.*

• À la question : *– Il y a du pain ?* Répondez : *– Oui, il y en a.* Ne répondez pas : *– Oui, ~~il y a~~.*

■ « **En** » est nécessaire même quand la quantité est exprimée :

– Vous avez des enfants ? *– Oui, j'**en** ai **deux**.*
– Il y a vingt étudiants ? *– Non, il y **en** a **trente**.*
– Vous avez combien de télé ? ***– J'en** ai **une** (**deux, trois**…)*

• « Un(e) » est considéré comme une quantité (= 1).
À la question : *– Vous avez une voiture ?* Répondez : *– Oui, j'en ai une.* Ne répondez pas : *– Oui, ~~j'ai une~~*

LA NÉGATION

■ La négation se place **avant** et **après** le bloc formé par le pronom et le verbe :

– Vous avez des brioches ? *– Non, je **n'** en ai **pas**.*
– Il y a du pain ? *– Non, il **n'** y en a **plus**.*

• « Un(e) » disparaît à la forme négative.
À la question : *– Vous avez un stylo ?* Répondez : *– Non, je n'en ai pas.* Ne répondez pas : *– Non, je n'en ai pas ~~un~~.*

Partitifs, p. 86

EXERCICES

1 **Répondez aux questions.**

– Vous mangez de la viande ? – *Oui, j'en mange. Et vous, vous en mangez ?*

1. – Vous achetez des surgelés ? – ______
2. – Vous mangez des produits bio ? – ______
3. – Vous portez des fibres synthétiques ? – ______
4. – Vous consommez de l'alcool ? – ______
5. – Vous avez du cholestérol ? – ______

2 **Répondez aux questions, selon le modèle.**

Abondance	
– Votre mari a neuf sœurs ?	– *Non, il en a dix !*
– Vos parents ont deux télés ?	– ______
– Vos enfants ont un ordinateur ?	– ______
– Vous avez trois chats ?	– ______
– Vous avez une carte de crédit ?	– ______

3 **Posez la question et répondez selon le modèle.**

tomates (2)	eau (1 bouteille)	yaourts (quelques-uns)	beurre (un peu)
viande (100 grammes)	glaçons (beaucoup)	lait (0)	coca (0)

– *Dans le frigo, il y a des tomates ? – Oui, il y en a deux.* ______

– ______

4 **Complétez à la forme négative.**

Il y a du pétrole en Norvège, mais en France, *il n'y en a pas.*

1. J'ai des lunettes, mais ma fille ______
2. Léa a une voiture, mais son mari ______
3. Max a de la chance au jeu. Moi, je ______
4. Il y a de l'eau sur la Terre, mais sur Mars, ______
5. Je mange de la viande, mais mes amis______
6. J'ai des cheveux blancs, mais vous ______

5 » **Devinez de quoi il s'agit. Trouvez d'autres devinettes.**

1. J'en bois le matin. *Du thé.* ______
2. J'en mets sur mes chaussures. ______
3. J'en mets sur les frites. ______
4. J'en prends à la banque. ______
5. J'en mets sur mes tartines. ______
6. J'en prends à la station-service. ______

– Elle parle souvent **de** son travail ? – Oui, elle **en** parle souvent.

« EN » s'utilise avec des constructions avec « **de** ».

*– Il parle **de** son projet ?*	*– Oui, il **en** parle souvent.*	parler de
*– Il rêve **de** son travail ?*	*– Oui, il **en** rêve la nuit.*	rêver de
*– Il s'occupe **de** la gestion ?*	*– Oui, il s'**en** occupe.*	s'occuper de
*– Il est content **du** produit ?*	*– Oui, il **en** est content.*	être content de
*– Il est fier **du** résultat ?*	*– Oui, il **en** est fier.*	être fier de
*– Il a besoin **de** repos !*	*– Oui, il **en** a besoin.*	avoir besoin de
*– Il a envie **de** partir ?*	*– Oui, il **en** a envie.*	avoir envie de

- Pour les **personnes**, on utilise « de » + **pronom tonique**.

*– Vous parlez **de** votre père ?* *– Oui, je parle souvent **de lui**.*
*– Tu te souviens **des** Duval ?* *– Oui, je me souviens **d'eux**.*

« En » remplace « de » + nom de lieu :

*– Tu viens **de** la piscine ?* *– Oui, j'**en** viens, ça se voit ?* venir de

⚠ • « En » dépend de la construction du verbe :

*J'aime beaucoup le chocolat et j'**en** mange souvent.*
(aimer le/la/les...) (manger du/de la/des)

Expressions courantes avec « en » :

*– Au revoir : **je m'en vais !***

*– Ça suffit ! | **J'en ai assez !***
*| **J'en ai marre !*** (familier)

*– Je suis fatigué : **je n'en peux plus**.*

*– Mon mari est parti. Je ne lui pardonne pas : **je lui en veux**.*

*– Ce n'est pas grave, ne vous inquiétez pas, ne vous **en faites** pas.*

*– C'est moi qui ferai la vaisselle. Laisse, **je m'en occupe**.*

Tableau des pronoms, p. 128 Verbes avec « de », p. 160

EXERCICES

1 **Faites des dialogues, selon le modèle.**

1. école/fils – *Vous parlez souvent de l'école ? – Oui, j'en parle avec mon fils.*
2. travail/collègues – ____________________
3. passé/psychanalyste – ____________________
4. avenir/astrologue – ____________________

2 **Complétez les phrases, selon le modèle. Faites l'élision si c'est nécessaire.**

avoir besoin de — ~~se souvenir de~~ — rêver de — avoir peur de — être content de

1. – Je me *souviens de* mon premier amour, et toi ? – Oh oui, je m'*en souviens* bien. Il s'appelait Steve.
2. – Mes enfants ____________ avoir un chien !... – Tous les enfants ____________, je crois !
3. – Tu ____________ chômage ? – Bien sûr, je ____________, comme tout le monde !
4. – Vous ____________ la photocopieuse ? – Oui, je ____________, je n'ai pas terminé.
5. – Paul ____________ son nouvel ordinateur ? – Oui, il ____________, je crois.

3 **Complétez. Faites des dialogues, selon le modèle.**

1. Boire *du* vin – *Vous buvez du vin ?* – *Oui, j'en bois.*
   (à midi) – *Vous en buvez à midi ?* – *Non, je n'en bois pas à midi.*
2. Manger ________ viande – ____________ – ____________
   (tous les jours) – ____________ – ____________
3. Boire ________ café – ____________ – ____________
   (le soir) – ____________ – ____________
4. Faire ________ sport – ____________ – ____________
   (régulièrement) – ____________ – ____________
5. Manger ________ bonbons – ____________ – ____________
   (beaucoup) – ____________ – ____________
6. Acheter ________ revues – ____________ – ____________
   (souvent) – ____________ – ____________

4 >> **Répondez librement.**

– Est-ce que vous avez une voiture ? – ____________ – Avez-vous un garage ? – ____________
– Avez-vous une carte de crédit ? – ____________ – Avez-vous une carte de transport ?
– ____________ – Est-ce que votre professeur a des lunettes ? – ____________ – Est-ce que vos voisins ont un chien ? – ____________ – Mangez-vous beaucoup de pâtes ? – ____________
– Avez-vous un piano ? – ____________ – Mettez-vous du parfum ? ____________
– Portez-vous une montre ? – ____________

21 LA SITUATION dans L'ESPACE (2)

Je passe mes vacances **en** Angleterre ou **en** Provence.
Je viens **de** Marseille. Mon mari vient **du** Devonshire.

LES RÉGIONS, LES DÉPARTEMENTS, LES ÉTATS FÉDÉRÉS

« EN », « DANS LE », « DANS LES »

• « **En** » + nom **féminin**	• « **Dans le** » + nom **masculin**	• « **Dans les** » + nom **pluriel**
en *Bretagne* *Bavière* *Californie*	***dans le*** *Cantal* *Wisconsin* *Devonshire*	***dans les*** *Alpes* *Abruzzes* *Andes*

L'ORIGINE GÉOGRAPHIQUE des pays, régions, États fédérés

« DE » ou « DU » ?

- « **Du** » + nom **masculin** de pays, de région, d'État

  Je viens ***du*** *Maroc.*
  Poitou.
  Texas.

- « **De** » + nom **féminin** de pays, de région, d'État

  Je viens ***de*** *Belgique.*
  Normandie.
  Californie.

- Autres exemples :

  le café ***du*** *Brésil* — *le café* ***de*** *Colombie*
  le foie gras ***du*** *Périgord* — *les fruits* ***de*** *Provence*
  le consulat ***du*** *Maroc* — *le consulat* ***de*** *France*

- On utilise « **d'** » devant une voyelle :

  les oranges ***d'****Espagne* — *les citrons* ***d'****Israël*

- On ne fait pas d'élision devant « h » aspiré : *les tulipes de* ***H****ollande*

⚠ • Dites :
Je viens de Chine.

Ne dites pas :
Je viens ~~de la~~ Chine.

EXERCICES

1 **Complétez avec « en », « dans le », « dans les ».**

1. Beaucoup d'Anglais ont des résidences secondaires *en* Normandie, ________ Dordogne ou ________ Périgord. Les Américains préfèrent s'installer ________ Bourgogne ou ________ Bretagne. Les Belges, eux, vont ________ Provence, ________ Var ou ________ Bouches-du-Rhône.
2. Les coureurs du Tour de France sont aujourd'hui ________ Cévennes ; ils vont aller aussi ________ Alpes, ________ Massif central, ________ Vosges et ________ Alsace.
3. Le Mont-Saint-Michel est ________ Bretagne ou ________ Normandie ?

2 **Répondez selon le modèle.**

– Vos parents sont suédois ?
– Oui, ils viennent *de Suède.*

1. – Panaït est roumain ?
 – Oui, il vient ____________________
2. – Votre cousin est espagnol ?
 – Oui, il vient ____________________
3. – Vos amis sont brésiliens ?
 – Oui, ils viennent ____________________
4. Michael est australien ?
 – Oui, il vient ____________________

3 **Indiquez l'origine du produit.**

Poires (Provence)
Ce sont des poires de Provence.

Café (Colombie)	Morue (Portugal)
________________	________________
Avocats (Israël)	Oranges (Maroc)
________________	________________
Riz (Thaïlande)	Beurre (Normandie)
________________	________________
Tulipes (Hollande)	Tabac (Hongrie)
________________	________________

4 **Complétez avec « du », « de la », « de l' », « d' » ou « des ».**

Tu préfères le café *de* Colombie ou le café *du* Brésil ?

1. Notre société exploite le gaz ________ Norvège, ________ Nigeria et ________ Italie.
2. L'ambassade ________ Allemagne se trouve près du consulat ________ Brésil.
3. Les oranges ________ Maroc coûtent moins cher que les oranges ________ Espagne.
4. D'après moi, les mangues ________ Antilles et ________ Brésil sont les meilleures.

5 **Complétez avec « du », « de », « d' », « des », « à », « en », « au ».**

1. Je cherche des tapis anciens *d'*Afghanistan, ________ Chine et ________ Pakistan.
2. L'équipe ________ Hongrie doit rencontrer l'équipe ________ Brésil ________ Rio, dimanche prochain.
3. Albert est un médecin anglais qui a soigné les Indiens ________ Amazonie, les Esquimaux ________ Groenland et les Aborigènes ________ Australie avant de se retirer ________ Californie.
4. Mes amies japonaises visitent l'Europe : elles sont aujourd'hui ________ Angleterre, elles viennent ________ Portugal et elles vont aller ________ Belgique et ________ Danemark.
5. L'ambassadeur ________ États-Unis a rencontré l'ambassadeur ________ Russie ________ Helsinki.

22 LE COMPARATIF et LE SUPERLATIF

Paul est **plus** riche **que** Jean, mais il travaille **moins**.
Le diesel est **moins** cher que l'essence, mais il pollue **plus**.

LE COMPARATIF

■ La comparaison porte sur un **adjectif** ou sur un **adverbe** (on compare des qualités) :

Jean est ***plus / aussi / moins*** *rapide* ***que*** *Max.*

Jean travaille ***plus / aussi / moins*** *vite* ***que*** *Max.*

■ La comparaison porte sur un **verbe** ou sur un **nom** (on compare des quantités) :

Max travaille ***plus / autant / moins*** ***que*** *Jean.*

Max a ***plus de / autant de / moins de*** *travail* ***que*** *Jean.*

⚠ • Dites : *Jean est plus rapide* ***que*** *Max.*
Ne dites pas : *Jean est plus rapide ~~comme~~ Max.*

• « **Comme** » : ressemblance sans idée de quantité.

Zoé est blonde ***comme*** *sa mère.* *Elle est belle* ***comme*** *le jour.*

LE SUPERLATIF

LE SUPERLATIF se forme en plaçant « **le** », « **la** » ou « **les** » devant le comparatif et « **de** » devant le groupe de comparaison (facultatif) :

Zoé est ***la*** *plus grande* ***de*** *la classe.*
Marc est ***le*** *moins grand (de la classe).*

⚠ • Avec les superlatifs, on utilise souvent « c'est… qui » (mise en relief) :

C'est *Paul* ***qui*** *est le plus grand.* ***C'est*** *Annie* ***qui*** *écrit le mieux.*

♪ • On prononce le « **s** » de « **plus que** », « **plus de** » et de « **plus** » en fin de phrase :

Je travaille ***plus que*** *Jo. J'ai* ***plus de*** *responsabilités. Je gagne* ***plus****.*
/pluss/ /pluss/ /pluss/

• Le « **s** » est muet devant une consonne. On fait la liaison devant une voyelle :

Jean est plus grand que Max. Il court plus vite. Il est plus‿intelligent.
/plu/ /plu/ /pluz/

Mieux/meilleur, p. 100

EXERCICES

1 **Complétez avec « plus... que »/« moins ... que »/« aussi... que ».**

1. Chinois/Français (nombreux) *Les Chinois sont plus nombreux que les Français.*
2. femmes/hommes (musclé) ______
3. garçons/filles (intelligent) ______
4. Lune/Terre (petit) ______
5. janvier/juillet (long) ______
6. voiture/ train (rapide) ______
7. 1 kg de plumes/1 kg de plomb (lourd) ______

2 **Comparez avec « plus/moins... que » et en utilisant des pronoms toniques** (voir p. 132).

– Jo est un peu fou... – Oui, et sa femme *est encore plus folle que lui.*

1. – Ton frère est très beau. – Oui, et ma sœur ______
2. – La voisine d'à côté est bruyante. – Oui, et le voisin du dessus ______
3. – Le concierge n'est pas gentil. – Oui, et sa femme ______
4. – Tes enfants sont désordonnés ! – Oui, et mon mari ______
5. – Ton père n'est pas banal... – Oui, c'est vrai, et ma mère ______

3 **Complétez avec « plus/moins/aussi... (que)/(de) ». Faites l'élision si c'est nécessaire.**

Avant et maintenant

Nous vivons *plus* longtemps *qu'*avant, grâce aux progrès de la médecine, mais la terre est beaucoup ______ peuplée et elle offre ______ ressources énergétiques. Les travaux domestiques sont ______ fatigants ______ dans les siècles passés, grâce aux appareils ménagers et on peut consacrer beaucoup ______ temps aux loisirs. Les voyages sont ______ chers et on voyage ______ vite, mais la nature est ______ sauvage à cause du développement de l'urbanisme et du tourisme. Les informations circulent ______ vite, grâce aux nouveaux médias, mais on passe ______ temps sur son écran ______ en compagnie des membres de sa famille.

Les conditions de vie changent, mais malheureusement, les hommes ne changent pas : ils se battent ______ aveuglément ______ autrefois et ils sont ______ intolérants.

4 **« Plus ». Soulignez le « s » sonore. Barrez le « s » muet. Marquez les liaisons.**

Comparée à son ami Jim, Magda parle plus, elle est plus communicative et plus ouverte. Elle lit plus et elle fait plus d'exercices. Elle est plus avancée et progresse plus vite. Son ami hésite plus quand il parle et il fait plus de fautes. Magda travaille plus que lui. Elle est plus sérieuse, mais elle est aussi plus douée.

EXERCICES

1 **Complétez avec « aussi », ou « autant de ».**

Moderato !

- Ne cours pas *aussi* vite !
- Ne mange pas ______________ bonbons !
- Ne fais pas ______________ bruit !
- Ne parle pas ______________ fort !
- Ne pose pas ______________ questions !
- Ne te couche pas ______________ tard !

2 **Faites des phrases en utilisant « aussi » et « autant (de) ».**

sociable/amis	Léo est *aussi sociable que* Léa. Il a *autant d'amis qu'*elle.
beau/charme	Il est ______________ Léa. Il a ______________ elle.
vêtements/élégant	Il a ______________ Léa. Il est ______________ elle.
cultivé/livres	Il est ______________ Léa. Il a ______________ elle.
argent/riche	Il a ______________ Léa. Il est ______________ elle.

3 **Comparez avec « aussi » ou « autant ».**

Les adultes et les enfants

Les enfants jouent beaucoup.
Les enfants sont beaux.
Les enfants bougent beaucoup.
Les enfants sont confiants.
Les enfants pleurent beaucoup.
Les enfants sont amusants.

Les adultes ne jouent pas autant.
Les adultes ne sont pas aussi beaux.
____
____
____
____

4 **Comparez les hôtels.**

	Panorama**	Luxor ****
Prix :	80 €	210 €
Chambres :	10 m^2	17 m^2
Calme :	🐦🐦🐦	🐦
Confort :	12/20	17/20
Charme :	♡♡♡	♡

À l'hôtel Panorama, les chambres sont ______________
____
____
____
____

5 **» Imaginez un hôtel sans étoile et un hôtel cinq étoiles. Créez des superlatifs.**

6 **» Imaginez d'autres comparaisons :** *Paul est comme son père : il est aussi grand que lui, aussi têtu que lui, mais il est plus sportif que lui, moins bavard* ______________

EXERCICES

 **La ville et la campagne. Comparez.**

Bruit – Balades dans la nature Cinémas, théâtres, musées – Pollution – Variété d'emplois – Taille des logements – Possibilités de rencontres

Stress – Nombre de boutiques – Promiscuité – Solidarité entre voisins – Prix des fruits et légumes – Transports en commun – Convivialité

À la campagne, il y a moins de bruit et on peut faire plus de balades dans la nature, mais ________

____

____

____

2 Superlatifs. Répondez librement.

1. chanteur belge connu	À mon avis, *Jacques Brel est le chanteur belge le plus connu!*
2. grand pays	Je crois ________________
3. animal fidèle	Je pense ________________
4. homme politique célèbre	À mon avis, ________________
5. profession intéressante	Selon moi, ________________
6. sport difficile	________________
7. beau prénom de fille	________________
8. beau prénom de garçon	________________

3 Répondez librement.

1. Passez-vous plus de temps en famille qu'avec des amis? – ________________
2. Avez- vous plus d'amies filles que d'amis garçons? – ________________
3. Dormez-vous autant en semaine que pendant le week-end? – ________________
4. Regardez- vous plus de films que de séries télé? – ________________
5. Mangez-vous plus, moins, autant à midi que le soir? – ________________
6. Communiquez-vous plus par textos que par téléphone? – ________________
7. Vous occupez-vous autant du ménage que votre femme/mari ? – ________________
8. Faites-vous moins de fautes de français qu'avant? – ________________
9. Êtes-vous aussi à l'aise en français que dans votre langue maternelle? – ________________
10. Avez-vous autant de vocabulaire en français qu'en anglais? – ________________
11. Qui est le plus jeune dans votre famille? – ________________
12. Quel est l'aliment qu'on consomme le plus dans votre pays? – ________________
13. Quels sont les journaux/les magazines qu'on lit le plus? – ________________

 @ **Paris, New York, Tokyo : quelle est la ville la plus ancienne, la plus peuplée, la plus vaste?**

« MIEUX » et « MEILLEUR »

Le gâteau est **meilleur** que la tarte. Julie cuisine **mieux** que Paula.

Les comparatifs de supériorité de « bon » et de « bien » sont irréguliers.

■ « MEILLEUR » est le comparatif de supériorité de « **bon** » :

Le bordeaux blanc est ***bon****.* *Le bordeaux rouge est* ***meilleur****.*
La tarte de Sonia est ***bonne****.* *La tarte de Magda est* ***meilleure****.*

Les sorbets au citron sont ***bons****.* *Les sorbets à la fraise sont* ***meilleurs****.*
Les glaces au café sont ***bonnes****.* *Les glaces au chocolat sont* ***meilleures****.*

- « **Le meilleur** » est le superlatif de « bon » :

  Ce vin est ***le meilleur****.*
  Ces glaces sont ***les meilleures****.*

- Pour les contraires, on dit :

  Ce vin est ***plus mauvais que*** *l'autre.*
  C'est ***le plus mauvais*** *(ou* ***le pire****).*

■ « MIEUX » est le comparatif de supériorité de « **bien** » :

Paul danse ***bien****.* *John danse* ***mieux****.*
John chante ***bien****.* *Luis chante* ***mieux****.*

- « **Le mieux** » est le superlatif de « bien » :

  C'est John qui danse ***le mieux****.*
  C'est Luis qui chante ***le mieux****.*

- Pour les contraires, on dit :

  Bruno chante ***plus mal que*** *les autres.*
  C'est Bruno qui chante ***le plus mal****.*

- « **Il vaut mieux** » est préférable à « c'est mieux » en début de phrase :

  – *Réserver avant de partir,* ***c'est mieux****.*
  – *Oui,* ***il vaut mieux*** *réserver avant de partir.*

Dites : *Il vaut mieux…* Ne dites pas : ~~*Il faut mieux*~~…

Bon/bien, p. 82

EXERCICES

1 **Complétez avec « c'est bon », « c'est bien », « c'est mieux » ou « c'est meilleur ».**

La crème caramel, *c'est bon*, mais les profiteroles, *c'est meilleur !*

1. Le poisson surgelé, ____________, mais le poisson frais, ____________
2. Visiter Paris en bus, ____________, mais visiter Paris à pied, ____________
3. Le vin blanc, ____________, mais le champagne, ____________
4. Les crêpes au sucre, ____________, mais les crêpes au chocolat, ____________
5. Parler deux langues, ____________, mais parler trois langues, ____________

2 **Trouvez les superlatifs, selon le modèle.** >> **Donnez d'autres palmarès (chanteur, série télé, etc.).**

Les Oscars

Un Oscar est attribué, chaque année, *au meilleur* acteur, ____________ actrice ____________ mise en scène, ____________ scénario ____________ effets spéciaux, ____________ musique, ____________ seconds rôles, ____________ film étranger.

3 **Complétez avec « mieux »/« le mieux », « meilleur(e)(s) »/« le meilleur », « la meilleure ».**

1. – On mange *mieux* à la cafétéria qu'au restaurant : le steak est ________ et les frites sont ________ ! – **2.** Mon père danse ________ que moi : de toute la famille, c'est lui qui danse ________. – **3.** Pierre travaille ________ que Paul et ses résultats sont ________. – **4.** Votre gâteau est ________ que le mien, vous cuisinez ________ que moi ! – **5.** De tous les étudiants, c'est John qui parle ________ et qui a ________ accent. – **6.** La pizza de « Pietro » est vraiment ________ de Paris, d'après Federico.

4 **Complétez les phrases avec « il vaut mieux », selon le modèle.**

– Partir quinze jours, *c'est bien, mais partir un mois, c'est mieux.*
– Oui, *il vaut mieux partir un mois.*

1. – Dormir six heures par nuit, ____________
   – Oui, ____________
2. – Faire une heure de gymnastique, ____________
   – Oui, ____________
3. – Partir en week-end le samedi, ____________
   – Oui, ____________
4. – Travailler seul, ____________
   – Oui, ____________

5 >> **Donnez votre opinion avec « il vaut mieux » et justifiez, selon le modèle.**

voir un film à la télévision/au cinéma – prendre ses vacances en hiver/en été – acheter des plats cuisinés/cuisiner soi-même – dépenser son argent/économiser. *Il vaut mieux voir un film au cinéma parce que...*

23 LE VERBE « ALLER »

Je	**vais**	à Paris.
Tu	**vas**	à Rome.
Il / Elle / On	**va**	en Suisse.
Nous	**allons**	au Maroc.
Vous	**allez**	au cinéma.
Ils / Elles	**vont**	à la piscine.

Comme les verbes très fréquents, le verbe « aller » est irrégulier :

Je vais à Rome. Vous allez à Madrid. Ils vont à Berlin.

« ALLER » + LIEU

- Le verbe « aller » est en général suivi d'un **lieu** :

  Je vais | ***à** Berlin.*
***à** l'hôtel.*
***chez** des amis.*

- Avec des personnes, on utilise « chez » :

  *Je vais à la boucherie/**chez** le boucher.*

- Quand le lieu n'est pas précisé, on utilise le pronom **« y »** :

  *– On **y** va ? – Allons-**y** !*

« EN TRAIN », « EN AVION »...

- Pour **la plupart** des moyens de transport, on utilise **« en »** :

  *Je vais **à** Berlin* | ***en** voiture.*
***en** avion.*
***en** train.*

- Mais : *Il va au village **à** pied, **à** bicyclette et **à** cheval.*

« Au », « à la », « à l' », p. 30

EXERCICES

1 Répondez aux questions, selon le modèle.

1. Vous allez à la mer ou à la montagne en été ? – *Je vais à la mer.*
2. Vous allez au restaurant ou à la cantine à midi ? – ________________
3. Vous allez à la piscine ou au bureau le matin ? – ________________
4. Vous allez chez l'épicier ou au supermarché ? – ________________
5. Vous allez dans une école de langue ou chez un professeur ? – ________________

2 Faites des phrases en utilisant « avoir mal à » et « aller », selon le modèle.

gorge	dentiste	*Quand j'ai mal à la gorge, je vais chez le médecin.*
dents	ophtalmo(logue)	________________
yeux	médecin	________________
dos	kiné(sithérapeute)	________________

3 Complétez les phrases, selon le modèle.

1. Ils *vont en* Corse *en* ferry.
2. Vous ________ ________ Belgique ________ train ?
3. Il ________ ________ Angola ________ bateau.
4. Elles ________ ________ Mexique ________ avion.
5. Tu ________ ________ Hollande ________ car ?
6. Nous ________ ________ Portugal ________ voiture.

4 @ Cherchez des moyens de transport.

voiture bus camion
pousse-pousse train stop
métro pied tuk-tuk
cheval rollers bicyclette
canoë trottinette ski

On peut voyager en camion, ________________

5 Complétez le texte avec « aller », les prépositions et les articles manquants.

1. Ma femme et moi, nous *allons au* bureau ________ voiture, mon fils ________ ________ université ________ bus et ma fille ________ ________ école ________ pied.
2. Quand nous ________ ________ Grèce, nous ________ d'Athènes à Héraklion ________ avion, d'Héraklion à Santorin ________ bateau et nous ________ du port ________ village ________ cheval, ou plutôt ________ dos d'âne. Ensuite, nous circulons dans l'île ________ jeep, ________ bicyclette ou ________ pied.
3. L'hiver, les enfants ________ ________ montagne, ________ Alpes. Au printemps, ils ________ ________ campagne, ________ Provence ou ________ Cévennes.

6 >> Décrivez vos déplacements habituels (destinations et moyens de transport).

– dans la journée : *À huit heures, je vais à l'université en métro. À midi,* ________________
– dans l'année : *En juillet,* ________________

24 LE PRONOM « Y »

– Vous allez **à** Rome en train ? – Non, j'**y** vais en avion.

« Y » remplace des compléments de **lieu** :

Paul va à Lyon. — *Il **y** va en voiture.*
Anne habite à Athènes. — *Elle **y** habite depuis un an.*
Je suis chez moi. — *J'**y** suis jusqu'à six heures.*

« Y » remplace des noms de **choses** précédés de la proposition « **à** » :

*Je pense **à** mon pays.* — *J'**y** pense moi aussi.*
*Je participe **à** ce projet.* — *J'**y** participe aussi.*
*Je m'intéresse **à** la politique.* — *Je m'**y** intéresse aussi.*

■ Pour les **personnes**, on utilise un pronom tonique :

*Je pense **à** Paul.* — *Je pense à **lui**.*
*Je m'intéresse **à** Paul.* — *Je m'intéresse à **lui**.*

- Avec les verbes de communication, on utilise un pronom complément :

*Je parle **à** Paul.* — *Je **lui** parle.*
*Je téléphone **à** Lucie.* — *Je **lui** téléphone.*

■ **Expressions courantes avec « y » :**

*– Paul est un connaisseur en vin : **il s'y connaît**.*
*– Je ne suis pas responsable : **je n'y suis** pour rien.*
*– N'oubliez pas de passer demain ! – **Je n'y manquerai** pas !*
*– Voilà, **ça y est**, c'est fini ! On peut partir.*

LA NÉGATION se place **avant** et **après** le bloc formé par le pronom et le verbe.

*Il n' <u>**y** va</u> pas.* *Il n' <u>**y** en a</u> plus* *Je ne <u>m'**y** intéresse</u> pas.*

Pronoms compléments, p. 126-128 Pronoms toniques, p. 132

EXERCICES

1 **Répondez aux questions, au choix.**

– Vous restez à Genève deux ou trois jours ? – *J'y reste deux jours.*

1. – Vous êtes à Paris pour un ou deux ans ? – ______
2. – Vous allez à Madrid jeudi ou vendredi ? – ______
3. – Vous retournez à Londres en mars ou en avril ? – ______
4. – Vous allez à l'aéroport en bus ou en taxi ? – ______
5. – Vous êtes chez vous jusqu'à 8 h ou jusqu'à 9 h ? – ______

2 **Répondez en utilisant « y », selon le modèle.**

– Je *vais à la* piscine à 16 h. Et vous ? – J'*y vais aussi à 16 h.*
– Nous ______ théâtre jeudi soir. Et vous ? – Nous ______
– Mon frère ______ Grèce en juin. Et vos amis ? – Ils ______
– Mes amis ______ États-Unis à Noël. Et Max ? – Il ______
– Nous ______ cinéma samedi. Et Paula ? – Elle ______

3 **Répondez aux questions à partir du texte en utilisant « y ».**

Arts et Sciences

Aujourd'hui, Antoine va au Louvre avec son amie Isabelle. Ils s'intéressent tous les deux à la peinture et ils vont toujours ensemble voir les expositions. Il fait beau. Antoine et Isabelle vont jusqu'au Louvre à pied en marchant le long de la Seine. La femme d'Antoine, Gloria, ne s'intéresse pas à l'art. Elle s'intéresse plutôt à la science et aux techniques. Ce soir, Gloria va à La Villette à bicyclette avec François, le mari d'Isabelle. Puis les deux couples se retrouvent dans une brasserie vers 22 h.

1. Antoine va au Louvre avec qui ? ______
2. Est-ce que Gloria s'intéresse à la science ? ______
3. Est-ce qu'elle s'intéresse à la peinture ? ______
4. Antoine va au Louvre en voiture ? ______
5. Gloria et François vont à la Villette en métro ? ______

4 » **Répondez à la forme négative et imaginez des explications.**

1. Vous allez à la piscine le samedi ? – *Non, je n'y vais pas le samedi parce qu'il y a trop de monde.*
2. Vous allez au bureau à pied ? ______
3. Vous allez au cinéma en semaine ? ______
4. Vous allez à la plage à midi ? ______

25 LA SITUATION dans L'ESPACE et LE TEMPS (3)

Je travaille **environ** dix heures : **de** huit heures **à** dix-huit heures.

■ « À » indique un **point** dans l'espace ou dans le temps :

*Je termine mon travail **à** dix-huit heures.*
*Nous sommes **à** Paris (**à** l'école, **au** deuxième étage).*

■ « DE… À » indique une **distance** d'un point à un autre, dans l'espace ou le temps :

*Je travaille **de** 8 heures **à** midi, **du** lundi **au** vendredi.*
*Il y a huit cents kilomètres **de** Paris **à** Avignon.*

■ « JUSQU'À » indique une **limite** dans l'espace ou le temps :

*En France, on travaille en général **jusqu'à** soixante-deux ans.*
*Le TGV Atlantique va **jusqu'au** Croisic.*

■ « À PARTIR DE » indique un **point de départ** dans l'espace ou le temps :

*L'horaire d'hiver commence **à partir du** 22 septembre.*
*Il y a des embouteillages **à partir de** Versailles.*

■ « VERS » et « ENVIRON » indiquent une **approximation** dans l'espace ou le temps :

*Nous roulons **vers** le sud. Nous arriverons **vers** midi.*
*Il reste **environ** 100 km, c'est-à-dire **environ** une heure de route.*

- « **Environ** » + quantité :

  *Paul a **environ** 30 ans.*
  *Il gagne **environ** 2 000 euros.*

- « **Vers** » + heure, sauf avec « il est » :

  *Nous dînons **vers** huit heures.*
  *Il est **environ** sept heures.*

■ « ENTRE » et « PARMI »

- « **Entre** » deux éléments :

  *« B » est **entre** « A » et « C ».*
  *J'hésite **entre** deux métiers.*

- « **Parmi** » plusieurs éléments :

  *« B » est une lettre **parmi** les lettres de l'alphabet.*

- « **Entre nous** », « **entre eux** » signifie « à l'exclusion d'autres personnes » :

  ***Entre nous,** je vais vous confier un secret : **parmi** nous, il y a un espion.*

EXERCICES

1 **« À », « de », « à partir de/du », « jusqu'à/au ». Complétez.**

1. L'école est obligatoire *jusqu'à* seize ans. – **2.** J'ai rendez-vous ________ cinq heures ________ la gare de Lyon. – **3.** Il y a 1 000 kilomètres ________ Paris ________ Nice. – **4.** Je commence à travailler ________ 9 heures et je travaille ________ 18 heures sans m'arrêter. – **5.** Les soldes d'hiver commencent en général ________ 15 janvier et durent ________ 15 février. – **6.** Le bus est payant pour les enfants ________ quatre ans. – **7.** Le métro fonctionne ________ 5 heures ________ minuit.

2 **Complétez avec « environ » ou « vers ».**

– Vous travaillez combien d'heures par jour ?
– Je travaille ____________ dix heures.
J'arrive au bureau ____________ huit heures
et je termine ____________ dix-huit heures.
– Il est quelle heure quand vous rentrez ?
– Il est ____________ sept heures du soir.

– Vous dormez combien de temps?
– Je dors ____________ sept heures. Je me couche ______ onze heures et je me lève _____ six heures.
– Votre bureau est loin de chez vous ?
– Il est à ____________ six kilomètres.
Je mets ____________ vingt minutes à vélo.

3 **Complétez avec « à », « de », « environ », « vers » et les articles (contractés), si nécessaire.**

Longs week-ends

J'habite *à* Paris et je travaille ________ Orly, ________ aéroport, ________ premier étage, ________ guichet n° 7. Tous les jours, je commence ________ 5 heures pile et je termine ________ midi, midi et quart. Parfois, je travaille 24 heures sans interruption : ________ 7 heures du soir le lundi ________ 7 heures du soir le mardi. Je pars en week-end le vendredi matin : il faut ________ une heure de vol pour arriver en Provence. J'y reste ________ vendredi ________ lundi. Je rentre le lundi ________ trois heures.

4 **Complétez les phrases avec « parmi » ou « entre ».**

1. – Est-ce qu'il y a un médecin, *parmi* les spectateurs ? – **2.** Choisissez au hasard ____________ ces cartes. – **3.** Des bateaux-mouches circulent en permanence ____________ la tour Eiffel et Notre-Dame. – **4.** S'il faut choisir ____________ la ville et la campagne, je préfère la ville. – **5.** À Paris, le métro ne circule plus ____________ 1 h 15 et 5 h 30 du matin. – **6.** Des voleurs sont cachés ____________ les invités.

5 **Complétez avec « à », « au », « environ », « jusqu'à », « entre », « parmi ».**

Il est ________ seize heures. Éric est ________ cinéma. Il est assis ________ deuxième rang, ________ une dame rousse et un monsieur barbu. En attendant le film, il prépare son programme de la soirée. Il hésite encore ________ un concert de jazz et une pièce de théâtre. Éric est ________ Paris seulement ________ mardi prochain et, ________ tous les spectacles qui passent actuellement, il a du mal à faire son choix.

26 LES VERBES en « -IR », « -RE » et « -OIR » au PRÉSENT

– Vous **maigrissez** quand vous **suivez** un régime ?
– Je **maigris** pendant une semaine, puis je **regrossis**.

Les verbes en « **-ir** », « **-re** » « **-oir** » se conjuguent à partir de deux ou trois radicaux.

VERBES en « -IR » à DEUX RADICAUX

■ Type « **finir** » : le « i » du singulier devient « **iss** » au pluriel :

FIN-IR	***fini***	*je finis, tu finis, il finit*	Et : applaudir, choisir, guérir ralentir, démolir…
	finiss	*nous finissons, vous finissez, ils finissent*	

- Ces verbes expriment un processus ou une transformation. Beaucoup sont formés sur un adjectif : *grand → grandir* — Et : blanchir, grossir, rougir, vieillir…
- « Naître », « connaître », « paraître » se conjuguent sur le même modèle : *Je connais/Vous connaissez* *Il naît/Ils naissent*

■ Type « **dormir** » : la consonne finale du radical tombe au singulier :

DORM-IR	***dor***	*je dors, tu dors, il dort*	Et : s'endormir
	dorm	*nous dormons, vous dormez, ils dorment*	
PART-IR	***par***	*je pars, tu pars, il part*	Et : sortir, sentir, mentir…
	part	*nous partons, vous partez, ils partent*	
SERV-IR	***ser***	*je sers, tu sers, il sert*	Et : se servir
	serv	*nous servons, vous servez, ils servent*	

- « Vivre » et « suivre » se conjuguent sur le même modèle

♪ • Dites : *Je pars, Je sors, Je dors, Je vis, Je suis*
Ne dites pas : *Je par~~t~~, Je sor~~t~~, Je dor~~m~~, Je vi~~v~~, Je sui~~v~~*

■ « **Ouvrir** », « **offrir** », « **cueillir** », « **souffrir** » ont un seul radical et se conjuguent comme les verbes en « **-er** » :

J'ouvre/Vous ouvrez *J'offre/Vous offrez*

Écrit, p. 112

EXERCICES

1 **Complétez les phrases avec les verbes ci-dessous, selon le modèle.**

guérir ~~choisir~~ grossir vieillir salir rougir applaudir réfléchir (s')évanouir

1. Vous *choisissez* toujours très bien vos cravates. – **2.** Attention les enfants : vous __________ la moquette avec vos chaussures. – **3.** Certaines plantes __________ parfaitement les douleurs d'estomac. – **4.** Les vins rouges __________ mieux que les vins blancs. – **5.** Quand tu joues aux échecs, tu __________ vraiment trop longtemps. – **6.** Nous __________ toujours quand nous passons une semaine chez ta mère. – **7.** Quand les comédiens saluent, les gens __________. – **8.** Les jeunes filles d'aujourd'hui ne __________ plus comme avant, elles sont beaucoup moins timides et elles sont plus fortes : elles ne s'__________ pas à la moindre émotion !

2 **Complétez les dialogues.**

Façons de vivre

1. – Vous *vivez* seul ?	– Non, je *vis* avec mon chien.	~~vivre~~
2. – Vous __________ en vacances en août ?	– Non, je __________ en septembre.	partir
3. – Vous __________ le samedi soir ?	– Non, je __________ le jeudi soir.	sortir
4. – Vous __________ des cours d'anglais ?	– Non, je __________ des cours de français.	suivre
5. – Vous __________ en pyjama ?	– Non, je __________ tout nu !	dormir

3 **Complétez avec les verbes manquants.**

Marie ferme les volets pour dormir, mais moi, je *dors* la fenêtre ouverte.

1. Le matin, je pars à neuf heures, mais Marie et les enfants __________ à huit heures.
2. Je vis en France depuis cinq ans, mais mes parents __________ aux États-Unis.
3. Nous sortons peu : tous nos amis __________ plus que nous.
4. Je suis un cours de yoga et mes enfants __________ un cours de karaté.
5. En Chine, on se sert de baguettes pour manger, mais les Thaïlandais se __________ d'une cuillère.

4 **Complétez le texte.**

C'est l'automne

Les feuilles *jaunissent*
Les raisins mûr __________
Les jours raccourc __________
Le ciel pâl __________
Les colchiques fleur __________
L'été fin __________

5 » **Faites librement des phrases.**

vivre : *Je vis en France*
dormir : __________
sortir : __________
finir : __________
offrir : __________
ouvrir : __________

– Vous **éteignez** votre portable quand vous êtes en réunion ?
– Non, je **mets** le vibreur. Je n'**entends** pas le son, mais je **lis** les messages.

VERBES en « -RE » et « -OIR » à DEUX RADICAUX

■ Verbes en **-tre/dre** : au singulier, la finale du radical est muette.

MET-TRE	***met*** ***mett***	*je mets, tu mets, il met* *nous mettons, vous mettez, ils mettent*	Et : battre, promettre, permettre…
ENTEN-DRE	***enten**d* ***entend***	*j'entends, tu entends, il entend* *nous entendons, vous entendez, ils entendent*	Et : attendre, vendre, perdre, descendre, répondre…

♪ • Dites : *Je me~~t~~s* *Je ba~~t~~s* *J'enten~~d~~s* *Je répon~~d~~s*

■ Pour d'autres verbes, le radical s'allonge au pluriel.

ÉCRI-RE	***écri*** ***écriv***	*j'écris, tu écris, il écrit* *nous écrivons, vous écrivez, ils écrivent*	Et : décrire, inscrire, prescrire…
LI-RE	***li*** ***lis***	*je lis, tu lis, il lit* *nous lisons, vous lisez, ils lisent*	Et : interdire, prédire, contredire, plaire, taire…
COND-UIRE	***condui*** ***conduis***	*je conduis, tu conduis, il conduit* *nous conduisons, vous conduisez, ils conduisent*	Et : verbes en -uire (construire, détruire…)
PEIN-DRE	***pein*** ***peign***	*je peins, tu peins, il peint* *nous peignons, vous peignez, ils peignent*	Et : éteindre, craindre, joindre, rejoindre…

■ **Cas particuliers**

- **Savoir :** *Je **sai**s/Nous **sav**ons/Ils **sav**ent*
- **Croire :** *Je **croi**s/Vous **croy**ez/Ils **croi**ent*
- **Valoir :** *Je **vau**x/Il **vau**t/Ils **val**ent*
- **Voir :** *Je **voi**s/Vous **voy**ez/Ils **voi**ent*

⚠ • Dites : *Ils voient* *Ils croient* Ne dites pas : *Ils ~~voyent~~* *Ils ~~croyent~~*

- **Courir, rire** et **sourire** ont un seul radical : *Je cours / Vous courez / Ils courent*

Écrit, p. 112

EXERCICES

1 **Complétez avec les verbes manquants. Faites l'élision si c'est nécessaire.**

1. – Vous attendez depuis longtemps ? – *J'attends* depuis un quart d'heure.
2. – Mes enfants me battent aux échecs, mais je les ______________ au scrabble.
3. – Vous entendez bien au fond de la salle ? – Non, on ______________ très mal.
4. – Vous mettez du beurre dans vos pâtes, moi je ______________ seulement du fromage.
5. – Vous vendez votre vieil ordinateur ? – Non, je ______________ le nouveau !

2 **Complétez les phrases.**

1. mettre/conduire – Tu *mets* toujours la ceinture de sécurité quand tu ______________ ?
2. grossir/maigrir – Je ______________ en été et vous vous ______________ ?
3. sortir/éteindre – Quand vos enfants __________ de leur chambre, ils __________ la lumière ?
4. reconnaître/entendre – Vous __________ la voix de vos amis quand vous les __________ au téléphone ?
5. voir/ralentir – Quand les automobilistes ______________ la police, ils ______________ .
6. choisir/offrir – Vos amis ________ des objets sympathiques quand ils vous ________ un cadeau ?

3 **Trouvez les verbes.**

Les écrivains *écrivent*
Les lecteurs ______________
Les vendeurs ______________
Les serveurs ______________
Les peintres ______________
Les traducteurs ______________
Les coureurs ______________
Les menteurs ______________

4 **Trouvez les contraires.**

Ils commencent *Ils finissent*
Ils gagnent ______________
Ils arrivent ______________
Ils montent ______________
Ils achètent ______________
Ils allument ______________
Ils grossissent ______________
Ils détruisent ______________

5 **Complétez.**

Liberté (d'après Philippe Soupault)

Laissez dormir l'enfant qui *dort*
Laissez courir l'enfant qui ______________
Laissez rire l'enfant qui ______________
Laissez croire l'enfant qui ______________
Laissez partir l'enfant qui ______________

6 » **Écrivez un texte personnel à partir des débuts de phrase.**

Je ralentis ______________
Je grossis ______________
Je ris ______________
Je perds ______________
Je crains ______________

– Vous **prenez** une salade et vous **buvez** de l'eau ?
– Non, mes filles **prennent** une salade et **boivent** de l'eau, moi, je **prends** un steak et je **bois** du vin.

VERBES en « -IR », « -RE », « -OIR » à TROIS RADICAUX

PRENDRE	***prend***	*je prends*	BOIRE	***boi***	*je bois*
	pren	*nous prenons*		***buv***	*nous buvons*
	prenn	*ils prennent*		***boiv***	*ils boivent*

Et : apprendre, comprendre

VENIR	***vien***	*je viens*	TENIR	***tien***	*je tiens*
	ven	*nous venons*		***ten***	*nous tenons*
	vienn	*ils viennent*		***tienn***	*ils tiennent*

Et : revenir, se souvenir — Et : retenir, maintenir,…

RECEVOIR	***reçoi***	*je reçois*	DEVOIR	***doi***	*je dois*
	recev	*nous recevons*		***dev***	*nous devons*
	reçoiv	*ils reçoivent*		***doiv***	*ils doivent*

Et : décevoir, apercevoir

VOULOIR	***veu***	*je veux*	POUVOIR	***peu***	*je peux*
	voul	*nous voulons*		***pouv***	*nous pouvons*
	veul	*ils veulent*		***peuv***	*ils peuvent*

VERBES IRRÉGULIERS

	ÊTRE		AVOIR		ALLER		FAIRE		DIRE
Je	***suis***	*J'*	***ai***	*Je*	***vais***	*Je*	***fais***	*Je*	***dis***
Tu	***es***	*Tu*	***as***	*Tu*	***vas***	*Tu*	***fais***	*Tu*	***dis***
Il	***est***	*Il*	***a***	*Il*	***va***	*Il*	***fait***	*Il*	***dit***
Nous	***sommes***	*Nous*	***avons***	*Nous*	***allons***	*Nous*	***faisons***	*Nous*	***disons***
Vous	***êtes***	*Vous*	***avez***	*Vous*	***allez***	*Vous*	***faites***	*Vous*	***dites***
Ils	***sont***	*Ils*	***ont***	*Ils*	***vont***	*Ils*	***font***	*Ils*	***disent***

À L'ÉCRIT

Je		*s*
Tu	verbe	*s*
Il		*t/d*

⚠

- Finales **eu/ au** : *-x, -x, -t* — *Je veux, Tu peux*
- Verbes en **-tre** : *-ts, -ts, -t* — *Je mets, Tu mets*
- Verbes en **-dre** : *-ds, -ds,-d* — *Je prends, Tu prends*
- Verbes en **-indre** : **-soudre** : *-s, -s, -t* — *Je rejoins, Tu résous*

EXERCICES

1 **Répondez et posez des questions selon le modèle.**

1. – Qu'est-ce que vous buvez, le matin ? (jus d'orange)
   – *Je bois du jus d'orange, et vous, qu'est-ce que vous buvez ?*
2. – Qu'est-ce que vous prenez, à dix heures ? (chocolat)
   – ______________________________
3. – Qu'est-ce que vous buvez pendant le repas ? (eau)
   – ______________________________
4. – Qu'est-ce que vous faites le soir ? (exercices)
   – ______________________________

2 **Mettez le texte au pluriel.**

Mon fils veut faire une petite fête pour son anniversaire. Il prend son carnet d'adresses et il choisit une

Mes jumeaux ______________________________

quinzaine de personnes, mais comme il connaît plus de garçons que de filles, il dit à ses amis d'amener

____

des copines. La veille de la fête, il reçoit beaucoup de coups de téléphone et le jour de la fête, il est tout

____

excité : il attend une trentaine de personnes et il doit tout préparer ! Il descend au deuxième et au premier

____

étage, car il veut mettre un petit mot sur la porte des voisins pour s'excuser du bruit. Ensuite, il met des

____

disques d'ambiance, il fait des cocktails de fruits et il attend les premiers invités.

____

3 **Complétez le dialogues avec les verbes « prendre », « vouloir », « pouvoir ».**

Au restaurant

Le serveur :	– Vous ____________ un apéritif, messieurs-dames ?
M. Duteil :	– Pas pour moi, et toi, chérie ? Tu ____________ quelque chose ?
Mme Duteil :	– Est-ce que je ____________ avoir un verre de sauternes ?
Le serveur :	– Sans problème. Vous ____________ la carte des vins ?
M. Duteil :	– Oui, merci. Mais qu'est-ce que nous ____________, Danièle ?
Mme Duteil :	– J'ai envie d'une côte de bœuf, mais c'est pour deux : tu ____________ partager avec moi ?
M. Duteil :	– D'accord, mais est-ce que je ____________ avoir des légumes verts à la place des frites ?
Le serveur :	– Qu'est-ce que vous ____________ : des haricots verts ou des épinards ?

EXERCICES

1 Transformez, selon le modèle.

Les enfants veulent faire des crêpes.

Prendre un grand saladier — *Ils* ______
Mettre 250 g de farine ______
Faire un puits au centre ______
Battre 3 œufs avec la farine ______
Mettre ½ litre de lait petit à petit ______
Faire reposer la pâte 1 heure ______
Prendre une poêle ______
Faire chauffer un peu d'huile ______
Mettre une petite louche de pâte ______
Faire cuire des deux côtés ______
Mettre du sucre ______

2 Mettez le texte au pluriel.

Pierre

Le matin, Pierre va au bureau en bus. Il attend parfois huit à dix minutes dans le froid et il met trente-cinq minutes environ pour arriver à l'Opéra, mais il n'est pas pressé car il a un horaire très flexible. Il prend toujours le même bus à la station Châtelet et, avant de partir, il boit un café au Sarah-Bernhardt. Dans le bus, il lit presque entièrement le journal. Il peut même préparer sa journée de travail : il écrit quelques mots dans son agenda, il fait des calculs, il prend des notes. Quand il descend à l'Opéra, il a l'impression d'être en vacances. Il a envie de regarder les vitrines et les passants. Il ne se sent pas aussi fatigué que lorsqu'il est obligé de prendre le métro. Pierre prend le même bus que Marie et Laura, mais il ne les connaît pas, ou pas encore...

Le matin, Marie et Laura vont ______

3 Mettez au pluriel.

1. Il peut venir quand il veut. — Ils ______
2. Il ne croit que ce qu'il voit. — Ils ______
3. Elle suit la mode et elle connaît les stars. — Elles ______
4. Il ne boit pas car il doit conduire. — Ils ______
5. Elle sait peindre et elle peint très bien. — Elles ______

EXERCICES

1 Complétez avec les verbes ci-dessous.

prendre apprendre comprendre venir revenir se souvenir

1. – Qu'est-ce que vous ________ comme dessert ?
2. Mes amis ______________ le train de cinq heures.
3. Marie __________________ un poème par cœur.
4. Mes amies ______________________ à conduire.
5. Nous ne _______________ pas bien cette phrase.
6. Paul ______________________ chez nous ce soir.
7. Tu ___________________ au cinéma avec nous ?
8. Attendez-moi, je ______________ tout de suite.
9. Vous vous ____________ de votre rendez-vous ?
10. Je ne me ___________________ pas de son nom.

2 Répondez selon le modèle.

– Quand vous sortez, vous prenez votre portable ?
– Oui, quand je sors, je prends mon portable.

1. – Quand vous allez au bureau, vous partez à huit heures ?
– ____
2. – Quand vous montez au 5e étage, vous prenez l'ascenseur ?
– ____
3. – Quand vous prenez des notes, vous écrivez en français ?
– ____
4. – Quand vous lisez, vous mettez des lunettes?
– ____
5. – Quand vous buvez du café le soir, vous prenez du décaféiné ?
– ____
6. – Quand vous recevez un message, vous répondez toujours?
– ____
7. – Quand vous allez au théâtre, vous applaudissez longtemps les acteurs ?
– ____

3 Écrivez les finales des verbes.

1. Je sor*s* peu.
2. Je vi______ seul.
3. J'enten______ mal !
4. Je per______ mes cheveux.
5. Tu par______ en vacances.
6. Tu pren______ ton sac.
7. Tu descen______ l'escalier.
8. Tu atten______ le train.
9. Elle per______ tout.
10. Il me______ un pull.
11. Ils ven______ des fruits.
12. Elles atten______ le bus.

4 >> Quels sont vos premiers gestes le matin au réveil ?

mettre ses pantoufles prendre une douche allumer la radio consulter ses messages
faire de la gymnastique boire un café lire les nouvelles éteindre son réveil

« METTRE », « PRENDRE », « FAIRE »

Mon fils **fait du** patin à roulettes et il **joue du** saxophone.
Ça **fait** un peu de bruit : nous **faisons isoler** sa chambre.

« PRENDRE » et « METTRE »

- « **Prendre** » + objet :

  *Je **prends** mon parapluie.*

- « **Prendre** » + moyen de transport :

  *Je **prends** le métro.*

- « **Prendre** » + repas ou boisson :

  *Je **prends** un steak.*
  *Il **prend** une bière.*

- Autres sens courants de « **prendre** » :

  *Je **prends** un bain, une douche.*
  *Elle **prend** une décision.*

- « **Mettre** » + vêtements :

  *Je **mets** une cravate pour aller au bureau.*

- « **Mettre** » + temps (durée) :

  *Je **mets** une heure pour aller au bureau.*

- On utilise « **prendre** » + temps seulement avec « **ça** » impersonnel :

  *Les transports, **ça** prend du temps.*

« FAIRE DU », « JOUER AU », « JOUER DU »

- « Faire **de** » + tous les **sports** :

  *Je fais | **du** tennis.*
  *| **de la** gymnastique.*

- « Jouer **à** » + **sports** d'équipe
  + tous les jeux

  *Je joue | **au** tennis.*
  *| **aux** cartes.*

- « Jouer **de** » + instruments de musique :

  *Je joue **du** piano et **de la** guitare.*

- Autres expressions avec « **faire** » :

  Faire la cuisine (= cuisiner)
  Faire les courses (= faire des achats)
  Faire la vaisselle (= laver les plats, etc.)
  Faire le ménage (= ranger)

« FAIRE » + INFINITIF s'utilise quand une autre personne fait l'action à la place du sujet :

*Je ne répare pas moi-même ma voiture : je la **fais réparer**.*
*Ma fille se coupe les cheveux elle-même, mais moi, je me les **fais couper**.*

- On utilise parfois le verbe « faire » deux fois :

  *Je **fais faire** le ménage et je **fais faire** les courses avant notre arrivée.*

Accord avec « faire », p. 190

EXERCICES

1 **Complétez avec « mettre » ou « prendre ».**

Une journée ordinaire

Il pleut et il fait très froid : je *mets* un manteau et je ________ un parapluie. Je ________ le bus, mais il y a beaucoup de circulation et je ________ une heure pour arriver au bureau. À midi, je ne déjeune pas : je ________ seulement un café et un biscuit. Quand je rentre, il est tard. Je ________ un bain, je ________ des vêtements confortables et je ________ un CD de Billie Holiday. Ensuite, je mange un plat surgelé : faire la cuisine, ça ________ trop de temps !

2 **Complétez avec « faire » ou « jouer ».**

Activités musicales et sportives

En été, toute la famille *fait* du sport : mon mari et mes fils ________ du jogging le matin et l'après-midi, ils ________ au volley ou au foot. Ma fille et moi, nous ________ du tennis en fin de matinée et quelquefois, l'après-midi, nous ________ du golf. Quand il ________ froid, nous ________ aux échecs ou nous écoutons de la musique. Parfois, ma fille Béatrice ________ du piano, mon fils Julien ________ de la clarinette et leur amie Charlotte ________ du violoncelle.

3 **Répondez aux questions, selon le modèle.**

– Est-ce que vous repassez vos chemises vous-même ? – *Non, je fais repasser mes chemises.*

1. – Est-ce que vous lavez votre linge vous-même ? – ________________
2. – Est-ce que c'est vous qui faites le ménage ? – ________________
3. – Vous traduisez vos textes vous-même ? – ________________
4. – C'est vous qui repeignez votre appartement ? – ________________
5. – C'est vous qui vous coupez les cheveux ? – ________________

4 » **Répondez. Décrivez vos activités.**

Est-ce que faites du sport ? Est-ce que vous jouez d'un instrument de musique ? Est-ce que vous faites la cuisine tous les jours ? Quel type de plats faites-vous le plus souvent ? Est-ce que vous faites le ménage vous-même ? Est-ce que vous faites le tri sélectif ? Combien de temps mettez-vous pour aller à l'université (au lycée, au bureau) ? Prenez-vous le métro, le bus, le train ? Quand il fait froid, est-ce que vous mettez une écharpe, un bonnet, une cagoule, des gants ? Est-ce que vous mettez des lunettes de soleil en été, un chapeau ?

« POUVOIR », « DEVOIR », « FALLOIR »

– Vous **pouvez** payer avec votre carte de crédit, mais vous **devez** faire votre code. **Il faut** toujours taper son code.

■ **« POUVOIR » + INFINITIF** exprime une **capacité** physique ou intellectuelle :

*Paul **peut** soulever cent kilos.*
*Marie **peut** traduire des livres en trois langues.*

- « Pouvoir » + infinitif exprime aussi la **permission** :

  – *Vous **pouvez** rester dans cette salle.*
  – *On ne **peut** pas fumer dans les lieux publics.*

⚠ • Dites :

Je peux rester.

• Ne dites pas :

~~*C'est possible pour moi de rester.*~~

- Pour demander un service, on utilise de préférence le conditionnel :

  – ***Pourriez-vous** me dire où se trouve la poste ?*

■ **« DEVOIR » + INFINITIF** exprime l'**obligation** ou le **besoin** :

*Je **dois** payer mes impôts.* obligation
*Je **dois** acheter du pain.* besoin

- « Devoir » + infinitif exprime aussi la **probabilité** :

  *Il est neuf heures à Paris. Il **doit** être cinq heures à Rio.*
  *Il y a des embouteillages : il **doit** y avoir un accident.*

⚠ • Dites :

Je dois partir.

• Ne dites pas :

~~*C'est nécessaire pour moi de partir.*~~

■ **« FALLOIR » + INFINITIF** exprime une **nécessité générale** et s'utilise seulement à la forme impersonnelle :

***Il faut manger** pour vivre.* = On doit (tous) manger pour vivre.

⚠ • « Il ne faut pas... », « On ne doit pas... » et « On ne peut pas... » peuvent être interchangeables.

On ne peut pas s'asseoir sur la pelouse. = On ne doit pas/Il ne faut pas

Conditionnel, p. 136 « Il faut que » + subjonctif, p. 238

EXERCICES

1 **Répondez à la forme affirmative ou négative, selon le modèle.**

– Est-ce que vous pouvez lire sans lunettes ? – *Oui, je peux lire sans lunettes.*
– *Non, je ne peux pas lire sans lunettes.*

1. – Est-ce que vous pouvez courir très longtemps ?
____
2. – Est-ce que vous pouvez travailler dans le bruit ?
____
3. – Est-ce que vous pouvez faire vos calculs sans calculatrice ?
____
4. – Est-ce que vous pouvez toucher le plafond de la main ?
____
5. – Est-ce que vous pouvez fumer en classe ?
____

2 **Complétez avec « on doit » ou « on peut ».**

Quand on prend l'avion

On *doit* se présenter 1 heure avant le départ.
______________ faire le check-in.
______________ avoir plus de 20 kg de bagages.
______________ passer les contrôles de sécurité.
______________ transporter des objets dangereux.
______________ fumer dans l'avion.
______________ attacher sa ceinture au décollage.
______________ écouter de la musique.
______________ s'allonger complètement.
______________ acheter des produits hors taxes.

3 **Probabilité. Complétez selon le modèle.**

1. – Quelle heure il est ? – Je ne sais pas, mais j'ai sommeil. Il *doit être* minuit passé.
2. – Combien font 5 dollars ? – Je ne sais pas, mais ça______________ environ 4 euros.
3. – Combien coûte une limousine ? – Je ne sais pas, mais ça ______________ une fortune.
4. – Ma connexion Internet ne marche pas : il ______________ un problème avec mon serveur.

4 **Complétez le texte avec « pouvoir », « devoir » ou « falloir ».**

Pour pouvoir voter en France, ______________ avoir la nationalité française, et ______________ être majeur. En France, les femmes ______________ voter seulement depuis 1945 ! Pour être élu, le président de la République ______________ rassembler la majorité des voix. Pour être valables, les bulletins de vote ne ______________ pas porter d'inscription. Certains électeurs ______________ voter par correspondance, mais ils ______________ prouver qu'ils ne ______________ pas se déplacer.

5 » **Dans votre pays, à quel âge peut-on voter, conduire un scooter, conduire une voiture, piloter un avion, aller à l'université, se marier ? Quels documents doit-on avoir pour cela ?**

« SAVOIR », « CONNAÎTRE », « VOULOIR »

Je **sais** parler plusieurs langues, je **connais** l'informatique et la gestion.
Je **veux** travailler à l'étranger. J'**espère** trouver rapidement un poste.

■ « **SAVOIR** » et « **CONNAÎTRE** » expriment la capacité et la connaissance. « Connaître » s'utilise avec un nom, « savoir » avec un verbe ou une construction verbale.

- « **Savoir** » + verbe :

  *Je **sais** conduire.*
  *Je **sais** où il habite.*
  *Je **sais** qu'il n'est pas d'accord.*

- « **Connaître** » + nom :

  *Je **connais** le code de la route.*
  *Je **connais** son adresse.*
  *Je **connais** ses opinions.*

- Pour les choses apprises de mémoire (« par cœur »), on dit aussi :

  Il sait la table de multiplication. Elle sait sa leçon.

- « Savoir » est une capacité apprise, « pouvoir » une possibilité physique :

  *Je **sais** nager.* *Je **peux** nager pendant des heures.*

⚠ • Dites : *Je sais que...* • Ne dites pas : *Je connais ~~que~~...*

■ « **VOULOIR** » (+ **INFINITIF**) exprime le **désir** ou la **volonté** :

*Je **veux** des enfants.*
*Je **veux** réussir.*

- En général, pour **demander**, on utilise le conditionnel, pour **proposer**, on utilise l'indicatif :

  *– Je **voudrais** parler à M. Dupond.* *– **Voulez**-vous laisser un message ?*
  *– Je **voudrais** un café.* *– **Voulez**-vous du sucre ?*

- « **Je veux bien** » = avec plaisir, volontiers :

  *– Voulez-vous un café ? – **Je veux bien**, merci.*

⚠ • Les verbes de désir se construisent sans préposition :

Je désire
Je veux
Je souhaite | *~~de~~ partir en vacances.*
J'espère

Conditionnel de politesse, p. 136 « Vouloir que » + subjonctif, p. 240

EXERCICES

1 **Complétez les phrases avec « savoir » ou « connaître ».**
Je *sais* parler anglais et je *connais* un peu l'Angleterre.

1. Maria ________________ beaucoup de recettes et elle ________________ bien cuisiner.
2. – Vous ________________ les parents de François ? – Non, je ________________ seulement sa sœur.
3. Ma fille ne ________________ pas conduire. Elle ne ________________ pas le code de la route.
4. Mon fils ________________ nager sous l'eau et il ________________ tous les poissons.
5. – Vous ____________ ce que veut dire « avoir la pêche » ? – Non, je ne __________ pas cette expression.
6. Je ____________ que le train arrive à trois heures, mais je ne _____________ pas le numéro du quai.
7. – Vos parents __________________ que vous êtes ici ? – Oui, ma mère _______________ que je suis là.

2 **Complétez les phrases avec « vouloir », « savoir » ou « connaître ».**

Rêves d'enfant

– Tu *sais*, maman, je ________ être actrice ! Regarde : je ________ danser, je ________ la valse, le rock, le tango et le cha-cha-cha. Je ________ chanter, je ________ au moins cent chansons ! Je ________ devenir célèbre et je ________ épouser un roi ou le président d'Amérique : je ________ beaucoup de mots anglais. Je ________ vivre 100 ans et je ________ avoir dix enfants !

3 **Complétez le dialogue avec « vouloir », « pouvoir », « connaître » ou « savoir ».**

– Bonjour, madame, je ________________ parler à monsieur Pernod, s'il vous plaît.
– Il n'est pas là, mais je suis madame Pernod, est-ce que vous ________________ laisser un message ?
– Oui, voilà, je suis Jules Porteau, un ami : je _____________ que monsieur Pernod _____________ acheter une BMW d'occasion. Je ____________ un bon garage où votre mari _____________ trouver de bonnes affaires. S'il ____________ , il _____________ dire qu'il vient de la part de Jules Porteau. C'est le garage « Campioni ». – Ah oui, je ________________ : c'est sur la nationale 8.

4 **Complétez avec « savoir » ou « pouvoir » à la forme positive ou négative.**

– Hé les garçons, vous savez lire ? Regardez le panneau : « Baignade interdite ».
Vous ________________ vous baigner dans la rivière : c'est dangereux.
– Mais vous ________________ , madame, on a un diplôme de crawl,
on ________________ nager.
– Eh bien, ne coulez pas, parce que moi, je ______________ nager et je ______________ vous repêcher.

BAIGNADE INTERDITE

5 >> **Dites quelles sont vos aptitudes (nager, parler espagnol, danser, chanter).**
Dites ce que voulez, désirez, souhaitez ou espérez faire plus tard.

27 LES VERBES PRONOMINAUX

Je	**me**	couche	tôt.
Tu	**te**	couches	tard.
Il / **Elle** / **On**	**se**	couche	à dix heures.
Nous	**nous**	couchons	à minuit.
Vous	**vous**	couchez	à onze heures.
Ils / **Elles**	**se**	couchent	à huit heures.

Les verbes pronominaux se construisent avec un pronom personnel.

***se** coucher* ***se** lever* ***se** marier* ***se** tromper*

■ LES PRONOMINAUX RÉFLÉCHIS

- Le sujet et l'objet du verbe sont identiques. On utilise un pronom **réfléchi** :

  *Je couche ma fille et je **me** couche.* (« me » = moi-même)

- Le pronom réfléchi se place **devant** le verbe et varie avec les personnes :

  ***Je me** lave.* ***Il se** lave.* ***Nous nous** lavons.*

■ LES PRONOMINAUX RÉCIPROQUES

- Le sujet et l'objet entretiennent une relation de **réciprocité** :

  ***Nous nous** connaissons bien.* (l'un, l'autre)
  *Les enfants **se** battent.* (les uns, les autres)

■ LES CONSTRUCTIONS PRONOMINALES sans valeur logique sont nombreuses :

se promener **s'**arrêter **s'**amuser **s'**ennuyer **se** tromper
s'intéresser à **s'**occuper de **se** moquer de **se** souvenir de **s'**améliorer

*Je **me** promène dans la rue et je **m'**arrête devant les vitrines.*

■ LA NÉGATION se place avant et après le bloc du pronom et du verbe :

*Je **ne** me lève **pas** tôt.* *Nous **ne** nous connaissons **pas**.*

Passé composé, p. 186

EXERCICES

1 **Répondez aux questions au choix, selon le modèle.**

– Vous vous levez tôt ou tard, le samedi ? – *Le samedi, je me lève tard.*

1. – Vous vous réveillez tôt ou tard, le matin ? – ____________________
2. – Vous vous préparez vite ou lentement ? – ____________________
3. – Vous vous couchez avant ou après minuit ? – ____________________
4. – Vous vous endormez facilement ou avec difficulté ? – ____________________
5. – Vous vous souvenez de vos rêves ? Quelquefois ? Toujours ? – ____________________

2 **Complétez librement.**

1. – Paul se lève tard.
   – Et Pierre ? – *Il se lève tôt.*
2. – Nous nous couchons à minuit le samedi.
   – Et vos enfants ? – Ils ____________________
3. – Ma fille se parfume avec « Onyx ».
   – Et votre fils ? – Il ____________________
4. – Anne s'habille toujours en noir.
   – Et Julie ? – Elle ____________________

3 **Mettez à la forme négative.**

1. – Tu t'intéresses au cricket ?
   – Non, je *ne m'intéresse pas au cricket.*
2. – Tu t'énerves facilement ?
   – Non, je ____________________
3. – Vous vous ennuyez en classe ?
   – Non, je ____________________
4. – Vous vous arrêtez à midi ?
   – Non, nous ____________________

4 **Faites des phrases avec les verbes ci-dessous.**

se parfumer se regarder se tromper s'énerver ~~s'intéresser (à)~~

1. Je *m'intéresse* beaucoup *à* la politique, c'est passionnant. – **2.** Mon mari ________ tous les jours avec « Parfum d'Homme ». – **3.** Les étudiants ________ souvent quand ils parlent français. – **4.** Vous êtes très calme : vous ________________ rarement ! – **5.** Aline est coquette : elle ________ souvent dans la glace.

5 **Complétez avec les pronoms et les négations manquants.**

Père et fils

Je *m'appelle* Léo. Mon père ________ appelle Max. ________ ressemblons beaucoup : ________ habillons souvent de la même manière et ________ intéressons aux mêmes choses. Souvent, on ________ énerve quand on parle de politique, mais on ________ fâche pas vraiment. Comme je suis le plus têtu, je ________ laisse pas convaincre facilement et parfois je ________ contrôle plus, mais si on ________ bagarre beaucoup, tous les deux, on ________ amuse aussi beaucoup !

6 » **Trouvez des verbes réciproques.**

Les amoureux : *Ils s'aiment, ils se disputent, ils s'embrassent,* ____________________

28

LES PRONOMS COMPLÉMENTS

Je **le** regarde. Je **la** regarde. Je **les** regarde.

Les pronoms compléments évitent de répéter un nom complément.
On les place en général **devant** le verbe :

Je regarde le garçon. *Je **le** regarde.*

LES PRONOMS DIRECTS remplacent des noms de **personnes** ou de **choses**. Ils répondent à la question « qui ? » ou « quoi ? » :

	« Qui ? »/« Quoi ? »			
Masc. sing.	*Je*	***le***	*regarde.*	(le garçon/le sac)
Fém. sing.	*Je*	***la***	*regarde.*	(la fille/la robe)
Pluriel	*Je*	***les***	*regarde.*	(les enfants/les livres)

■ Les pronoms directs varient avec les personnes :

Paul ***me / te / le/la / nous / vous / les*** *regarde.*

- « Me », « te », « le » deviennent « m' », « t' », « l' » devant voyelle ou « h » muet :

  *Il **m'**écoute. Elle **l'**adore. Ils **t'**invitent.*

■ Avec « aimer » et « connaître », « le », « la », « les » renvoient **de préférence** à des personnes :

– Tu aimes Julie ? *– Oui, je **l'**aime.*
– Tu connais son père ? *– Oui, je **le** connais.*

- Pour les objets, répondez plutôt :

  *– Tu aimes le fromage ? – Oui, **j'aime ça**.* – ~~*Je l'aime*~~.
  *– Tu connais le gorgonzola ? – Oui, **je connais**.* – ~~*Je le connais*~~.

■ **LA NÉGATION** se place avant et après le bloc du pronom et du verbe :

*Je **ne** le regarde **pas**.* *Nous **ne** les connaissons **pas**.*

« En », p. 90 « Y », p. 104

EXERCICES

1 **Répondez aux questions, selon le modèle.**

Les médias et vous

– Vous regardez la télé tous les jours ?
– Vous regardez régulièrement la météo ?
– Vous regardez parfois les publicités ?
– Vous consultez souvent le site de Google ?
– Vous lisez les rubriques sportives ?
– Vous gardez les vieux journaux ?

– *Oui, je la regarde tous les jours.*
– ______________________
– ______________________
– ______________________
– ______________________
– ______________________

2 **Répondez oralement à l'exercice précédent à la forme négative (précisez, selon le modèle).**

– *Non, je ne la regarde pas tous les jours (je la regarde de temps en temps).* ______________

3 **Complétez, selon le modèle.**

1. – Vous connaissez Martine ?
   – Oui, *je la connais* depuis quinze ans !
2. – Tu regardes le match chez Joseph ?
   – Non, ______________ chez Éric.
3. – Vous arrosez les fleurs tous les jours ?
   – Oui, ______________ tous les soirs.
4. – Tu emmènes ton fils au cinéma ?
   – Non, ______________ au zoo.
5. – Vous laissez vos clés à l'hôtel ?
   – Oui, ______________ à la réception.
6. – Vous faites ces exercices à l'école ?
   – Non, ______________ chez moi.

4 **Complétez avec les pronoms et les verbes manquants.**

– Vous achetez vos chaussures à Paris ? – Non, *je les achète* à Florence !

1. – Alex emporte ses dossiers chez lui ? – Oui, ______________________ pour le week-end.
2. – Marie nous attend dans la rue ? – Non, ______________________ au bar.
3. – Vous connaissez bien cet homme ? – Non, ______________________ seulement de vue.
4. – Est-ce que vous m'entendez ? – Oui, ______________________ très bien !
5. – Attention : vous oubliez vos clés ! – Ah oui, ______________________ tout le temps !
6. – Vous aimez le poulet au curry ? – Oui, ______________________ . C'est bon...

5 » **Répondez librement en vous inspirant du modèle.**

Quand allumez-vous le chauffage ? *Je l'allume quand il fait froid.*

Quand rechargez-vous votre portable ? Quand nettoyez-vous vos vêtements ? Quand appelez-vous le médecin ? Quand mettez-vous l'alarme de votre réveil ? Quand videz-vous la corbeille de votre ordinateur ? Quand allumez-vous la lumière ? Quand éteignez-vous le chauffage ?

LES PRONOMS INDIRECTS

Je téléphone **à** ma mère. Je **lui** téléphone le soir.

■ Les pronoms indirects remplacent des noms de **personnes** précédés de la préposition **« à »**. Ils répondent à la question « à qui ? » :

« À qui ? »

Masc. sing.	*Je*	***lui***	*téléphone.*	(**à** mon père)
Fém. sing.	*Je*	***lui***	*téléphone.*	(**à** ma mère)
Pluriel	*Je*	***leur***	*téléphone.*	(**à** mes parents)

⚠ • **« Lui »**/**« leur »** sont employés pour le masculin et le féminin :

Je parle à Jean/Marie. — *Je **lui** parle.*
Je parle aux étudiants/étudiantes. — *Je **leur** parle.*

■ Les pronoms indirects et directs sont identiques, sauf à la 3e personne :

Paul ***me*** / ***te*** / ***lui*** / ***nous*** / ***vous*** / ***leur*** *parle.*

■ On utilise principalement les pronoms indirects avec les verbes de **communication** qui se construisent en français avec la préposition **« à »** (mouvement « vers » quelqu'un) :

parler **à**	téléphoner **à**	écrire **à**	répondre **à**
demander **à**	emprunter **à**	prêter **à**	rendre **à**
dire **à**	offrir **à**	sourire **à**	souhaiter **à**, etc.

■ Autres verbes courants qui se construisent avec un pronom indirect :

*Sa fille **lui** ressemble.*	*Paris **lui** plaît.*	*Le rouge **lui** va bien.*
ressembler **à**	plaire **à**	aller **à**

⚠ • **« Penser à »**, **« s'intéresser à »** sont suivis d'un pronom tonique.

*Je pense à **lui**.* — *Je m'intéresse à **lui**.*

■ La négation se place avant et après le bloc du pronom et du verbe :

*Je **ne** lui téléphone **pas**.* — *Je **ne** leur parle **plus**.*

« Y », p. 104 Pronoms toniques, p. 132

EXERCICES

1 **Répondez aux questions, selon le modèle.**

– Vous parlez à votre professeur en français ? – *Oui, je lui parle en français.*

1. – Vous téléphonez à votre mère le dimanche ? – ____________
2. – Vous écrivez souvent à vos amis ? – ____________
3. – Vous répondez rapidement à vos clients ? – ____________
4. – Vous offrez des fleurs à votre femme ? – ____________
5. – Vous dites bonjour au facteur ? – ____________

2 **Lisez le texte et transformez-le, selon le modèle.**

Cadeau surprise

Chaque année, Olivia me souhaite la Fête des mères. Elle m'offre un petit cadeau et elle m'écrit une poésie. Elle me dit de jolies choses et elle me donne un paquet bien fermé, pour la surprise. (Chaque année, elle m'offre un collier de perles violettes.) Elle me sourit fièrement, elle me demande si ça me plaît et elle me dit que le violet me va bien !

Signé Martine.

Chaque année Olivia, la fille de Martine, lui souhaite la Fête des mères ____________

____

____

3 **Complétez avec « le », « l' », « les » ou « lui », « leur ».**

Le maire de ma ville

Le maire de ma ville est très populaire. Je *le* connais bien. Je ________ rencontre souvent au marché. Les gens ________ parlent, ils ________ posent des questions, ils ________ racontent leurs problèmes. Le maire ________ écoute, il ________ répond, il ________ donne des conseils, il ________ serre la main. Quand il y a des petits enfants, il ________ embrasse ou il ________ prend dans ses bras. Certains ________ détestent, d'autres ________ adorent.

4 **Mettez à la forme négative, selon le modèle.**

Benoît m'invite chez lui. Il me prête ses livres. Il me raconte ses secrets. Il m'accompagne chez moi.

Béatrice ne m'invite pas chez elle. ____________

____

5 » **Décrivez les rapports d'un enfant avec un animal domestique, d'un médecin avec ses patients, d'une star avec des journalistes/des photographes/des admirateurs.**

RÉSUMÉ

■ Les pronoms compléments remplacent :

• quelqu'un/quelque chose	**LE** **LA** **LES**	*Elle le regarde.* *Elle la regarde.* *Elle les regarde.*
• « **à** » + quelqu'un	**LUI** **LEUR**	*Elle lui parle.* *Elle leur parle.*
• « **à** » + quelque chose • « **à** » + lieu	**Y**	*Elle y pense.* *Elle y va.*
• « **de** » + quelque chose • « **de** » partitif	**EN**	*Elle en parle.* *Elle en mange.*

L'ORDRE DES PRONOMS COMPLÉMENTS

■ Quand on utilise deux pronoms compléments, on les place dans l'ordre suivant :

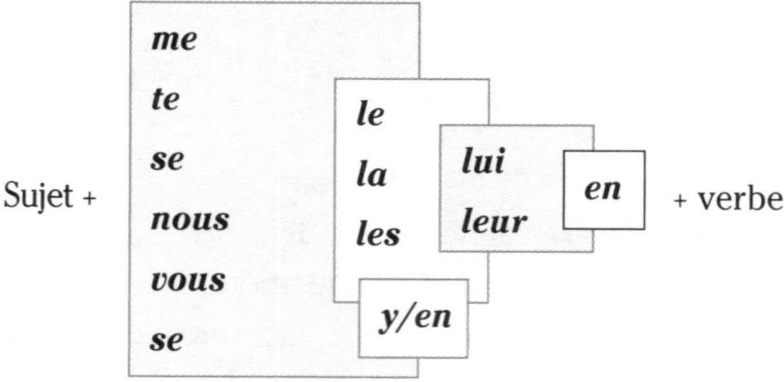

*Elle **me le** donne.* *Je **le lui** prête.* *Vous **lui en** offrez.* *Il **m'en** donne.*

■ « **Y** » se combine surtout avec des verbes pronominaux :

*Je **m'y** intéresse.* *Elle **s'y** promène.* *Il **s'y** oppose.*

⚠ • « Y » et « en » ne s'utilisent jamais ensemble, sauf dans « Il y en a ».

■ Les compléments de personnes précèdent les compléments de choses :

*Tu **me** le prêtes ?* *Je **te** les offre.* *Elle **lui** en achète.*

• L'ordre est inversé à la 3e personne :

*Elle **le lui** explique.* *Nous **les leur** apportons.*

Avec l'impératif, p. 134

EXERCICES

1 **Répondez aux questions avec deux pronoms, selon le modèle.**
– Tu me prêtes ta moto, Frédéric ? – *Je te la prête* si tu es très prudente.

1. – Vous m'envoyez le dossier par fax ? – Non, ______________________ par la poste.
2. – Aïsha te passe ses notes de cours ? – Oui, ______________________ quand je suis absent.
3. – Le concierge vous apporte le courrier ? – Oui, ______________________ à domicile.
4. – Tu nous prêtes ta voiture, Paul ? – Oui, ______________________ si vous rentrez tôt.
5. – Alex vous vend sa voiture ? – Oui, ______________________ pour presque rien !
6. – Tu donnes ce beau blouson à Max ? – Oui, ______________________, je ne le mets plus...
7. – Vous laissez les clés à la femme de ménage ? – Oui, ______________________ dans une boîte.
8. – Myriam donne des vitamines au bébé ? – Oui, ______________________ tous les matins.
9. – Zoé présente ses nouveaux copains à ses parents ? – Oui, ______________________ systématiquement.
10. – Vous donnez des exercices aux étudiants ? – Oui, ______________________ à la fin du cours.

2 **Répondez à la forme affirmative, selon le modèle.**
– Jean envoie des cartes de vœux à Paul ? – *Oui, il lui en envoie.*

1. – Votre mari vous offre souvent des fleurs ?
– ______________________
2. – Les clients vous envoient du champagne chaque année?
– ______________________
3. – Paul emprunte régulièrement de l'argent à sa sœur ?
– ______________________
4. – Le professeur donne une dizaine d'exercices aux étudiants ?
– ______________________

3 » **Répondez personnellement à la forme positive ou négative.**
– Vous prêtez votre stylo à votre petite fille ? – *Non, je ne le lui prête pas.*

1. – Vous montrez vos photos aux secrétaires ? – ______________________
2. – Vous parlez de votre vie privée à votre professeur ? – ______________________
3. – Vous laissez vos clés à vos voisins ? – ______________________
4. – Vous prêtez votre voiture à vos amis ? – ______________________
5. – Vous envoyez des cartes postales à vos collègues ? – ______________________
6. – Vous vous servez de votre GPS en voiture ? – ______________________
7. – Vous vous mettez du gel dans les cheveux ? – ______________________

EXERCICES

1 **Répondez aux questions, selon le modèle.**

– Vous racontez votre journée à votre amie, quand vous la voyez ?
– *Oui, quand je la vois, je lui raconte ma journée.*

1. – Vous dites bonjour à la voisine, quand vous la rencontrez ?
   – ______
2. – Vous posez des questions au professeur, quand vous le voyez ?
   – ______
3. – Vous dites au revoir aux étudiants, quand vous les quittez ?
   – ______
4. – Vous parlez en français à la secrétaire, quand vous l'appelez ?
   – ______
5. – Vous offrez à boire à vos amis, quand vous les invitez ?
   – ______
6. – Vous racontez vos aventures à votre frère, quand vous le revoyez ?
   – ______
7. – Vous répondez toujours à vos enfants, quand ils vous parlent ?
   – ______
8. – Vous apportez des fleurs à Marie, quand elle vous invite à dîner ?
   – ______

2 **Lisez le texte. Distribuez les verbes en fonction de leur construction.**

Le maître et ses élèves

Il leur pose des questions. Il les corrige.
Il leur explique les règles. Il les aide.
Il leur donne des exercices. Il leur distribue des textes. Il les encourage. Il les félicite.

corriger	*poser des questions*
______	______
______	______
______	______
+ qq. un	+ à qq. un

3 **Répondez, selon le modèle.**

1. – Est-ce que Marc ressemble beaucoup à sa mère ? – *Oui, il lui ressemble beaucoup.*
2. – Est-ce que Patrick Bruel plaît beaucoup à votre grand-mère ? – ______
3. – Cette robe va bien à votre femme, n'est-ce pas ? – ______
4. – Est-ce que cette salle convient à vos étudiants ? – ______
5. – Votre neveu ressemble beaucoup à votre frère, n'est-ce pas ? – ______

4 **Mettez les réponses de l'exercice 3 à la forme négative.** – *Non, il ne lui ressemble pas beaucoup.*

EXERCICES

1 **Utilisez les bons pronoms compléments.**

– Est-ce que votre fils regarde souvent la télévision ? – Non, *il ne la regarde pas souvent.*

1. – Est-ce que vous utilisez souvent votre téléphone portable ?
   – Oui, ____________________
2. – Est-ce que vous allez au cocktail à quatre heures ?
   – Oui, ____________________
3. – Est-ce que vous mettez du sucre dans votre café ?
   – Non, ____________________
4. – Est-ce que les enfants vont à la piscine aujourd'hui ?
   – Non, ____________________
5. – Est-ce que vous téléphonez souvent à vos parents ?
   – Oui, ____________________
6. – Est-ce que cette jupe courte va bien à la secrétaire, à votre avis ?
   – Non, ____________________
7. – Est-ce que les étudiants étrangers parlent souvent de leur pays ?
   – Oui, ____________________
8. – Tu t'intéresses à l'astrologie ?
   – Oui, ____________________

2 **Utilisez les bons pronoms compléments. Faites l'élision, si c'est nécessaire.**

– Je déteste le poisson et je n'*en* mange jamais.

1. Quand c'est la saison des melons, je ________ achète tous les jours : je ________ choisis avec soin et je ________ mange à tous les repas. – **2.** Je garde toutes mes photos de vacances : je ________ stocke dans mon fichier et quand je ________ imprime, je ________ range dans un album. Je ________ regarde de temps en temps. Je ________ ai plus de cinq mille. – **3.** – Où mets-tu le café ? – Je ________ mets dans une boîte en fer et chaque fois que je ________ prends, je referme bien la boîte et je ________ range dans un endroit frais.

3 **Répondez affirmativement ou négativement en utilisant des pronoms.**

1. – Faites-vous des mots croisés ? – ____________________
2. – Souhaitez-vous toujours son anniversaire à votre meilleur(e) ami(e) ? – ____________________
3. – Parlez-vous à vos parents en français ? – ____________________
4. – Mangez-vous souvent du chou ? – ____________________
5. – Vous intéressez-vous à la géographie ? – ____________________
6. – Croyez-vous aux fantômes ? – ____________________

29 LES PRONOMS TONIQUES

– Je pars avec **elle**. Vous allez chez **eux**. **Lui**, il reste ici.

■ Le pronom sujet est suivi d'un verbe, le pronom **tonique** peut être employé seul :

– ***Je***	*pars !*		– ***Moi*** *!*
– ***Tu***	*pars !*		– ***Toi*** *!*
– ***Il***	*part !*		– ***Lui*** *!*
– ***Elle***	*part !*	– *Qui ?*	– ***Elle*** *!*
– ***Nous***	*partons !*		– ***Nous*** *!*
– ***Vous***	*partez !*		– ***Vous*** *!*
– ***Ils***	*partent !*		– ***Eux*** *!*
– ***Elles***	*partent !*		– ***Elles*** *!*
= pronom sujet			= pronom tonique

• « **Soi** » est le pronom tonique correspondant à « tout le monde » :

On est bien, chez ***soi****.* *Il faut prendre soin de* ***soi****.*

■ En général, après une **préposition**, on utilise un pronom tonique :

Max travaille avec ***moi****.* *Léa habite chez* ***lui****.*
On va chez ***toi*** *?* *Partons sans* ***eux****.*

■ Après « c'est », on utilise un pronom tonique :

– *C'est* ***toi*** *?* – *C'est* ***moi*** *!* – *C'est* ***eux****…*

■ Avec « **aussi** », « **non plus** », « **pas** », « **et** », « **ni** », on utilise un pronom tonique :

– *Je suis fatigué. Et* ***toi*** *?* – ***Moi*** *aussi.*
– *Elle n'est pas sympa !* – ***Lui*** *non plus.*
– *Jo a faim.* – ***Pas moi****.*

■ Pour **renforcer** le sujet et marquer un **contraste**, on utilise un pronom tonique :

– *Je suis en forme, et toi ?* – ***Moi, je*** *suis fatiguée.*
– *Jean est pour le nucléaire, et toi ?* – ***Moi, je*** *suis contre.*

⚠ • Ne dites pas : « *Moi, je…* » pour commencer une conversation.

Impératif, p. 134

EXERCICES

1 **Répondez avec un pronom tonique, selon le modèle.**

1. – C'est Pierre, là, sur la photo ? – Oui, *c'est lui !/Non, ce n'est pas lui.*
2. – Qui est le responsable de l'agence, c'est vous ? – Non, ______
3. – Qui est au téléphone, c'est ma fille ? – Oui, ______
4. – C'est Paul qui danse avec Madeleine ? – Non, ______
5. – Ce sont les parents de Catherine, là-bas ? – Oui, ______

2 **Répondez avec « aussi » et « non plus » et un pronom tonique, selon le modèle.**

1. – Je travaille en juillet. – *Moi aussi.*
   – Et votre mari ? – ______
   – Et votre sœur ? – ______
   – Et vos enfants ? – ______
2. – Je ne suis pas là en août. – *Moi non plus.*
   – Et Paul ? – ______
   – Et vos parents ? – ______
   – Et vos filles ? – ______

3 **Faites des phrases selon le modèle.**

1. – Ce soir, je dîne chez Jean et Michèle. – *Ah bon, vous dînez chez eux !*
2. – À midi, je déjeune avec le directeur. – ______
3. – En ce moment, j'habite chez Pierre et Anne. – ______
4. – Ce soir, je sors avec Julien. – ______
5. – Nous partons en vacances sans nos enfants. – ______

4 **Complétez les phrases selon le modèle.**

1. – J'aime la ville. – Ton mari aussi ? – Non, *lui, il aime* la campagne.
2. – Jean habite dans le centre. – Paul aussi ? – Non, ______ en banlieue.
3. – Marie va à la piscine à 5 h. – Toi aussi ? – Non, ______ au cinéma.
4. – Le directeur arrive à 9 h 30. – Sa secrétaire aussi ? – Non, ______ à 8 h 30.
5. – Roberto travaille à Rome. – Marco aussi ? – Non, ______ à Pise.
6. – Nous aimons la montagne. – Vos enfants aussi ? – Non, ______ la mer.

5 **Complétez avec les pronoms toniques manquants.**

1. Alice parle avec son copain : elle parle avec ______ pendant des heures. – **2.** – Regarde, c'est Anne et Lucas : ce sont ______ ! – **3.** – Ce parapluie est à vous ? – Oui, il est à ______ . – **4.** Charles garde tout pour ______ , c'est un garçon secret. – **5.** Quand on fait les choses ______-même, on est plus satisfait !

6 » **Opposez vos goûts et vos habitudes à ceux d'une autre personne.**

30 L'IMPÉRATIF

Viens ! **Prends** ton manteau ! **Dépêche-toi !**

UTILISATION et FORMATION

■ On utilise l'impératif pour donner une instruction, un conseil ou un ordre :

__Attachez__ vos ceintures ! *__Mangez__ des fruits !* *Ne __bougez__ pas !*

■ L'impératif est un présent **sans sujet**. On l'utilise seulement pour « tu », « nous » et « vous » :

Tu pars. __Pars !__ *Nous partons. __Partons !__* *Vous partez. __Partez !__*

- Pas de **« s »** à la 2e personne des verbes en **« er »** et du verbe « aller » :

  Regarde ! *Écoute !* *__Va__ vite à l'école !*

- Devant **« en »** et **« y »**, on garde le « s » :

  Parle__s-en__ à Paul ! (z) *Pense__s-y__ !* (z) *Va__s-y__ !* (z)

- **« Être », « avoir », « savoir »** et **« vouloir »** ont un impératif irrégulier :

Sois *tranquille.*	***Aie*** *confiance.*	***Sache*** *que je suis là.*
Soyons *prudents.*	***Ayons*** *du courage.*	***Sachons*** *répondre.*
Soyez *heureux.*	***Ayez*** *l'obligeance…*	***Sachez*** *accepter.*
Veuillez *patienter.*	***Veuillez*** *insérer votre carte.*	

PLACE DES PRONOMS COMPLÉMENTS

■ À la forme **affirmative**, les pronoms se placent **après** le verbe :

Écoute-__le__ !	*Téléphone-__lui__ !*	*Allons-__y__ !*
Écoute-__les__ !	*Téléphone-__leur__ !*	*Prends-__en__ !*

- « Me » et « te » deviennent « moi » et « toi » :

  Téléphone-__moi__ ! *Lève-__toi__ !* *Dépêche-__toi__ !*

■ À la forme **négative**, les pronoms restent **devant** le verbe, sans changer de forme :

Ne __me__ téléphone pas ! *Ne __te__ lève pas !* *Ne __t'__inquiète pas !*

EXERCICES

1 Mettez à l'impératif, selon le modèle.

De bons conseils

Boire de l'eau.	*Buvez de l'eau !*
Manger des fruits.	______
Respirer.	______
Faire du sport.	______
Être positif.	______
Avoir confiance.	______

Boire de l'alcool.	*Ne buvez pas d'alcool !*
Manger de la viande.	______
Fumer.	______
Prendre du poids.	______
Être négatif.	______
Avoir peur.	______

2 Refaites oralement l'exercice précédent à la 2e personne du singulier. *Bois de l'eau !* ______

3 Complétez avec les verbes et les pronoms.

1. – J'ai besoin d'un dictionnaire. *Donne-moi un dictionnaire, s'il te plaît.*
2. – Khaled a besoin d'un classeur. ______
3. – Marie a besoin d'un stylo. ______
4. – Les étudiants ont besoin d'un livre. ______
5. – J'ai besoin d'une feuille. ______

4 Transformez.

S'asseoir	*Assieds-toi !*	*Asseyez-vous !*
Se concentrer	______	______
Se dépêcher	______	______
Se détendre	______	______
Ne pas se décourager	______	______

5 ≫ Donnez deux types de réponse, puis imaginez d'autre dialogues.

1. – Je n'ai pas envie de téléphoner à Louis. – *Eh bien, ne lui téléphone pas ! / Mais si, téléphone-lui...*
2. – Je n'ai pas envie d'aller au cinéma ! – ______
3. – Je n'ai pas envie de prendre de thé. – ______
4. – Je n'ai pas envie d'écrire à mes parents. – ______
5. – Je n'ai pas envie d'inviter les voisins. – ______

6 ≫ Vous êtes professeur de gymnastique. Que dites-vous à vos élèves ? ______

______

31 LE CONDITIONNEL (1)

– Je **voudrais** parler à monsieur Durand.
– Il n'est pas là. Vous **devriez** rappeler dans un quart d'heure.

L'EXPRESSION de la POLITESSE, des CONSEILS, du DÉSIR

■ On utilise le conditionnel pour demander **poliment** quelque chose :

*– Je **voudrais** un renseignement.*
*– Est-ce que je **pourrais** parler à monsieur Bruni ?*
(verbes « vouloir » et « pouvoir »)

■ On utilise le conditionnel pour faire une suggestion, donner un **conseil** :

*– Vous **devriez** moderniser votre entreprise.*
*– Tu **devrais** te faire couper les cheveux.*
(verbe « devoir »)

■ On utilise le conditionnel pour exprimer un **désir** :

*– J'**aimerais** savoir dessiner.*
*– Je **voudrais** être en vacances.*
(verbes « aimer » et « vouloir »)

- « **Bien** » (= volontiers) accompagne souvent l'expression du désir :

*– Je boirais **bien** un café.*
*– J'irais **bien** au cinéma.*

FORMES COURANTES

VOULOIR	*Je voud**rais***	*Vous voud**riez***
AIMER	*J'aime**rais***	*Vous aime**riez***
DEVOIR	*Je dev**rais***	*Vous dev**riez***
POUVOIR	*Je pour**rais***	*Vous pour**riez***
FAIRE	*Je fe**rais***	*Vous fe**riez***
ALLER	*J'i**rais***	*Vous i**riez***

- **Terminaisons :**

-rais	***-rions***
-rais	***-riez***
-rait	***-raient***

Formation, p. 230

EXERCICES

1 **Répondez aux questions en utilisant une formule de politesse.**
– Vous voulez un thé ou un café ? – *Je voudrais un café.*

1. – Vous voulez un ou deux sucres ? – ____________________
2. – Vous voulez une brioche ou un croissant ? – ____________________
3. – Vous voulez faire une pause ou continuer ? – ____________________
4. – Vous voulez sortir ou rester ici ? – ____________________
5. – Vous voulez écouter un CD ou voir une vidéo ? – ____________________

2 **Posez des questions en utilisant une formule de politesse.**

Au restaurant	
une table près de la fenêtre	– *Est-ce que je pourrais avoir une table près de la fenêtre ?*
un peu de pain	– ____________________
des haricots à la place des frites	– ____________________
une carafe d'eau	– ____________________
le café avec le dessert	– ____________________

3 » **Donnez des conseils, selon le modèle.**

Dormir au moins 8 heures — Partir un mois en vacances — Faire de la marche à pied
Boire beaucoup d'eau — Faire 15 minutes de gym — Manger des légumes verts

Pour être en forme, *vous devriez dormir au moins 8 heures. À votre place, je dormirais* ____________________
____
____

4 **Exprimez des désirs, selon le modèle.**

J'aimerais parler couramment français.
____________________ dix ans de moins.
____________________ le tour du monde.
____________________ heureux/heureuse !

5 » **Exprimez des désirs, selon le modèle.**

Faire : *Je ferais bien une partie de tennis.*
Prendre : ____________________
Manger : ____________________
Aller : ____________________

6 **Complétez avec les conditionnels manquants. Faites l'élision si c'est nécessaire.**

1. – Bonjour, madame, je ____________ une brioche et un croissant. – **2.** Tu es trop fatigué : tu ____________ prendre quelques jours de congé. – **3.** – Est-ce que je ____________ parler à Paul ? – **4.** J'ai sommeil ! Je ____________ une sieste… – **5.** Plus tard, je ____________ avoir des enfants.

BILAN N° 3

1 Complétez en conjuguant les verbes manquants. (25 points)

partir lire boire mettre jouer sortir prendre être avoir dormir aller faire

Roger et ses enfants

Pour le petit déjeuner, Roger ________ seulement un café noir. Ses enfants ________ un grand bol de café au lait avec des tartines et ils ________ souvent du beurre ou de la confiture sur leurs tartines. Roger ________ de la maison à 7 h 30, mais les enfants ________ seulement à 8 h. En général, les enfants ________ à l'école à pied : l'école se trouve seulement à huit cents mètres de la maison. Roger, lui, ________ au bureau en métro. Il ________ le métro à la station Étoile. En général, il ________ environ dix minutes pour arriver à la Défense où il travaille.

À 4 h, les enfants ________ souvent du sport avec leurs copains : ils ________ au foot ou au basket sur le parking derrière la maison. Puis ils rentrent à la maison et ils ________ leurs devoirs. Souvent, ils ________ plus d'une heure pour faire leurs exercices. Ensuite, ils ________ tranquillement des magazines ou ils ________ à des jeux vidéo. Avant de dîner, ils ________ leur bain, et ils ________ leur pyjama. À 9 h, ils ________ dans leur lit et une demi-heure plus tard, ils ________ profondément.

Quand les enfants ________ malades, ils ne ________ pas à l'école, mais ils ________ des devoirs à la maison (s'ils n'________ pas trop de fièvre). Le mercredi, ils ________ de la natation. Une fois par mois environ, ils ________ chez le coiffeur pour se faire couper les cheveux.

2 Complétez. Faites l'élision si c'est nécessaire. (25 points)

Une idée de cadeau

– Le professeur a 40 ans ! On ________ invite au restaurant et on ________ fait un cadeau ?
– Qu'est-ce qu'on ________ offre ? Des disques ?
– Il ________ beaucoup. Une cravate ?...
– Il ________ met jamais. Du vin ?
– Il ________ boit pas... Bon, en attendant, j'appelle le restaurant. On va au Bois joli ?
– C'est loin : on ________ va comment ?
– Mon frère a un minibus. Je ________ demande de nous ________ prêter et on ________ va tous ensemble ! Tu as le numéro du restaurant, je crois...
– Attends, je ________ donne... Zut... Je ________ trouve plus.
– Passe-________ l'annuaire. Tu as un stylo ?
– Il ________ un sur le bureau.
– Oh là là ! Il écrit vraiment bien ce stylo. Je ________ trouve génial !
– Garde-________ si tu veux. Tu vois : je ________ ai d'autres. Ces stylos, ma sœur ________ achète dans une petite boutique.
– Ça ________ intéresse. Si tu ________ vois, dis-________ de ________ rapporter une boîte la prochaine fois qu'elle ________ va.
– J'ai une idée : le professeur aussi aime bien les stylos : si on ________ offrait une boîte ? Qu'est-ce que tu ________ penses ?

BILAN N° 4

1 **Complétez. Faites l'élision si c'est nécessaire.** **(50 points)**

1. À Paris, le temps change tout le temps : quand je ________ des vêtements légers, il pleut et quand je ________ mon parapluie, il ________ beau !
2. Le matin, Anna ________ la radio, à midi, elle ________ le journal et le soir, elle ________ la télévision.
3. Qu'est-ce que vous ________ pour le petit déjeuner : ________ thé ou ________ café ?
4. Tu ________ où Julie habite ? – Non, je ________________ pas ________ adresse.
5. ________ dimanche, je ________ du jogging au bois de Boulogne et ________ lundi, je ________ à la piscine.
6. Il y a longtemps que je suis employé dans la même entreprise : je ________ travaille ________ trente ans et maintenant, je ________ assez !
7. En hiver, nous ________ du ski pendant une semaine : ________ 26 décembre ________ 2 janvier.
8. Notre nouveau stagiaire arrive ________ Angleterre et il fait beaucoup ________ fautes d'orthographe quand il ________ des lettres et des rapports en français.
9. Nous aimons beaucoup ________ campagne et nous ________ allons dès que nous ________________ .
10. Le directeur ________ une demi-heure pour aller au bureau ________ voiture. Les secrétaires ________ quinze minutes, ________ métro.
11. Quand je ________ mal ________ gorge, je ________ deux aspirines à midi et je ________________ deux autres le soir.
12. Il pleut et ____________ froid : ____________ votre parapluie et ____________ votre imperméable avant de sortir.
13. Il est tard pour téléphoner ________ Julie. Je pense qu'il ________ mieux ________ téléphoner demain matin ou ________ envoyer un mail.
14. Ma fille collectionne les boîtes d'allumettes et elle ________ plus de mille ; mon frère ________ donne toujours quatre ou cinq quand il vient ________ nous.
15. Tu donnes des croquettes ________ tes chats ? Moi, je ________ donne ________ viande fraîche et ________ poisson !

32 LES RELATIFS

La femme **qui** arrive est la femme **que** j'aime.
Je l'attends dans un bar **où** il y a du soleil.

Pour relier plusieurs phrases sans répéter les noms, on utilise un relatif :

__Une femme__ passe : __cette femme__ est brune.
La femme __qui__ passe est brune.

LES RELATIFS SIMPLES (1)

■ « QUI » reprend le **sujet** (personne ou chose) du verbe qui suit :

La femme __qui__ passe porte une robe __qui__ brille.

■ « QUE » reprend le **complément** d'objet (personne ou chose) du verbe qui suit :

La femme __que__ je regarde porte une robe __que__ j'adore.

• On fait l'élision avec « **que** », mais pas avec « qui » :

La femme __qu'__il aime est brune.
La femme __qui__ arrive est blonde.

• Dites :

C'est un livre __qui__ est intéressant.

• Ne dites pas :

C'est un livre ~~que c'est~~ intéressant.

■ « OÙ » reprend un complément de lieu ou de temps :

La ville __où__ je suis né est une petite ville.
Le jour __où__ je suis né était un jeudi.

• Dites :

Le jour __où__ je suis né…

• Ne dites pas :

Le jour ~~quand~~ je suis né…
~~que~~ je suis né…

EXERCICES

1 **Transformez avec « qui » ou « que », selon le modèle.**

Blues

J'attends un ami. Il est en retard.
Je lis un livre. Il est ennuyeux.
Je mange des frites. Elles sont froides.
Je bois un Coca. Il est chaud.
J'écoute un musicien. Il joue mal.

J'attends un ami *qui est en retard.*
Je lis un livre ______
Je mange des frites ______
Je bois un Coca ______
J'écoute un musicien ______

L'ami que j'attends est en retard. Le livre ______

2 **Choisissez des éléments pour compléter les descriptions, selon le modèle.**

~~avoir des moustaches rousses~~ — être en pierre — jouer au cow-boy — pousser dans la cour
porter des bottes rouges — ~~fumer le cigare~~ — avoir des volets bleus — avoir des fleurs blanches

1. L'homme *qui a des moustaches rousses* et *qui fume le cigare* est mon oncle.
2. L'enfant ______ et ______ est mon cousin.
3. L'arbre ______ et ______ est un cerisier.
4. La maison ______ et ______ est la maison de mes parents.

3 **Complétez avec « qui » ou « que ».**
Le pull *que* vous portez est en coton ?

1. Le professeur ______ travaille à côté est anglais ?
2. Les amis ______ vous attendez sont italiens ?
3. Le tableau ______ est sur le mur est de Manet ?
4. La voiture ______ est garée dehors est à vous ?
5. Le livre ______ vous lisez est intéressant ?

4 **Complétez avec « qui », « que », « où ».**

Comment s'appelle :

la pièce ______ on dort ?
la personne ______ nous soigne ?
la saison ______ il fait le plus chaud ?
la langue ______ vous étudiez ?
le livre ______ est devant vous ?

5 **Faites des phrases avec « le jour où », « le mois où », « l'année où », « au moment où ».**

1. Paul est content le **mardi** : c'est *le jour où* je fais des crêpes.
2. Il fait beau en **juillet** : c'est ______ nous partons en vacances.
3. Je suis arrivé en **1998**, c'est ______ la France a gagné la Coupe du monde de football.
4. J'ai pleuré **à la fin du film,** ______ le Titanic a sombré.

6 » **Faites des phrases avec l'heure, le jour, le mois, la saison.**

septembre : *C'est le mois où les enfants rentrent à l'école.* **le dimanche** : ______
midi : ______ **l'été :** ______

LES RELATIFS SIMPLES (2)

La femme **dont** je rêve est rousse.
Elle a des yeux **dont** je suis fou…

■ « **DONT** » reprend le complément d'objet d'un **verbe** construit avec « **de** » :

*La femme **dont** je parle conduit une voiture **dont** je rêve.*
parler de — rêver de

- « **Dont** » peut être le complément d'un **nom** ou d'un **adjectif** :

*C'est la société **dont** je suis le directeur.* — être le directeur de
*C'est un travail **dont** je suis content.* — être content de

⚠ • Dites : *C'est un appareil **dont** j'ai besoin.* Ne dites pas : ~~*C'est un appareil que j'ai besoin.*~~

■ « **CE QUI** »/« **CE QUE** »/« **CE DONT** » signifie « la chose qui/que/dont » :

*J'aime **ce qui** brille.*
*Devine **ce dont** j'ai envie.*
*Tu sais **ce que** j'aime.*
*Prends tout **ce que** tu veux.*

LA MISE EN RELIEF

■ « **C'EST… QUI/QUE** » met l'accent sur un élément **à l'exclusion d'un autre**.

***C'est** Paul **qui** est le directeur.* (Ce n'est pas moi.)
***C'est** Julie **que** je vois ce soir.* (Ce n'est pas Anna.)

⚠ • Attention à l'accord :

Dites :
– *C'est **moi** qui **suis** responsable.*
– *C'est **moi** qui **ai** les clés.*

Ne dites pas :
– *C'est moi qui ~~est~~ responsable.*
– *C'est moi qui ~~a~~ les clés.*

■ « **CE QUI/QUE…, C'EST** » = la chose qui/que…, c'est…

***Ce qui** me choque, **c'est** la misère.*
***Ce que** je déteste, **c'est** l'hypocrisie.*

EXERCICES

1 **Répondez avec « dont ».**

1. – Vous parlez souvent de politique ? – Oui, *c'est un sujet dont je parle souvent.* ____________ (sujet)
2. – Vous parlez parfois de la pollution ? – Oui, ____________ (problème)
3. – Vous êtes responsable de la gestion ? – Oui, ____________ (service)
4. – Vous vous servez de la photocopieuse ? – Oui, ____________ (machine)
5. – Vous avez besoin du planning ? – Oui, ____________ (document)

2 **Complétez en utilisant « dont » ou « que ».**

En classe : Quels sont les sujets *dont les étudiants parlent le plus ?* (parler de)
Quelles sont les activités ____________ (aimer)
Quels sont les objets ____________ (se servir de)
Quels sont les exercices ____________ (détester)
Quels sont les moments ____________ (apprécier)

3 **Répondez oralement avec « c'est… qui ».**

1. – Qui fait la cuisine ? (Paul)
2. – Qui choisit le vin ? (nous)
3. – Qui s'occupe de la vidéo ? (toi)
4. – Qui est le DJ ce soir ? (moi)

– C'est Paul qui fait la cuisine.

4 **Répondez oralement avec « c'est… que ».**

1. – Vous revenez mardi? (jeudi)
2. – Vous attendez Paul ? (Max)
3. – Vous prenez la ligne 1 ? (ligne 6)
4. – Vous partez demain ? (après-demain)

– Non, c'est jeudi que je reviens.

5 **« Ce qui »/« ce que »/« ce dont » : complétez.**

- Dites-moi *ce que* vous aimez.
- Dites-moi ________ vous détestez.
- Dites-moi ________ vous énerve.
- Dites-moi ________ vous amuse.
- Dites-moi ________ vous rêvez.

6 **Complétez, selon le modèle.**

- *Ce qui* me révolte le plus, *c'est* l'injustice.
- ________ je déteste le plus, ________ la bêtise.
- ________ me fait peur, ________ la guerre.
- ________ j'aime le plus, ________ les enfants.
- ________ j'attends, ________ le grand amour.

7 » **Transformez selon le modèle pour parler de quelqu'un que vous aimez.**

J'aime sa façon de marcher, sa façon de parler, sa façon de rire, sa façon de danser.

J'aime la façon dont il/elle marche, la façon ____________

8 » **Dites ce qui vous choque/vous touche/vous amuse/vous fait peur et ce que vous aimez/détestez/craignez.** (ex. : le travail des enfants – l'injustice – l'innocence – l'humour anglais – la bêtise – la nature – le fanatisme – la musique – la guerre – les araignées – la fin du monde)

LES RELATIFS COMPOSÉS

Voilà le projet sur **lequel** je travaille.
Voilà la raison pour **laquelle** je suis à Paris.

■ **« LEQUEL », « LAQUELLE »,** etc., s'utilisent en général après une préposition :

*Je travaille **sur** un grand bureau.*
*Le bureau **sur lequel** je travaille est grand.*

• Les relatifs composés varient en fonction du nom qu'ils reprennent :

***La** société pour **laquelle** je travaille est à Bruxelles.*

	Masculin	Féminin
Singulier	***lequel***	***laquelle***
Pluriel	***lesquels***	***lesquelles***

⚠ • Pour une personne, on dit de préférence « pour qui », « avec qui », etc.

*Le garçon **avec lequel** je vis.../ Le garçon **avec qui** je vis...*

■ **« AUQUEL », « AUXQUELS »,** etc., sont des relatifs contractés avec « **à** » :

*– J'ai pensé **à** un cadeau pour Max.*
*– Quel est le cadeau **auquel** tu as pensé ?*

	Masculin	Féminin
Singulier	***auquel***	***à laquelle***
Pluriel	***auxquels***	***auxquelles***

■ **« DUQUEL », « DESQUELS »,** etc., sont des relatifs contractés avec « **de** » associé à une préposition (ex. : « à côté **de** », « à cause **de** », etc.)

*J'habite près **d'**un musée.*
*Le musée près **duquel** j'habite est le musée Guimet.*

	Masculin	Féminin
Singulier	***duquel***	***de laquelle***
Pluriel	***desquels***	***desquelles***

⚠ • **Duquel** est toujours précédé d'une préposition. Comparez.

Le musée	***dont** je parle*	*Le musée près*	***duquel** j'habite*
Le musée	***dont** je suis responsable*	*Le musée à côté*	***duquel** j'habite*
Le musée	***dont** je suis le directeur*	*Le musée en face*	***duquel** j'habite*

EXERCICES

1 **Complétez avec les relatifs composés manquants.**

Tout va mal

Le quartier dans *lequel* je travaille est triste. La pièce dans ______________ je travaille est sombre. Les dossiers sur ______________ je travaille sont ennuyeux. Les clients pour ______________ je travaille sont insupportables. L'ordinateur avec ______________ je travaille est toujours en panne. La société pour ______________ je travaille a des ennuis financiers…

2 **Répondez avec les relatifs composés manquants.**

– Vous dormez dans un lit confortable ? – *Oui, le lit dans lequel je dors est confortable.*

1. – Vous travaillez sur une table en verre ? – ______________
2. – Vous écrivez avec un stylo rechargeable ? – ______________
3. – Vous travaillez avec des étudiants anglais ? – ______________
4. – Vous appartenez à un groupe sympathique ? – ______________
5. – Vous assistez à des cours intéressants ? – ______________

3 **Complétez avec des relatifs et avec « pour », « à », « chez », « dans », « avec ».**

Chère Daisy

Je ne comprends pas la raison *pour laquelle* vous refusez mon invitation. Les amis ______________ je vais passer le week-end sont des gens charmants et la ferme ______________ ils habitent est très confortable. Il y a d'autres Anglais ______________ vous pourrez discuter et, le samedi soir, mes amis organisent toujours un concert ______________ participent de bons musiciens. Alors venez, je vous en prie !

Benoît

4 **Complétez avec les prépositions et les relatifs manquants.**

1. – Est-ce que la société *avec laquelle* vous travaillez est à Paris ? – **2.** – Est-ce que le fauteuil ______________ vous êtes assis est en cuir ? – **3.** – Quel sont les sports ______________ vous vous intéressez ? – **4.** – Quels sont les journaux ______________ vous êtes abonnés ? – **5.** – Est-ce que les collègues ______________ vous déjeunez sont sympathiques ? – **6.** – Comment s'appelle le musée en face ______________ tu habites et à l'intérieur ______________ il y a de si belles fresques ?

5 » **Faites des descriptions en utilisant des relatifs composés.**

sombre clair grand sympathique blond brun en bois en fer

La salle ______________ Le professeur ______________

La chaise ______________ Le bureau ______________

EXERCICES

1 Complétez avec « qui », « que » ou « qu' ». Faites l'élision si c'est nécessaire.

1. Le PDG ________ dirige notre société est américain. – **2.** – Le pull ________ vous portez est en laine ou en coton ? – **3.** L'actrice ________ je préfère est Greta Garbo. – **4.** La sculpture ________ est sur la place représente un éléphant. – **5.** La chaîne de télévision ________ je regarde le plus est la 3e chaîne. – **6.** Le terminus des bus ________ commencent par « 2 » est à la gare Saint-Lazare. – **7.** Dans les transports publics, les enfants ________ ont moins de douze ans paient demi-tarif. – **8.** Le costume ________ porte Gérard est horrible. – **9.** Paris est une ville ________ change tout le temps et ________ reste toujours la même. – **10.** Les plats ________ aiment mes enfants sont toujours les plus mauvais pour la santé.

2 Complétez avec « qui », « que », « dont », « où ».

L'avocat

C'est un fruit ________ contient beaucoup de vitamines et ________ on tire une huile légère. C'est une entrée ________ j'apprécie particulièrement et ________ je mange souvent en salade. L'avocat pousse dans des pays ________ il fait très chaud. L'hiver est la saison ________ j'en consomme le plus.

L'avocat

C'est une personne ________ connaît la loi et ________ on a besoin quand on a des problèmes avec la justice.
C'est quelqu'un ________ parle bien, ________ sait convaincre et ________ on paye très cher. New York est la ville ________ il y a le plus d'avocats.

3 Complétez avec « qui », « que », « dont », « où ».

1. La clé USB est une invention ________ je trouve vraiment géniale. – **2.** « La Pagode » est un cinéma ________ j'aime beaucoup aller. – **3.** La politique est un sujet ________ je ne parle jamais en famille. – **4.** Le chômage est une chose ________ tout le monde a peur. – **5.** Le bruit est une chose ________ je ne peux pas supporter. – **6.** Le musée Grévin est un musée ________ il y a des mannequins en cire. – **7.** Le lundi est un jour ________ beaucoup de magasins sont fermés. – **8.** La maison ________ je rêve est en vente ! – **9.** Au moment ________ on parlait de lui, Pierre est arrivé. – **10.** Quels sont les papiers ________ j'ai besoin pour travailler en France ? – **11.** Internet est un service ________ on ne peut plus se passer.

4 Complétez avec « qui », « que », « dont », « où ». >> Devinez. Imaginez des devinettes.

1. Quel est l'animal ________ porte ses enfants dans sa poche ? ________________
2. Quel est l'objet ________ on se sert pour ouvrir une bouteille ? ________________
3. Quelle est la saison ________ on cueille les raisins ? ________________
4. Quel est l'objet ________ tient la Statue de la Liberté ? ________________
5. Quel est le musée ________ est exposée *La Joconde* ? ________________

EXERCICES

1 Complétez avec « ce qui », « ce que », « ce dont ». Faites l'élision si c'est nécessaire.

1. Je n'ai pas de mémoire : j'oublie tout ________ j'apprends.
2. Il est difficile de savoir ________ est bien et ________ est mal.
3. Prenez tout ________ vous avez besoin à la bibliothèque.
4. Antoine adore tout ________ est salé et tout ________ est piquant.
5. Les enfants répètent souvent ________ ils entendent et ils imitent ________ ils voient.
6. Carla ne dit rien, mais je devine ________ pense et ________ elle a peur.
7. Savez-vous ________ se passe dans la rue ?
8. ________ je préfère à Paris, ce sont les petits cafés.
9. Choisis ________ tu veux pour ton anniversaire, dis-moi ________ tu as envie.
10. ________ me plaît le plus chez Paul, c'est son regard.

2 Complétez avec « ce qui », « ce que », « ce dont ».

Une expérience intéressante

Ce que je fais actuellement est très intéressant. Je dois noter tout ________ font les enfants entre deux et trois ans dans une crèche : ________ ils mangent, ________ ils boivent, ________ ils parlent entre eux, ________ ils aiment, ________ ils détestent, ________ les intéresse. Je constate que ________ disent les livres de psychologie est bien différent de ________ je vois et c'est ________ est passionnant.

3 Complétez avec les relatifs manquants.

1. Bernard m'a écrit une lettre ________________ j'ai répondu tout de suite.
2. Regardez ________________ dessine ma fille : c'est votre portrait !
3. Voilà une pièce ________________ le soleil n'entre jamais.
4. Nous sommes très satisfaits des résultats ________________ nous sommes parvenus.
5. « Les Feuilles mortes » est une chanson ________________ j'adore la musique.
6. La solution ________________ vous pensez n'est peut-être pas la meilleure…
7. Je n'aime pas la façon ________________ Gérard écrit, c'est très prétentieux !
8. J'ai du mal à me lever tôt, c'est une chose ________________ je ne me suis jamais habituée.
9. ________________ me manque le plus à l'étranger, ce sont les cafés de quartier.
10. Tu connais le café à côté ________________ il y a une librairie ?

4 >> Faites des phrases avec différents relatifs.

Regarder une émission
Se servir d'un ordinateur
Participer à une réunion
Dormir dans un lit
Manger dans un restaurant
Voyager avec des personnes.

L'émission que je regarde est intéressante. ________________________________

33 L'INTERROGATION (2)

– **Comment** allez-vous ? – **Où** habitez-vous ?
– **Quand** partez-vous ? – **Qui** cherchez-vous ?

« OÙ », « QUAND », « COMMENT », « COMBIEN », « POURQUOI »

■ L'interrogatif en début de phrase entraîne une **inversion** du verbe et du pronom sujet :

– ***Où*** *allez-vous ?*	– *À Rome.*	(lieu)
– ***Quand*** *partez-vous ?*	– *Demain.*	(temps)
– ***Combien*** *payez-vous ?*	– *1 000 euros.*	(quantité)
– ***Comment*** *partez-vous ?*	– *En train.*	(manière)
– ***Pourquoi*** *partez-vous en train ?*	– *Parce que j'ai peur de l'avion.*	(cause)
	– *Pour mon travail.*	(but)

■ En langage courant, on renforce souvent l'interrogation avec « est-ce que » sans inversion :

*– Où **est-ce que** vous allez ? – Quand **est-ce que** vous partez ?*

- En français familier, on place l'interrogatif en fin de phrase :

*– Vous allez **où** ? – Vous partez **quand** ?*

■ Avec les noms, on utilise un pronom de rappel :

*– Où vos amis vont-**ils** ?*

*– Où Paul va-**t**-il ? – Quand arrive-**t**-il ?* ♪ (+ « -t- » entre deux voyelles)

« QUI », « QUE », « QUOI » interrogatifs

■ « **Qui** » renvoie à une **personne** :

– ***Qui*** *cherchez-vous ?*
– ***Qui*** *est-ce que vous cherchez ?*
– *Vous cherchez* ***qui*** *?*
(= M. Dupond)

■ « **Que** »/« **quoi** » renvoie à une **chose** :

– ***Que*** *cherchez-vous ?*
– ***Qu'****est-ce que vous cherchez ?*
– *Vous cherchez* ***quoi*** *?*
(= mes clés)

⚠ • En position sujet, distinguez :

– ***Qui est-ce qui*** *sonne ? – C'est le facteur.* (personne)
– ***Qu'est-ce qui*** *sonne ? – C'est le téléphone.* (chose)

« Qui/Que » relatifs, p. 140

EXERCICES

1 **Posez des questions avec « où », « quand », « comment », selon le modèle.**
– Vous n'habitez pas **à Paris** ? *Mais alors, où habitez-vous ?*

1. – Vous ne travaillez pas **en France** ? ________________ ?
2. – Vous ne partez pas en vacances **en août** ? ________________ ?
3. – Vous n'allez pas **en Italie** ? ________________ ?
4. – Vous ne partez pas **en avion** ? ________________ ?
5. – Vous ne rentrez pas **dimanche soir** ? ________________ ?

2 **Posez des questions, selon le modèle.**

1. – Il travaille à Rome. – *Où travaille-t-il ?– Où est-ce qu'il travaille ?– Il travaille où ?*
2. – Il habite à Ostie. ________________
3. – Il arrive dimanche. ________________
4. – Il voyage en train. ________________
5. – Il porte une valise. ________________

3 **Complétez avec « qui », « que » ou « quoi ».**

1. – *Que* faites-vous les enfants ? – On dessine.
2. – ________ dessinez-vous ? – Des moutons.
3. – Vous mangez ________ ? – Des tartines.
4. – ________ voulez-vous boire ? – Du lait.
5. – ________ chante à la radio ? – C'est Johnny.
6. – ________ veut un bonbon ? – Moi ! Moi ! Moi !

4 **Complétez les questions.**

1. – ________ vous appelez-vous ? (– Steve.)
2. – ________ buvez-vous le matin ? (– Du thé.)
3. – ________ habitez-vous ? (– À Paris.)
4. – ________ payez-vous de loyer ? (– 1200 €.)
5. – ________ partez-vous en vacances ? (– En août.)
6. – ________ attendez-vous ? (– Mon professeur.)

5 **Complétez avec « qu'est-ce qui » ou « qui est-ce qui ».**
– *Qu'est-ce qui* fait ce bruit ? – C'est mon ordinateur.

1. – ________________ chante *Carmen* ? – C'est le voisin.
2. – ________________ sonne ? – C'est mon téléphone portable.
3. – ________________ brûle dans le four ? – C'est ma tarte !
4. – ________________ parle à la télé ? – C'est le Premier ministre.
5. – ________________ rit comme ça ? – C'est Marie.

6 >> **Créez des devinettes, selon le modèle.**

– *Qu'est-ce qui est bleu le jour et noir la nuit ?– Qui est-ce qui marche à 4 pattes le matin, à 2 pattes à midi et à 3 pattes le soir ?– Qu'est-ce qui roule sous terre et qui traverse les villes ?*

– **Quelle** heure est-il ? – **Quel** jour sommes-nous ?
– **Quel** beau temps ! – **Qu'est-ce qu'**il fait beau !

« QUEL », « QUELLE », « QUELS », « QUELLES »

■ « **Quel(s)** », « **quelle(s)** » interrogatifs portent sur un **nom** :

__Quel__ âge avez-vous ?
__Quelle__ est votre nationalité ?
__Quels__ pays connaissez-vous ?
__Quelles__ langues parlez-vous ?

	Masculin	Féminin
Singulier	***quel***	***quelle***
Pluriel	***quels***	***quelles***

⚠ • Dites :
– *Quelle est votre profession ?*

Ne dites pas :
– ~~*Qu'est-ce*~~ *que votre profession ?*

■ Pour choisir entre plusieurs possibilités, on utilise « **lequel** » :

– *Passe-moi le stylo.*
– ***Quel*** *stylo ? (je ne vois pas de stylo…)*
– ***Lequel*** *? (le bleu ou le rouge ?)*

	Masculin	Féminin
Singulier	***lequel***	***laquelle***
Pluriel	***lesquels***	***lesquelles***

L'EXCLAMATION exprime un sentiment intense (joie, étonnement, etc.) :

Le temps est splendide !
L'eau est glacée !
Il fait chaud !
Cette fille est superbe !

■ Pour renforcer l'exclamation, on peut utiliser :

• « **Quel(s)** », « **quelles(s)** »
– ***Quel*** *temps splendide !*
– ***Quelle*** *jolie fille !*
– ***Quel*** *idiot !*

• « **Qu'est-ce que** »/« **que** »/« **comme** »
– ***Qu'est-ce qu'****il fait chaud !* (fam.)
– ***Qu'****elle est jolie !*
– ***Comme*** *je suis bête !*

EXERCICES

1 Complétez avec « quel(s) » ou « quelle(s) ».

– *Quel* jour sommes-nous ? *Quelle* heure est-il ?

1. – ________ âge avez-vous ? Vous êtes né ________ jour ? À ________ heure ?
2. – ________ est votre nationalité ? Vous venez de ________ pays ? Vous parlez ________ langues ?
3. – ________ est votre adresse ? Vous habitez à ________ étage ? ________ est votre numéro de téléphone ?
4. – ________ sont vos jours de congé ? Vous travaillez pour ________ entreprise ?
5. – ________ journaux lisez-vous ? Vous pratiquez ________ sports ? Vous portez ________ couleurs ?

2 Complétez les devinettes avec « lequel »/« laquelle »/« lesquels »/« lesquelles ».

1. Un pont de Paris est construit avec des pierres de la Bastille : *lequel ? Le pont de la Concorde.*
2. La moutarde est la spécialité d'une ville française : ________________
3. Deux astronautes américains ont marché sur la Lune : ________________
4. Rabat est la capitale d'un pays d'Afrique du Nord : ________________
5. Une chanson des Beatles porte un prénom français : ________________

3 Posez les questions, puis répondez.

Patrice Delonde

Je m'appelle Patrice Delonde. Je suis belge. Je suis ingénieur. J'ai trente-quatre ans. Je travaille à Marseille, mais j'habite à Aix-en-Provence, 10, rue de la Fontaine. Je vais à Marseille en voiture. Je pars à 6 heures du matin et je rentre vers 19 heures. Le week-end, je fais de l'escalade avec mes enfants, Pauline et Julien. Ils ont douze et quinze ans. En été, nous faisons de la voile. Nous allons souvent dans les îles grecques.

1. – *Comment* s'appelle ce monsieur ? – *Il s'appelle Patrice Delonde.*
2. – ________ est sa profession ? – ________________
3. – ________ âge a-t-il ? – ________________
4. – ________ travaille-t-il ? – ________________
5. – ________ est son adresse ? – ________________
6. – ________ il fait le week-end ? – ________________

4 Complétez avec des exclamatifs au choix.

1. ________ jolie petite fille ! ________ elle est mignonne avec sa robe à fleurs !
2. ________ il fait chaud ! ________ belle journée ! ________ on est bien !
3. ________ film ennuyeux ! ________ il est long ! ________ il est compliqué !
4. ________ je suis bête ! Je ne retrouve plus ma voiture ! ________ idiot !

34 LA NÉGATION (2)

Je **ne** fais **rien**. Je **ne** sors **jamais**.
Je **ne** connais **personne**. Je **n'**ai **aucun** ami.

■ « NE… JAMAIS » ≠ toujours

*Je bois **toujours** du thé le matin.*
*Je **ne** bois **jamais** de café.*
(= habitude)

■ « NE… PLUS » ≠ encore

*Max fume **encore**.*
*Moi, je **ne** fume **plus**.*
(= changement)

- Quand « toujours » signifie « encore », la négation est **« ne… plus »** :

  – Tu fumes toujours ? *– Non, je **ne** fume **plus**.*

- La négation de « déjà » est « jamais » (constat) ou « pas encore » (intention) :

  – Vous êtes déjà allé à Paris ? | *– Non, je **ne** suis **jamais** allé à Paris.*
  *– Non, je **ne** suis **pas encore** allé à Paris.*

♪ • Le « s » de « plus » négatif n'est jamais prononcé :
Je ne bois plus. *Je ne fume plus.*

■ « NE… AUCUN » = pas un seul

*Je **ne** connais **aucun** Français.* = pas un seul Français
*Je **n'**ai **aucun** ami en France.* = pas un seul ami

■ « NE… RIEN » ≠ quelque chose

*Tu vois **quelque chose ?***
*Je **ne** vois **rien**.*

■ « NE… PERSONNE » ≠ quelqu'un

*Tu attends **quelqu'un ?***
*Je **n'**attends **personne**.*

- En position sujet, on dit : ***Rien ne** bouge. **Personne ne** parle.*

⚠ • Dites :

*Je **ne** connais **personne**.*
***Rien ne** marche.*

Ne dites pas :

Je ne connais ~~pas~~ personne.
Rien ne marche ~~pas~~.

■ Plusieurs négations peuvent se suivre dans une même phrase :

*Tu **ne** comprends **jamais rien**.*
*Il **n'**y a **plus personne**.*

« Ne… pas », p. 18

EXERCICES

1 **Répondez aux questions en utilisant « plus », « rien », « personne ».**

1. – Tu as **encore** ta vieille Alfa Romeo, Juliette ? – Non, *je n'ai plus mon Alfa Romeo.*
2. – Tu habites **toujours** à Vérone ? – Non, ______
3. – Tu vois **toujours** William ? – Non, ______
4. – Tu fais **quelque chose** ce soir ? – Non, ______
5. – Tu attends **quelqu'un** ? – Non, ______

2 **Faites l'exercice, selon le modèle.**

Les faux jumeaux	
Pierre est toujours content.	*Paul n'est jamais content.*
Pierre aime tout le monde.	______
Pierre sourit tout le temps.	______
Pierre a beaucoup d'amis.	______
Pierre accepte toujours tout.	______
Pierre croit encore au Père Noël.	______

3 **Répondez à la forme négative.**

1. – Vous fumez parfois le cigare ? – *Non, je ne fume jamais le cigare.*
2. – Vous allez quelquefois dans des « rave-parties » ? ______
3. – Vous habitez encore chez vos parents ? ______
4. – Vous êtes toujours débutant complet ? ______
5. – Vous parlez déjà français couramment ? ______

4 **Mettez à la forme négative.**

Je rentre chez moi. Je prépare quelque chose pour dîner. Quelqu'un me téléphone. Quelque chose brûle dans la cuisine. Je m'énerve. Je suis fatiguée. J'ai mal à la tête. Je me couche tard. Tout le monde me dérange. J'ai beaucoup de choses à faire. J'ai mille soucis.

Ça y est ! Je suis en vacances ! Ce soir, je ne rentre pas chez moi. Je ______

______

______

5 » **Répondez à la forme affirmative ou négative.**

1. – Il y a quelqu'un devant vous ? – ______
2. – Il y a quelque chose dans le tiroir ? – ______
3. – Il y a quelqu'un dans le couloir ? – ______
4. – Il y a quelque chose sur la table ? – ______

Je **ne** travaille **ni** le lundi **ni** le mardi.
Je **ne** travaille **que** trois jours par semaine.

■ « **NI… NI** » est la négation de deux éléments (ou plus) reliés par « **et** » :

Paul est jeune, beau et intelligent.
*Paul n'est **ni** jeune, **ni** beau, **ni** intelligent.*

- En général, l'article indéfini ou partitif disparaît après « ni » :

– Tu as un stylo et un cahier ?	*– Je n'ai **ni** stylo **ni** cahier.*
– Tu veux du thé ou du café ?	*– Je ne veux **ni** thé **ni** café.*

■ « **SANS** » est la négation de « **avec** ».

- En général, l'article indéfini ou partitif disparaît après « sans » :

Il sort avec un imperméable.	*Il sort **sans** imperméable.*
Il mange de la salade avec de l'huile.	*Il mange de la salade **sans** huile.*

- On utilise « **sans… ni** » de préférence à « sans… sans » :

*Il sort **sans** imperméable **ni** parapluie.*
*Il mange de la salade **sans** huile **ni** vinaigre.*

■ « **NE… QUE** » n'est pas une négation, mais une **restriction** :

*Julien **n'a que** cinq ans.*	= Il a seulement cinq ans.
*Je **ne** dors **que** six heures.*	= Je dors seulement six heures.

- « Ne » se place devant le verbe, « que » se déplace avec l'élément sur lequel porte la restriction :

*Ça **ne** coûte **que** dix euros.*
*Ça **ne** coûte, en ce moment, **que** dix euros.*
*Ça **ne** coûte, jusqu'à la fin du mois, **que** dix euros.*

- Sur des affiches de publicité, pour attirer l'attention, etc., on utilise souvent « que » tout seul :

– ***Que*** *10 € !*	= seulement 10 €
– ***Que*** *des affaires !*	= seulement de bonnes affaires

EXERCICES

1 **Répondez aux questions, selon le modèle.**

– Vous êtes libre mardi et jeudi ? – *Je ne suis libre ni mardi ni jeudi.*

1. – Vous travaillez le samedi et le dimanche ?
   – ______________________
2. – Vous connaissez Simon et Gérald Bruni ?
   – ______________________
3. – Vous ressemblez à votre père ou à votre mère ?
   – ______________________
4. – Vous buvez du thé ou du café, le matin ?
   – ______________________

2 **Transformez, selon le modèle.**

Avec ou sans

Avec des papiers : un travail
Avec du travail : de l'argent
Avec de l'argent : un logement
Avec un logement : des papiers

Sans papiers, pas de travail.
____
____
____

Il est difficile de vivre quand on n'a *ni papiers,* ______________________

3 **Répondez avec « ne... que », selon le modèle.**

1. – Vous travaillez seulement douze heures par semaine ? – *Oui, je ne travaille que douze heures.*
2. – Vous commencez seulement à onze heures ? – ______________________
3. – Vous avez seulement deux rendez-vous, lundi ? – ______________________
4. – Vous mangez seulement un sandwich à midi ? – ______________________
5. – Vous buvez seulement un café par jour ? – ______________________

4 **Complétez avec « ne… pas (de) », « ne… que », « sans… ni » ou « ne… ni… ni ».**

On *ne* reçoit une lettre de rappel des Télécoms *que* si on *ne* paye *pas* ses factures.

1. À cause de la grève des transports, nous ________ partons ________ mardi, ________ mercredi, nous partons seulement jeudi. – **2.** Je ne peux pas aller à la piscine : je ________ ai ________ maillot ! – **3.** L'eau est froide : elle ________ fait ________ dix-huit degrés ! – **4.** Ma cousine est strictement végétarienne, elle ________ mange ________ œufs ________ poisson : elle ________ mange ________ des légumes. – **5.** Ce pain est délicieux pour le petit déjeuner, même ________ miel ________ confiture.

35

LE DISCOURS INDIRECT au PRÉSENT

Pierre dit **qu'**il part à 5 heures. Il demande **si** on est d'accord.
Je lui demande **où** il va et **ce qu'**il va faire.

LE DISCOURS INDIRECT permet de rapporter des paroles ou des pensées.

Discours direct	Discours indirect
• Affirmation :	• + « **que** » :
Paul dit : *« Il pleut. »* Il pense : *« C'est dommage. »*	*Paul dit* ***qu'****il pleut.* *Il pense* ***que*** *c'est dommage.*
• Question simple (réponse « oui » ou « non ») :	• + « **si** » :
– Est-ce que vous sortez ? *– Il fait froid ?*	*Il demande* ***si*** *vous sortez.* *Il demande* ***s'****il fait froid.*
• Question avec interrogatif :	• + interrogatif sans inversion :
– Où allez-vous ? *– Quand partez-vous ?*	*Il demande* ***où*** *vous allez.* *Il demande* ***quand*** *vous partez.*
• **« Qu'est-ce que/qui », « Que »**	• + « **ce que** »/« **ce qui** » :
– Qu'est-ce que vous faites ? *– Qu'est-ce qui se passe ?* *– Que voulez-vous ?*	*Il demande* ***ce que*** *vous faites.* *Il demande* ***ce qui*** *se passe.* *Il demande* ***ce que*** *vous voulez.*
• Impératif :	• + « **de** » + *infinitif :*
– Partez !	*Il lui dit* ***de*** *partir.*

⚠ • Dites : *Je sais* ***ce qu'****il veut.* Ne dites pas : *Je sais ~~qu'est-ce~~ qu'il veut.*

Quand il y a plusieurs phrases, on répète les éléments de liaison :

– Je pars et j'emmène ma fille. — *Il dit* ***qu'****il part et* ***qu'****il emmène sa fille.*
– Tu es prêt ? On y va ? — *Il demande* ***si*** *tu es prêt et* ***si*** *on y va.*

Verbes utiles : « dire », « demander », « répondre », « affirmer », « déclarer », etc. :

L'accusé affirme qu'il est innocent. *Le juge déclare qu'il est coupable.*

Discours indirect au passé, p. 216

EXERCICES

1 **Mettez au discours indirect, selon le modèle.**

1. « Je suis en retard pour mon rendez-vous. Je pars tout de suite. J'emporte les dossiers. »
   – Que dit André à son ami ? – *Il lui dit qu'il est en retard à son rendez-vous, qu'il* ______________

   ____

2. « Allô, Sophie ? C'est Charlie ! Tu es libre pour le déjeuner ? Qu'est-ce que tu fais cet après-midi ? »
   – Que demande Charlie à Sophie ? – ____

   ____

3. « Mademoiselle Juliard, avez-vous une liste des hôtels du quartier ? Où se trouve Le Bristol ? Combien coûte une chambre double ? Notez toutes ces informations, s'il vous plaît. »
   – Que demande le directeur à sa secrétaire ? – ____

   ____

2 **Le facteur est à l'interphone, Mme Dubois est sourde. Elle pose des questions. Sa fille explique.**

C'est le facteur ! J'ai un paquet.	Qui est-ce ?	*C'est le facteur. Il dit qu'* __________
Je n'ai pas le code.	Qu'est-ce qu'il dit ?	______________________
Vous pouvez ouvrir la porte ?	Qu'est-ce qu'il dit ?	______________________
L'ascenseur est en panne.	Qu'est-ce qu'il dit ?	______________________
Quelqu'un peut descendre ?	Qu'est-ce qu'il dit ?	______________________

3 **Vous êtes metteur en scène. Donnez les indications aux acteurs au style indirect.**

Max : Qu'est-ce que tu fais, samedi ?	*Max demande à Léa ce qu'elle fait samedi.*
Léa : Je vais au cinéma avec Jules.	*Elle lui répond qu'elle va au cinéma avec Jules.*
Max : Tu es libre dimanche ?	______________________
Léa : Je vais écouter un concert.	______________________
Max : Où vas-tu ?	______________________
Léa : À l'église Saint-Médard.	______________________
Max : Tu y vas seule ? J'adore le piano.	______________________
Léa : Alors, viens à dix heures pile !	______________________

4 » **Imaginez, puis racontez le dialogue entre un client et le serveur d'un restaurant.**

36 LE GÉRONDIF

Je lis le journal **en buvant** du café.
J'apprends le français **en lisant**.

FORMATION : « **en** » + verbe + « **-ant** »

■ On ajoute « **-ant** » au radical de la 1re personne du pluriel du présent :

*Nous **lis**ons* → *en **lis**ant*
*Nous **mange**ons* → *en **mange**ant*
*Nous **buv**ons* → *en **buv**ant*
*Nous **fais**ons* → *en **fais**ant*

- Mais : *en étant* (« être ») *en ayant* (« avoir ») *en sachant* (« savoir »)

UTILISATION

- **Simultanéité** de deux actions réalisées par le même sujet :

  *Il travaille **en chantant**. Il lit **en marchant**.*

- **Cause, circonstance**, manière (= « comment ») :

  *Il a fait fortune **en jouant**. Je suis tombé **en skiant**.*

- **Condition** (= « si ») :

  ***En cherchant**, on trouve. **En signant**, vous acceptez.*

- « **Tout** » + gérondif insiste sur la **simultanéité** ou exprime une **opposition** :

  *Il travaille **tout en écoutant** la radio.* (simultanéité)
  *Il est malheureux, **tout en étant** très riche.* (opposition)

LE PARTICIPE PRÉSENT est un gérondif **sans** « en ».

- À l'écrit, il remplace souvent « **qui** » + verbe :

  *Les personnes **ayant** plus de 18 ans peuvent voter.*
  = qui ont

⚠ • Distinguez :

*Je pense à Max **en dansant** le tango / **dansant** le tango.*
(je danse) (Max danse)

Formation : voir Préface, p. 4

EXERCICES

1 Utilisez un gérondif, selon le modèle. (simultanéité)

1. Il téléphone et il marche en même temps. *Il téléphone en marchant.*
2. Il parle et il mange en même temps. ____________________
3. Il étudie et il écoute du rock en même temps. ____________________
4. Il téléphone et il conduit en même temps. ____________________
5. Il écrit des SMS et il boit son café en même temps. ____________________

2 Transformez en utilisant des gérondifs. (manière)

Pour progresser :
Faites des exercices ! Lisez des romans !
Parlez le plus possible ! Apprenez du vocabulaire !
Écoutez des chansons ! Écrivez des textes !

On progresse *en faisant des exercices, en* ______
____
____
____

3 Donnez les contraires, selon le modèle.

Caractères

Il parle sans pleurer.
Il discute sans s'énerver.
Il dit au revoir sans sourire.
Il part sans fermer la porte.
Il s'éloigne sans regarder derrière lui.

Elle parle en pleurant. ____________
____
____
____
____

4 Complétez avec des gérondifs de cause, de circonstance, de manière, de condition, etc.

faire ~~marcher~~ réserver appeler boire partir

1. J'ai perdu mes clés *en marchant* dans la rue.
2. Paul s'est cassé le bras ____________ du ski.
3. ____________ à 8 h, on arrivera à 10 h.
4. J'ai taché ma robe ____________ du café.
5. Vous pouvez me joindre en ____________ ce numéro.
6. On paye moins cher ______ ses billets de train très tôt.

5 Complétez avec les participes présents de « faire », « être », « avoir » ou « savoir ».

1. Toutes les personnes ________ partie du club et ________ danser le rock sont invitées à notre soirée.
2. Tous les citoyens ________ en possession d'anciens billets sont priés de les apporter à la banque.
3. Toutes les personnes ________ un billet de loterie commençant par « 32 » ont gagné 1 000 euros.

6 >> Trouvez des activités que l'on fait trop souvent en téléphonant.

On téléphone *en mangeant au restaurant, en faisant la queue au supermarché, en* ____________

37

LES PRÉPOSITIONS et LES VERBES

On commence **à** travailler à 8 h. On finit **de** travailler à 19 h.
On essaie **de** faire le maximum. On refuse **de** continuer.

Après une préposition, les verbes se mettent à l'infinitif.

LES PRÉPOSITIONS « À » et « DE » sont arbitraires.

■ Verbes courants + « **de** » :

Accepter ***de***
Arrêter ***de***
Décider ***de***
Essayer ***de***
Finir ***de***
Oublier ***de***
Refuser ***de***
Regretter ***de***
Rêver ***de***
S'arrêter ***de***
Se dépêcher ***de***
} + verbe

■ Verbes courants + « **à** » :

Apprendre ***à***
Aider qq.un ***à***
Arriver ***à***
Chercher ***à***
Commencer ***à***
Continuer ***à***
Hésiter ***à***
Inviter qq.un ***à***
Réussir ***à***
Se mettre ***à***
} + verbe

■ Après un adjectif ou un nom, on utilise souvent « de » :

Je suis | *content* ***de*** / *heureux* ***de*** / *pressé* ***de*** | + verbe

J'ai | *envie* ***de*** / *peur* ***de*** / *l'habitude* ***de*** | + verbe

- Mais : *Être prêt* ***à***
  Être habitué ***à***

- Mais : *Avoir du mal* ***à***
  Avoir tendance ***à***

■ Les verbes de « goût » et de « projet » ne sont pas suivis de préposition :

J'adore / *Je déteste* | *voyager seul.*

J'espère / *Je pense* | *partir demain.*

⚠ • Dites : *J'espère partir.* Ne dites pas : *J'espère ~~de~~ partir.*

■ La forme **infinitive** d'un verbe n'est pas précédée d'une préposition :

Marcher, courir, bouger *est bon pour la santé.*

Verbes de déplacement, p. 164

EXERCICES

1 Complétez avec « à » ou « de », selon le modèle.

1. Arrête *de* regarder la télé, et commence ________ ranger tes affaires !
2. Je finis ________ lire le courrier et je me mets ________ travailler.
3. J'ai oublié ________ payer mes impôts et j'ai peur ________ payer une amende.
4. J'accepte ________ travailler tard, mais je refuse ________ travailler le samedi.
5. Marie apprend ________ conduire ; elle a du mal ________ faire les créneaux.
6. J'ai décidé ________ reprendre mes études. Paul m'aide ________ travailler.

2 Faites des phrases, selon le modèle.
Je suis en vacances. Je suis content(e).
Je suis content(e) d'être en vacances.

1. Je suis en retard. Je suis désolé(e).
____
2. J'ai une contravention. Je suis furieux(se).
____
3. Je reçois une lettre de Bernd. Je suis surpris(e).
____
4. Je pars en voyage. Je suis heureux(se).
____
5. Je suis invité(e) chez Lucia. Je suis ravi(e).
____

3 Transformez, selon le modèle.
Mon objectif est de réussir mon examen.
Réussir est mon objectif.
J'espère réussir mon examen.

1. Mon objectif est de trouver du travail.
____
____
2. Mon objectif est de vivre un an en France.
____
____
3. Mon objectif est de perfectionner mon français.
____
____

4 Complétez avec « à » ou « de », si c'est nécessaire.

Le boulanger

Le boulanger finit *de* travailler à 6 heures, la boulangère commence ________ travailler ________ 8 heures et tous les deux sont obligés ________ travailler le samedi et le dimanche ! Ils ont envie ________ changer de métier, mais ils hésitent ________ vendre leur petit magasin. Leur fille aînée les aide parfois ________ servir les clients, mais elle rêve ________ devenir médecin et elle ne doit pas négliger ses études. Le boulanger espère ________ trouver un apprenti, mais beaucoup de jeunes refusent ________ travailler pendant le week-end. La boulangère est parfois triste ________ voir si peu son mari, mais elle adore ________ voir beaucoup de monde et elle est fière ________ vendre un bon pain artisanal.

5 >> Continuez librement. Je rêve ________________. Je commence ________________.
Je suis content(e) ________________. J'espère ________________. J'ai du mal ________________.

EXERCICES

1 **Transformez en utilisant un verbe, selon le modèle.**
Mes rêves : aller en Chine et rester un an au Tibet.
Je rêve d'aller en Chine et de rester un an au Tibet.

1. Mes décisions : faire des économies et acheter un bateau.
____
2. Mon espoir : trouver un bon travail et être vite autonome.
____
3. Mes envies : habiter à la campagne et faire de la poterie.
____
4. Mes peurs : vieillir et être seul(e).
____

2 **Complétez avec les éléments manquants, si c'est nécessaire.**

Stress

Depuis quelque temps, j'ai du mal *à* trouver un équilibre. Je n'arrive pas ________ me détendre. Je commence ________ avoir des insomnies. Mais je refuse ________ rester dans cette situation. Alors, je décide ________ changer. J'arrête ________ travailler autant. J'essaye ________ m'intéresser ________ d'autres choses. Je fais ________ musique, je joue ________ guitare et j'apprends ________ faire du parapente. Je téléphone ________ mes amis et je les invite ________ dîner de temps en temps. Je commence enfin ________ prendre du temps pour moi-même. Je réussis ________ être plus détendu. J'espère ________ continuer comme ça.

3 **Transformez selon le modèle.**
Guillaume apprend le violon. (jouer) *Guillaume apprend à jouer du violon.*

1. Il arrête le judo. (faire) _______________
2. Il finit ses devoirs. (écrire) _______________
3. Il continue ses cours de russe. (suivre) _______________
4. Il essaye le nouvel ordinateur. (se servir de) _______________
5. Il aime le jazz. (écouter) _______________

4 » **Faites des phrases avec les verbes suivants.**
commencer / finir accepter / refuser essayer / réussir adorer / détester

____
____
____

EXERCICES

1 **Complétez avec les prépositions manquantes, si c'est nécessaire.**

Stage d'informatique

Je suis très satisfait _______ mon stage d'informatique, maintenant je réussis _______ taper tout ce que je veux. Quand j'ai un problème, je téléphone _______ mon professeur qui accepte _______ me donner quelques conseils. Je continue aussi _______ travailler seul avec un manuel et j'arrive _______ comprendre l'essentiel. J'aime _______ apprendre des choses nouvelles. L'informatique, c'est comme un jeu et parfois je suis si absorbé que j'oublie _______ regarder l'heure. Mais j'ai du mal _______ travailler sur mon écran : je crois que je vais être obligé _______ porter des lunettes.

2 **Complétez avec les prépositions manquantes, si c'est nécessaire.**

Cher Julien

Je suis content _______ voir que tu commences _______ prendre tes études au sérieux. Si tu continues _______ avoir de bons résultats, je veux bien _______ t'acheter une petite voiture. J'espère _______ trouver une bonne occasion chez « Ringard », le nouveau garagiste.

Je n'en parle pas encore à ta mère : elle a peur _______ tout ce qui roule (et elle ne veut pas _______ voir son fils grandir...). Mais n'oublie pas _______ l'appeler pour la Fête des mères. Elle est si heureuse _______ avoir de tes nouvelles.

Grosses bises. Bon courage. Papa.

3 **Complétez avec les éléments manquants, si c'est nécessaire.**

Changer de vie

Selon une enquête récente de l'INSEE, près *d'*un million *de* Français ne sont pas satisfaits _______ leur emploi actuel et souhaitent _______ changer _______ cadre de vie. Ils rêvent _______ trouver une activité et un lieu de vie plus agréables. Certains hésitent _______ tout quitter, mais d'autres choisissent _______ bouleverser leurs habitudes et décident _______ partir ailleurs, souvent en fait parce qu'ils ont peur _______ perdre bientôt leur emploi ou parce qu'ils sont déjà au chômage. Alors, des informaticiens décident _______ devenir restaurateurs, des comptables, libraires ou des dentistes, menuisiers. Soit ils continuent _______ être salariés ailleurs, _______ Québec, _______ Amérique du Sud, _______ États-Unis ou _______ Australie, soit ils décident _______ créer leur propre entreprise à l'étranger. Ils essayent en tout cas _______ trouver un mode de vie qui les motive et qui leur convient.

4 **Relevez tous les verbes de l'exercice 3.**

être satisfait de, souhaiter, changer de _______________________________________

____

38 LES VERBES de DÉPLACEMENT

Je **vais** en Italie pour **voir** des amis et **visiter** la Toscane.

« ALLER », « VENIR », etc.

- « **Aller** » d'un lieu vers un autre lieu :

  ——→

  *Je **vais** à Paris.*
  (Je ne suis pas à Paris.)

- « **Venir** » d'un lieu vers le lieu où on est :

  ←——

  ***Venez** me voir à Paris !*
  (Je suis à Paris.)

- « **Retourner** » = « aller » une **nouvelle** fois :

  *Je **retourne** à Paris.*

- « **Revenir** » = « venir » une **nouvelle** fois :

  *Attendez-moi, ici, je **reviens**.*

- « **Rentrer** » = « revenir » à son **domicile** ou dans son **pays** d'origine :

  *Je **rentre** chez moi à 8 heures du soir.*
  *Les touristes **rentrent** dans leur pays à la fin des vacances.*

⚠ • « Avec moi » et « avec nous » se construisent avec « venir » :

*On **va** en Afrique et Joan **vient** avec nous.*

- Les verbes de déplacement (« aller », « venir », « monter », « passer », etc.) sont suivis d'un infinitif **sans** préposition :

  Je viens chercher Pierre. *Je descends acheter le journal.*

« ALLER VOIR » (« VENIR VOIR ») / «VISITER »

- « **Aller voir** » + personne :

  *Je **vais voir** mes parents le dimanche.*
  *Mes cousins **viennent** me **voir** souvent.*

- « **Visiter** » + lieu **touristique** :

  *Je **visite** Notre-Dame.*
  *Nous **visitons** l'église avec un guide.*

⚠ • Ne dites pas :

Je ~~visite~~ ma grand-mère. *– Est-ce que je peux ~~visiter~~ les toilettes ?*

- Dites :

  Je vais voir ma grand-mère. *– Où sont les toilettes, s'il vous plaît ?*

EXERCICES

1 **Complétez avec « aller », « venir », « retourner », « rentrer ».**

Je *vais* souvent en Bourgogne, chez des amis américains, David et Eléonore, qui vivent là-bas, dans un village minuscule. David et sa femme ________ me voir à Paris de temps en temps, mais ils ________ vite dans leur petit village, car ils ne supportent plus les grandes villes. L'été, ils ________ en Provence ou en Italie. David et Eléonore pensent ________ définitivement chez eux, aux États-Unis, après leur retraite.

2 **Complétez le dialogue avec « aller », « venir » et « revenir ».**

Tentations

– Tu ________ avec moi ou tu ________ avec Marc et Laurent ?
– Je ________ avec eux : ils ________ au cinéma, puis au bowling.
– Moi, je ________ à la mer, puis je ________ ici chercher Béa et nous ________ manger une pizza.
– Une pizza ! Oh alors, je ________ avec vous !

3 **Complétez avec « venir », « aller », « revenir », « retourner », « rentrer ».**
– Ta femme de ménage *vient* chez toi le matin ou l'après-midi ?

1. – Nous ________ aux sports d'hiver : vous voulez ________ avec nous ?
2. Les enfants français ________ à l'école le matin et ils y ________ l'après-midi.
3. – Le directeur est occupé : pouvez-vous ________ dans une heure ?
4. – Zut ! J'ai oublié le lait : je dois ________ à l'épicerie.
5. – Attends-moi ici : je ________ juste à la banque et je ________ .
6. – J'ai encore mal aux dents. Je dois ________ chez le dentiste pour la troisième fois.
7. – Il est tard, les enfants, il faut vite ________ à la maison !
8. Les touristes ________ dans leur pays à la fin des vacances.

4 **Complétez avec « voir » ou « visiter ».**

1. Quand Jacques va ________ Madeleine, il lui apporte des bonbons. – **2.** J'aime ________ les musées avec un guide. – **3.** Nous allons ________ Versailles et nous emmenons les enfants – **4.** Venez me ________ demain ! – **5.** Si vous allez ________ la Bretagne, emportez un parapluie ! **6.** Chaque fois que ma fille Zoé vient nous ________, elle amène un nouveau fiancé.

5 » **Imaginez votre programme en utilisant « visiter », « retourner » et « aller voir ».**

1. lundi : musée du Louvre
2. mardi : Juliette
3. mercredi : tante Mimi
4. jeudi : musée du Louvre
5. vendredi : musée d'Orsay
6. samedi : cathédrale de Chartres

39

LE FUTUR PROCHE

Demain,	je	**vais**	dîn**er**	au restaurant.
	tu	**vas**	rest**er**	chez toi ?
	il / elle / on	**va**	all**er**	au cinéma.
	nous	**allons**	visit**er**	une expo.
	vous	**allez**	part**ir**	en week-end ?
	ils / elles	**vont**	fin**ir**	leur travail.

UTILISATION

- Sans précision de temps, le futur proche indique un événement **immédiat** :

  *– Vite : le train **va partir** !*
  *– Regarde : il **va pleuvoir** !*
  *– Attention : tu **vas tomber** !*

- Avec une précision de temps, il indique un futur plus ou moins **lointain** :

  *Je vais partir **en septembre**.*
  *Je vais rester **six ou sept ans** en France.*

FORMATION : « **aller** » au présent + **infinitif**

*Je **vais** part**ir**.* *Tu **vas** déjeun**er** ?* *Nous **allons** déménag**er**.*

⚠ • Pour le futur proche d'« **aller** », on utilise deux fois le verbe « aller » :

*Je **vais aller** en Grèce.* *Nous **allons aller** en Espagne.*

QUELQUES EXPRESSIONS de TEMPS

présent :	*Aujourd'hui*	*Cette semaine*	*Ce mois-ci*	*Cette année*
futur :	***Demain***	***La semaine prochaine***	***Le mois prochain***	***L'année prochaine***

Futur simple, p. 224

EXERCICES

1 **Complétez le texte en utilisant le futur proche, selon le modèle.**
En général, je rentre assez tard le soir. *Ce soir, je vais rentrer* plus tôt.

1. D'habitude, je pars du bureau à 19 heures. ______________________________ à 18 heures.
2. D'habitude, je regarde un film. ______________________________ la finale de foot.
3. En général, je dîne chez moi. ______________________________ chez Jo.
4. D'habitude, je mange des légumes bouillis. ______________________________ une pizza surgelée.
5. D'habitude, je bois de l'eau. ______________________________ de la bière.

2 **Complétez les phrases avec le futur proche.**
Ce mois-ci, je travaille à Paris. *Le mois prochain, je vais travailler* à Lyon.

1. Cette année, nous passons nos vacances en Corse.
______________________________ en Croatie.
2. Cette semaine, mes parents visitent Londres.
______________________________ Amsterdam.
3. Aujourd'hui, Paul range ses lettres et ses papiers.
______________________________ ses livres et ses revues.
4. Ce mois-ci, je vais au théâtre.
______________________________ à l'Opéra.
5. Cette semaine, il fait froid.
______________________________ beau.

3 **Complétez avec les verbes manquants.**
pleuvoir fermer ~~partir~~ grossir décoller tomber commencer brûler

1. – Dépêche-toi le train *va partir !*
2. – Prends un parapluie : il ______________ !
3. – Il est 7 h 25 : les magasins ______________
4. – Entrez vite : le spectacle ______________ !
5. – Attachez vos ceintures : nous ______________ !
6. – Ne cours pas si vite ! Tu ______________ !
7. – Éteins le four : le gâteau ______________ !
8. – Tu manges trop : tu ______________

4 >> **Imaginez ce que vous allez faire en fin de journée.**

EXERCICES

1 **Décrivez les activités de M. Blanchot, au futur proche.**

Lundi
9 h/12 h
Préparation voyage Londres
13 h
Déjeuner M. Reiser
« La Bonne Assiette »
Discuter dossier Samson's
15 h
Départ aéroport Roissy
16 h 45
Arrivée Londres

– Que va faire M. Blanchot lundi ?
– *De neuf heures à midi, il va préparer son voyage à Londres.*

Mardi
8 h 30/13 h
Visite usine Samson's
Banque Piksow
13 h
Déjeuner M. Shark
Signature nouveaux contrats
17 h/20 h
Étude dossier Europa
20 h
Dîner Mme Rover

– Quel est le programme de mardi ?

Mercredi
7 h
(Taxi)
8 h 15
Départ avion Paris
....

– Décrivez la matinée de mercredi.

2 **Vous êtes Monsieur Shark, donnez votre agenda de la semaine prochaine.**

Lundi, *je vais aller à Boston* ______
Mardi, ______
Mercredi, ______

EXERCICES

1 **Faites des phrases, selon le modèle.**

Faire des courses/inviter des amis

Annie *va faire des courses parce qu'elle va inviter des amis.*

1. Économiser de l'argent/partir six mois en Chine
   Mon frère ______________________________
2. Faire beaucoup d'exercices/passer un examen
   Les étudiants ______________________________
3. Prendre un congé sabbatique/écrire un livre
   Notre professeur ______________________________
4. Déménager/avoir un troisième enfant
   Les voisins ______________________________

2 **Transformez en utilisant le futur proche, selon le modèle.**

avoir mal au ventre	~~prendre sa retraite~~	avoir un bébé
pleuvoir	rater le dernier métro	rentrer à l'école

1. Mon frère a soixante-deux ans, *il va prendre sa retraite* dans deux mois.
2. Le temps est très nuageux, il ______________________ avant la fin de la journée.
3. Les enfants mangent trop de chocolat : ils ______________________ , cette nuit.
4. Marie est enceinte de 8 mois : elle ______________________ en janvier.
5. – Ton fils a déjà trois ans ? – Oui, il ______________________ en septembre.
6. Dépêchons-nous : nous ______________________ . Il est minuit et demie !

3 » **Complétez librement, au futur proche.**

Nos amis vont acheter une Peugeot. Leurs parents *vont acheter une Renault.*

1. Tu vas aller au cinéma ce soir. Ton frère ______________________
2. Mon père va boire un double whisky. Ma mère ______________________
3. Je vais partir en vacances en août. Mes enfants ______________________
4. Ma fille va partir en Angleterre. Vos enfants ______________________
5. Les enfants vont manger du poulet. Ma femme et moi, nous ______________________

4 » **Répondez librement.**

– Qu'est-ce que vous allez manger ce soir ?
– Quels vêtements allez-vous mettre demain?
– Qu'est-ce que vous allez faire samedi prochain ?
– À quelle heure allez-vous dîner ?
– Quel temps va-t-il faire, à votre avis ?
– Avec qui allez-vous sortir ?

LE FUTUR PROCHE, LE PRONOM et L'ADVERBE

Ce soir, je vais **me** coucher tôt.
Je vais **bien** dormir.

LA PLACE DU PRONOM COMPLÉMENT

- Le pronom complément se place **devant** l'infinitif :

  Je vais ***les*** ***inviter****.*
  Je vais ***leur*** ***téléphoner****.*
  Je vais ***me*** ***préparer****.*

- Le futur proche de « il y a » est « il va y avoir » :

  Il va y avoir *du brouillard demain.*
  Il va y avoir *des embouteillages.*

LA PLACE DE L'ADVERBE

- Les adverbes de **quantité** et de **qualité** se placent **entre** les deux verbes :

  Je vais ***beaucoup*** *travailler.*
  Je vais ***bien*** *dormir.*

- Les adverbes de **lieu** et de **temps** et beaucoup d'adverbes en « -ment » se placent en général **après** le verbe à l'infinitif :

  – Tu vas dîner ***dehors*** *?*
  – Vous allez rentrer ***tard*** *?*
  – Il va conduire ***prudemment****.*

■ Les règles précédentes fonctionnent avec toutes les constructions infinitives :

Je voudrais ***les*** *inviter.*
Ils peuvent ***en*** *manger.*
Vous devez ***beaucoup*** *travailler.*
Nous pensons dîner ***tôt****.*
Il faut conduire ***lentement****.*

EXERCICES

1 **Répondez aux questions au futur proche en utilisant un pronom, selon le modèle.**

1. – Vous allez inviter **les voisins**, samedi prochain ? – *Oui, je vais les inviter.*
2. – Vous allez regarder **le match** à la télé ? – ______
3. – Vous allez arroser **les fleurs** ? – ______
4. – Vous allez ranger **vos papiers** ? – ______
5. – Vous allez écrire **à votre mère** ? – ______
6. – Vous allez téléphoner **à vos amis** ? – ______

2 **Répondez aux questions en utilisant un pronom.**

Ingrid

En général, je me lève à 7 heures. Je vais au bureau à pied. D'abord, je lis rapidement le courrier, puis je téléphone aux clients. Je dicte des lettres à ma secrétaire. À midi, je vais à la piscine avec Rachel. À 14 heures, je mange une pomme et je bois deux cafés. Vers 15 heures, je rencontre les fournisseurs et je paye les factures. À 18 heures, je dis au revoir à mes collègues et je pars. En rentrant, j'achète deux baguettes. Je dîne à 20 heures. Après le dîner, je téléphone à ma fille. Je me couche tôt.

1. Demain, Ingrid va se lever tard ? *Non, elle va se lever à 7 heures.*
2. Ingrid va aller au bureau en métro ? ______
3. Elle va téléphoner aux clients l'après-midi ? ______
4. Elle va aller à la piscine seule ? ______
5. Elle va rencontrer les fournisseurs à quelle heure ? ______
6. Elle va acheter une ou deux baguettes ? ______
7. Elle va téléphoner à sa fille avant le dîner ? ______
8. Elle va se coucher tard ? ______

3 » **Donnez le programme de la fête du village, selon le modèle.**

15 août : bal en plein air
16 août : concours de boules
17 août : spectacle de variétés
18 août : dîner champêtre
19 août : spectacle de magie
20 août : feu d'artifice

Le 15 août, il va y avoir un bal en plein air ______

4 » **Répondez oralement en utilisant « bien », « mal », « beaucoup », « lentement ».**

1. – Vous allez manger dans un restaurant trois étoiles ? – Oui, on *va bien manger !*
2. – Tu sais comment va finir le film ? – Oui, malheureusement, ça ______
3. – Vous allez dormir pendant les vacances ? – Oui, je ______
4. – Vous allez conduire, malgré le verglas ? – Oui, mais nous ______
5. – D'après la météo, il va pleuvoir ? – Oui, il ______

LE FUTUR PROCHE, LA NÉGATION et L'INTERROGATION

– **Est-ce que** vous allez changer d'appartement ?
– Non, nous **n'**allons **pas** déménager.

LA PLACE DE LA NÉGATION

- La négation se place **avant** et **après** le verbe conjugué :

	ne		***pas***	*sortir.*
Je	***ne***	*vais*	***plus***	*le voir.*
	ne		***rien***	*lui dire.*

- « **Personne** » et « **aucun** » se placent après l'infinitif :

*Je **ne** vais inviter **personne**.*
*Je **ne** vais accepter **aucune** invitation.*

- Le pronom se place devant l'infinitif :

*Je ne vais pas **les** inviter.*

L'INTERROGATION

- On utilise l'intonation montante ou « **est-ce que** » en début de phrase :

– Vous allez prendre des vacances ?
*– **Est-ce que** vous allez partir en Autriche ?*

- On inverse le verbe et le pronom :

*– Allez-**vous** partir le matin ?*
*– Allez-**vous** prendre l'avion ?*

- Avec les noms, on utilise un pronom de rappel :

*– Vos parents vont-**ils** partir avec vous ?*
*– Jean va-**t-il** vous accompagner ?* (+ « -t- » entre deux voyelles)

Les règles précédentes fonctionnent avec toutes les constructions infinitives :

*Je **ne** veux **pas** travailler.*
*Je **ne** peux **pas** accepter.*
*Je **ne** pense **pas** revenir.*

*– Pensez-**vous** revenir ?*
*– Jean pense-**t-il** revenir ?*

EXERCICES

1 **Mettez à la forme négative, selon le modèle.**

Ne me quitte pas

Je vais pleurer !
Je vais crier !
Je vais tomber malade !
Je vais craquer !
Je vais tout casser !

Reste ! *Je ne vais pas pleurer...*
______
______
______
______

2 **Posez la question en utilisant la forme négative, selon le modèle.**

1. rester à Paris – *Est-ce que vous allez rester à Paris*, cet été ?
– *Non, je ne vais pas rester à Paris*, je vais aller en Italie.
2. partir en train – ______ ?
– ______, je vais partir en voiture.
3. passer par les Alpes – ______ ?
– ______, je vais passer par la Côte d'Azur.
4. dormir à Nice – ______ ?
– ______, je vais dormir à Menton.
5. rentrer en août – ______ ?
– ______, je vais rentrer en septembre.

3 **Complétez selon le modèle en utilisant des pronoms compléments.**
~~rater~~ perdre mordre abîmer punir

1. – Le bus arrive ! Courez, sinon *vous allez le rater !* – Mais non, on *ne va pas le rater.*
2. – Arrête d'agacer le chien, sinon, il ______ – Mais non, il ______
3. – Ne prête pas tes DVD aux enfants : ils ______ – Mais non, ils ______
4. – Attache ton écharpe : tu ______ – Mais non, je ______
5. – Tu as eu zéro à ta dictée ! Tes parents ______ – Mais non, ils ______

4 **Répondez à la forme négative.**

1. – Vous allez repeindre votre appartement ? – ______
2. – Vous pensez regarder le match de boxe ce soir ? – ______
3. – Vous allez téléphoner à Paul ? – ______
4. – Vous allez inviter vos voisins ce soir ? – ______
5. – Voulez-vous refaire les exercices ? – ______

40 LE PASSÉ COMPOSÉ

On utilise le passé composé pour raconter des événements au passé.
Formation : auxiliaire « **être** » ou « **avoir** » au présent + **participe passé**.

*Hier, j'**ai dîné** à huit heures et je **suis allé** au cinéma.*

LE PASSÉ COMPOSÉ avec « AVOIR »

Hier,	j'	**ai**	**mangé**	au restaurant.
	tu	**as**	**mangé**	chez toi.
	il / elle / on	**a**	**mangé**	à midi et demi.
	nous	**avons**	**mangé**	ensemble.
	vous	**avez**	**mangé**	tard.
	ils / elles	**ont**	**mangé**	avec des amis.

■ **Verbes en « -er »** : le participe passé se forme sur le **radical** de l'infinitif + « **é** ».

Mang-er — *J'ai mang-**é***
Regard-er — *J'ai regard-**é***

• Le participe passé ne s'accorde pas avec le sujet du verbe « avoir » :

Il a mangé un gâteau.
Ils ont mangé un gâteau.

■ Le passé composé de la **majorité des verbes** se forme avec « avoir » :

*J'**ai** mangé. J'**ai** bu. J'**ai** dormi.*

• Le passé composé de « être » et « avoir » se forme aussi avec « avoir » :

*J'**ai été** malade. J'**ai eu** mal à la gorge.*

QUELQUES EXPRESSIONS de TEMPS

présent :	*Aujourd'hui*	*Cette semaine*	*Ce mois-ci*	*Cette année*
passé :	***Hier***	***La semaine dernière***	***Le mois dernier***	***L'année dernière***

Tableau des participes passés, p. 178

EXERCICES

1 **Répondez aux questions, selon le modèle.**

– En général, vous déjeunez à la cafétéria ou chez vous ?

– *En général, je déjeune à la cafétéria, mais hier, j'ai déjeuné chez moi.*

1. – D'habitude, vous mangez de la viande ou du poisson à midi ?
   – ______________________________
2. – En général, vous dînez chez vous ou au restaurant ?
   – ______________________________
3. – D'habitude, vous travaillez sept ou huit heures par jour ?
   – ______________________________
4. – En général, vous commencez à 8 heures ou à 9 heures ?
   – ______________________________
5. – D'habitude, vous terminez à 6 heures ou à 7 heures ?
   – ______________________________

2 **Répondez aux questions, selon le modèle.**

Vacances en Espagne

– Vous avez passé vos vacances en Espagne ?	– *Oui, j'ai passé mes vacances en Espagne.*
– Vous avez emmené vos enfants ?	– ______________
– Vous avez visité l'Andalousie ?	– ______________
– Vous avez écouté du flamenco ?	– ______________
– Vous avez filmé une corrida ?	– ______________
– Vous avez mangé des « tapas » ?	– ______________
– Vous avez rapporté des souvenirs ?	– ______________

3 **Transformez.**

– N'acceptez pas leur proposition !

– Trop tard : *j'ai accepté !*

– Ne signez pas !

– Trop tard : ______________ !

– Ne refusez pas notre offre !

– Trop tard : ______________ !

– Ne démissionnez pas !

– Trop tard : ______________ !

4 » **Dites dans l'ordre chronologique ce que vous avez fait hier.**

payer   acheter des légumes   préparer le repas   dîner   retirer de l'argent   laver la vaisselle

Hier, j'ai retiré de l'argent, ______________________________

____

EXERCICES

1 **Mettez les phrases au passé composé, en changeant les expressions de temps.**

Aujourd'hui, il neige sur toute la France.

Hier, il a neigé sur toute la France.

1. Ce soir, un journaliste interviewe le président de la République.
____
2. Chaque année, la consommation d'énergie augmente.
____
3. Toutes les semaines, *L'Express* publie un reportage intéressant.
____
4. Tous les mardis, nous mangeons du poisson frais.
____
5. Chaque mois, mon mari arrête de fumer (pendant deux jours…).
____
6. Chaque année, je joue au casino et je gagne un peu d'argent.
____
7. Tous les soirs, nous regardons le journal télévisé et nous parlons de politique.
____
8. Tous les mercredis, Daniel et Mina préparent un plat exotique et invitent des amis.
____

2 **Trouvez les verbes manquants. Faites l'élision, si c'est nécessaire.**

1. Hier matin, j'*ai écouté* la radio.
2. À midi, vous _______________ un sandwich ?
3. La semaine dernière, je _______________ mes impôts.
4. Avant-hier, mes amis _______________ le Louvre.
5. Paul _______________ 1 000 € au Loto.
6. Hier, tu _______________ la télévision ?
7. Mardi dernier, nous _______________ aux échecs.
8. Hier soir, on _______________ de la musique.
9. Pour ma fête, je _______________ des amis.
10. Tu _______________ des légumes au marché ?

3 » **Faites des phrases au passé composé en donnant des précisions (quoi, où, quand, qui, etc.).**

~~déjeuner/manger~~	acheter/payer	jouer/gagner	inviter/parler
commencer/terminer	déjeuner/dîner	rencontrer/parler	écouter/télécharger

Hier, j'ai déjeuné chez moi et j'ai mangé des pâtes.

____
____
____
____

EXERCICES

1 **M. Pascal a quitté son travail et sa famille sans explication. Un policier enquête.**

M. Pascal

À 8 h, M. Pascal embrasse sa femme et il accompagne ses enfants à l'école.
À 8 h 30, il retire un sac du pressing. Il paye en liquide.
À 9 h, il achète *Le Figaro* à la papeterie. Il bavarde avec Mme Rolin, la vendeuse.
Ils parlent du temps. Quand Mme Rolin parle de la crise économique, M. Pascal a l'air bizarre. Il quitte le magasin et il traverse la rue sans regarder.

Rapport d'enquête

Hier matin, à 8 heures, M. Pascal a embrassé / il a accompagné / il a retiré / il a payé / Il a acheté / Il a bavardé / Ils ont parlé / Mme. Rolin a parlé / M. Pascal a / Il a quitté il a traversé.

2 **Mettez au futur proche, puis au passé composé.**

Aujourd'hui, j'achète de la viande pour dîner.
Demain, je vais acheter du poisson. Hier, j'ai acheté du poulet.

1. Aujourd'hui, j'invite Julien chez moi.
2. Ce soir, nous regardons une émission scientifique à la télé.
3. Cette année, Jean-Louis visite l'Écosse.
4. Cette semaine, je garde les enfants de ma fille.
5. Ce mois-ci, vous travaillez avec des étudiants anglais.

3 **Mettez au passé composé et au futur proche, en précisant librement les compléments.**

manger	*Hier, j'ai mangé des fraises.*	*Demain, je vais manger du melon.*
inviter		
visiter		
regarder		
écouter		
ranger		
travailler		

LE PARTICIPE PASSÉ

J'ai **dîné.** J'ai **mis** un disque. J'ai **bu** un verre.

Phonétiquement, on peut regrouper les participes passés les plus courants de la manière suivante :

PARTICIPES EN « É »			
Manger	***mangé***	Tous les verbes en « **-er** »	
Regarder	***regardé***		
PARTICIPES EN « U »		**PARTICIPES EN « I »**	
Lire	***lu***	Finir	***fini***
Voir	***vu***	Grandir	***grandi***
Boire	***bu***	Choisir	***choisi***
Entendre	***entendu***	Prendre	***pris***
Attendre	***attendu***	Apprendre	***appris***
Répondre	***répondu***	Comprendre	***compris***
Perdre	***perdu***	Mettre	***mis***
Vouloir	***voulu***	Dire	***dit***
Devoir	***dû***	Écrire	***écrit***
Pouvoir	***pu***	Conduire	***conduit***
Savoir	***su***		
Croire	***cru***		
Falloir	***fallu***	**AUTRES CAS**	
Courir	***couru***	Faire	***fait***
Connaître	***connu***	Être	***été***
Disparaître	***disparu***	Avoir	***eu***
Plaire	***plu***	Ouvrir	***ouvert***
Pleuvoir	***plu***	Découvrir	***découvert***
Recevoir	***reçu***	Offrir	***offert***
Venir	***venu***	Souffrir	***souffert***
Vivre	***vécu***	Peindre	***peint***
		Craindre	***craint***

Participes passés avec « être », p. 182

EXERCICES

1 **Mettez les phrases au passé composé.**

Je mange un croissant et je bois un café. *J'ai mangé un croissant et j'ai bu un café.*

1. Georges achète le journal et il prend l'autobus.
George à acheté le journal et il a pris l'autobus
2. Marie met un imperméable et elle prend un parapluie.
à mis, elle à pris.
3. Nous buvons un café et nous mangeons un croissant.
Nous avons bu, nous avons mangé.
4. Vous lisez le journal et vous voyez une annonce intéressante.
Vous avez lu, vous avez vu.
5. Julie écrit à sa mère et elle poste la lettre.
Julie à écrit / elle a posté.
6. Tu finis ton travail et tu écris à tes amis.
Tu as fini, tu as écrit.
7. Nous perdons nos clés et nous devons appeler les pompiers.
Nous avons perdu, nous avons du.
8. Il y a une grève des transports et je dois rentrer à pied.
A eu, j'ai du.

2 **Complétez, selon le modèle.**

En général, je bois une tisane le soir, mais hier soir, *j'ai bu un double whisky.*

1. Chaque mois, je reçois une ou deux cartes postales, mais la semaine dernière, j'ai reçu huit lettres !
2. D'habitude, je bois deux cafés par jour, pas plus, mais hier, j'ai bu au moins cinq cafés.
3. En général, je lis un roman par mois, mais le mois dernier, j'ai lu trois romans et deux pièces de théâtre.
4. Le matin, j'attends le bus cinq minutes environ, mais hier matin, j'attendu plus de trente minutes.
5. En général, je perds trois parapluies par hiver, mais l'hiver dernier, j'ai perdu au moins dix parapluies.

3 **Mettez au passé composé.**

Ta lettre

Ouvrir une lettre et avoir un choc
Boire de l'alcool et avoir mal à la tête
Prendre sa voiture et conduire dans la nuit
Brûler un feu rouge et être arrêté par la police
Plaire au gendarme et payer une légère amende

J'ai ouvert un lettre et j'ai
j'ai bu / j'ai pris / j'ai conduit
j'ai brûlé / j'ai été. ai plu / j'ai payé.

EXERCICES

1 Complétez les phrases avec les verbes manquants au passé composé.

~~répondre~~ grandir traduire choisir pleuvoir découvrir

1. Vos parents vous ont écrit. Vous *avez répondu* à leurs lettres ?
2. Tous les pantalons de mon fils sont trop courts ; il ________ de 10 centimètres en 2 mois.
3. Charles est un grand traducteur : il ________ presque tout Shakespeare.
4. Christophe Colomb ________ l'Amérique en 1492.
5. J'ai longtemps hésité entre la robe rouge et la robe bleue, et finalement je ________ la bleue.
6. La campagne est verte cette année : il ________ trois mois sans interruption !

2 Mettez le texte au passé composé.

Deux jeunes gens veulent partir faire des fouilles archéologiques dans le désert. Ils doivent faire une demande spéciale. Finalement, ils peuvent partir grâce à un ami de leurs parents. Ils croient être assez résistants pour travailler un mois. En fait, il faut les rapatrier au bout d'une semaine.

____

____

3 Mettez au passé composé.

« La vie sans Rose »

Je vois le temps par la fenêtre
(un ciel gris vraiment morose).

J'ai du mal à me lever
(à cause de mon arthrose).

J'entends le chien aboyer
(pour réclamer son « Dogdose »)

Je reçois un peu de courrier
(mais pas de lettre de Rose).

Je lis le programme télé
(comme toujours, pas grand-chose)

Je bois un peu de rosé et

je vois des éléphants roses !

4 Mettez au passé composé.

Le chevalier ouvre le coffre. Il découvre un manteau brodé d'or. Il offre le manteau à la reine.
Il lui couvre tendrement les épaules. Il souffre en silence, il ouvre la porte et il disparaît à jamais.

____

____

EXERCICES

1 Complétez avec les verbes manquants, selon le modèle.

Une soirée bon marché

Hier soir, *j'ai mis* un gros pull, mis mon parapluie et mit l'autobus pour aller au cinéma. Dans une épicerie, mit un paquet de biscuits et une bouteille de Coca. mis le Coca en marchant et mit les biscuits dans la queue du cinéma. mis dix minutes pour dîner et mit quatre euros. Dans la même soirée, mit deux films : un film anglais et un film polonais. À minuit, mis un taxi, mit seulement huit euros. Finalement, mis une bonne soirée, pas très chère…

2 Mettez les phrases au passé composé, selon le modèle.

Passer un examen/réussir avec mention
Prendre le métro/revoir un vieil ami
Vivre en Norvège/découvrir des endroits magiques
Conduire dans la nuit/mettre de la musique
Suivre un régime/perdre 10 kg
Manger des huîtres/être malade

J'ai passé un examen et réussir avec mention.

3 Transformez le sondage selon le modèle.

1. Manger du caviar : 35 %

Trente-cinq pour cent des Français ont mangé du caviar au moins une fois dans leur vie.

2. Participer à une manifestation de rue : 32 %

trente-deux

3. Prendre des médicaments pour dormir : 30 %

trente

4. Gagner à un jeu national (Loterie, Tac-o-Tac) : 21 %

deux et un

5. Faire une dépression nerveuse : 18 %

18

6. Consulter une voyante : 15 %

cinquante

7. Faire un chèque sans provision : 13 %

treize

8. Chanter dans un Karaoké : 3 %

trois

4 >> Lesquelles des expériences citées ci-dessus avez-vous faites une fois au moins dans votre vie ?

LE PASSÉ COMPOSÉ avec « ÊTRE » (verbes de déplacement)

Hier,	je	**suis**	**parti**(e)	tard.
	tu	**es**	**arrivé**(e)	tôt.
	il elle on	**est**	**venu**(e)(s)	à cinq heures.
	nous	**sommes**	**monté**(e)**s**	au troisième étage.
	vous	**êtes**	**descendu**(e)(s)	au sous-sol.
	ils elles	**sont**	**allé**(e)**s**	au cinéma.

■ Les verbes du type « **ARRIVER** »/« **PARTIR** » se construisent avec « **être** » :

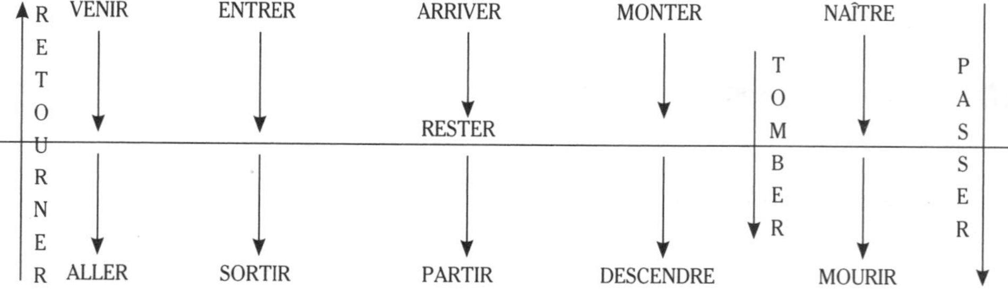

- **Participes passés**

  allé/venu *entré/sorti* *arrivé/parti* *monté/descendu/tombé*
  né/mort *resté* *passé* *retourné*

(+ composés : *revenu, devenu, reparti, rentré,* etc.)

- Ces 14 verbes, souvent symétriques, indiquent un **changement** de lieu :

  *L'homme **est entré**, puis il **est sorti**.*

⚠ • « **Rester** » s'utilise avec « être » (= déplacement zéro) :

  *Je **suis** resté à l'hôtel* signifie : Je ne suis pas sorti.

- Les verbes indiquant la manière de se déplacer s'utilisent avec « **avoir** » :

  *J'**ai** marché, j'**ai** couru, j'**ai** sauté, j'**ai** dansé, etc.*

- Le **participe passé** s'accorde, comme un adjectif, avec le **sujet** :

  ***Elle** est restée chez elle. **Ils** sont allé**s** au restaurant.*

Passé composé avec « avoir », p. 174 et 178

EXERCICES

1 Répondez selon le modèle.

– Vous êtes venu(e) ici en métro, hier ? – *Oui, hier, je suis venu(e) ici en métro.*

1. – Vous êtes venu(e) en taxi, la première fois ? – oui, hier, je suis venue en taxi....
2. – Vous êtes allé(e) à l'hôtel à pied, hier soir ? – oui, hier, je suis allée à l'hôtel...
3. – Vous êtes passé(e) par le centre-ville ? – oui, hier, je suis passée par le centre-ville
4. – Vous êtes arrivé(e) avant six heures ? – oui, hier, je suis arrivée ...
5. – Vous êtes ressorti(e) une heure plus tard ? – oui, hier, je suis ressortie...

2 Complétez librement au passé composé.

L'ascenseur est **monté** au 6e étage et *il est descendu au 3e.*

1. L'avion est **arrivé** à 15 heures et il est parti à 16 heures.
2. Les touristes sont **montés** sur la tour Eiffel en ascenseur et ils sont descendus
3. Les étudiants sont **entrés** dans la classe à 9 heures et ils sont sortis.
4. Mes amis sont **venus** chez moi, puis ils sont restés à la maison.
5. John F. Kennedy est **né** en 1917 et il est mort en 1964.

3 Racontez les événements de la journée d'hier, selon le modèle.

Faits divers

Un avion arrive à Orly. 1.
Un bébé naît dans une maternité. 1.
Une cigogne passe dans le ciel gris.
Jean arrive des États-Unis. 3.
Des enfants vont au bord de la mer. 2.
Deux voleurs entrent dans un appartement. 4.
Un homme d'État meurt dans son lit.
Un grand écrivain rentre dans son pays.
Jean monte dans un taxi.
Une femme sort sous la pluie.
Un homme tombe amoureux. 5.
Jean rentre chez lui.

Un avion est arrivé à Orly.

4 Imaginez les déplacements d'un chat.

à la cave dans la cour sur le toit par la fenêtre dans la chambre dans la rue sous le portail

Mon chat est arrivé dans la chambre. est parti dans la rue. Il est allé à la cave. Il est descendu par la fenêtre. Il est resté dans la cour. Il est sorti sous le portail. Il est venu sur le toit.

EXERCICES

1 Complétez, selon le modèle.

Mon grand-père

Mon grand-père *est né* en Provence. Il ______ toute sa vie en Provence et il ______ à 102 ans dans son village natal. On dit, dans la famille, que s'il ______ si vieux, c'est parce qu'il n' ______ jamais ______ dans les affaires du village : il est vrai que tous ses amis, qui ______ assez jeunes, ______ un jour ou l'autre maires ou conseillers municipaux. Ma grand-mère et mon grand-père ______ à l'écart du monde. Ils ______ du village seulement pour aller voir leurs enfants : ils ______ chez nous (à 30 km !) pour notre mariage et ils ______ chez ma sœur quand son bébé ______ . La dernière fois que nous ______ les voir, les enfants et mon grand-père ______ au grenier et ils ______ chargés de vieux atlas entièrement annotés : mon grand-père n' ______ jamais ______ de sa Provence, mais il ______ partout avec son imagination.

naître
rester
mourir
devenir
intervenir
mourir
devenir
rester
sortir
venir
aller
naître
aller
monter
redescendre
sortir
aller

2 Racontez votre dernier week-end.

Week-end à Rome

Je pars de Paris le samedi à 11 heures et j'arrive à Rome vers 13 heures. Je passe à l'hôtel Arenula
______
pour laisser mes bagages et je vais au Capitole. Je reste sur les escaliers de la place Michel-Ange
______
jusqu'à 16 heures. Ensuite, je vais sur l'île Tibérine : je passe par le « ghetto », puis je monte sur le
______
Janicule pour voir le coucher de soleil. Le soir, je retourne à l'hôtel pour me
______
changer, puis je sors pour aller dîner dans le quartier du Panthéon. Ensuite,
______
je vais manger une glace sur la place Navona. Je rentre à l'hôtel vers minuit.
______
Le dimanche, je reste toute la journée au soleil à la Villa Borghese. Je rentre
______
à pied à l'hôtel. Je pars de Rome à 18 heures et j'arrive à Paris à 20 heures.
______

EXERCICES

1 Complétez librement au passé composé.

En général, le matin, nous allons à l'école, mais hier, *nous sommes allés au cinéma.*

1. D'habitude, nous arrivons avant neuf heures,
   mais hier, ______________________________
2. Le soir, nous rentrons à pied,
   mais hier, ______________________________
3. Le vendredi, nous sortons à six heures,
   mais vendredi dernier, ______________________________
4. Le lundi, nous restons jusqu'à sept heures trente,
   mais lundi dernier, ______________________________
5. Le dimanche, nous allons à la campagne,
   mais dimanche dernier, ______________________________

2 Complétez le texte, puis répondez aux questions.

M. Müller raconte

C'est la deuxième fois que nous venons à Paris. La première fois, nous ______________ pour notre voyage de noces en décembre 1975. Nous ______________ dans un très bel hôtel, près de la place des Vosges. Naturellement, le premier jour, nous ______________ sur la tour Eiffel ; le deuxième jour, nous ______________ à Versailles et le troisième jour, nous ______________ au Louvre. Nous ______________ tous les soirs pendant quinze jours, mais les deux derniers jours, nous ______________ au lit, grippés, épuisés et sans un sou…

1. En quelle année M. et Mme Müller sont-ils venus à Paris ? ______________
2. Est-ce qu'ils sont venus à Paris pour leur travail ? ______________
3. Est-ce qu'ils sont allés dans un petit hôtel bon marché ? ______________
4. Où sont-ils allés le premier jour ? ______________
5. Est-ce qu'ils sont sortis tous les soirs ? ______________
6. Est-ce qu'ils sont sortis les deux derniers jours ? ______________

3 » Racontez vos dernières vacances. Où êtes-vous allé(e) ? Comment êtes-vous parti(e) ? Combien de temps êtes-vous resté(e) ?

Je suis allée en Floride pour visite mes parents,
~~et~~ je suis allée
____

LES VERBES PRONOMINAUX

Elle **s'est levée** tôt. Il **s'est dépêché**.
Ils **se sont rencontrés** dans l'ascenseur.

■ Les verbes **réfléchis** et **réciproques** se construisent avec **« être »** :

Je	***me***	***suis***	*levé(e) tôt.*
Tu	***t'***	***es***	*couché(e) tard.*
Il / Elle / On	***s'***	***est***	*douché(e)(s).*
Nous	***nous***	***sommes***	*promené(e)s.*
Vous	***vous***	***êtes***	*assis(e)(s).*
Ils / Elles	***se***	***sont***	*embrassé(e)s*

■ En général, le **participe passé** s'accorde (comme un adjectif) avec le **sujet** :

*__Il__ s'est couch**é** tôt.*
*__Elle__ s'est couch**ée** tard.*
*__Ils__ se sont endorm**is** tout de suite.*

« ÊTRE » ou « AVOIR » ?

■ Les verbes de type « arriver/partir », habituellement utilisés avec « être », se construisent avec **« avoir »** quand ils ont un complément d'**objet direct** :

• Sans complément d'objet direct
→ « être »

*Il **est** sorti dans la rue.*
*Nous **sommes** rentrés tôt.*
*Ils **sont** passés devant la banque.*
*Elle **est** descendue à la cave.*
*Je **suis** monté à pied.*
*Je **suis** retourné au bureau.*

• Avec complément d'objet direct
→ « avoir »

*Il **a** sorti le chien.*
*Nous **avons** rentré la voiture.*
*Ils **ont** passé de bonnes vacances.*
*Elle **a** descendu la poubelle.*
*J'**ai** monté l'escalier.*
*J'**ai** retourné le matelas.*

Accord des participes passés, p. 190

EXERCICES

1 **Répondez aux questions, selon le modèle.**

– Vous vous êtes levé(e) tôt ce matin ? – Oui, *je me suis levée tôt ce matin.*

1. – Vous vous êtes couché(e) tard hier soir ? oui, je me suis couchée...
2. – Vous vous êtes reposé(e) dimanche dernier? oui, je me suis reposée...
3. – Vous vous êtes promené(e) dans les rues ? oui, je me suis promenée...
4. – Vous vous êtes assis(e) dans les jardins? oui, je me suis assie
5. – Vous vous êtes arrêté(e) devant les vitrines? oui, je me suis arrêtée...

2 **Complétez le dialogue, selon le modèle.**

– Ma fille s'est levée à midi. – Nos enfants *se sont levés à midi, eux aussi !*

1. – Mon fils s'est bien amusé au cirque. – Ma fille s'est bien amusé au cirque.
2. – Mes amis se sont ennuyés au théâtre. – Ma femme s'sont ennuyés au théâtre
3. – Je me suis dépêché pour arriver à l'heure. – Je me suis dépêché pour arriver à l'heure
4. – On s'est couchés tard hier soir. – Nous nous sommes couchés tard hier soir.

3 **Répondez en utilisant des pronominaux réciproques, selon le modèle.**

1. – Quand avez-vous connu vos amis espagnols ? (1990, Barcelone)

   – *Nous nous sommes connus en 1990, à Barcelone.*

2. – Où avez-vous rencontré votre femme ? (plage de Saint-Tropez, hiver)

   – ______________________

3. – Où vous êtes-vous mariés ? (église de la Madeleine, printemps)

   – ______________________

4. – Quand avez-vous connu Arthur ? (1981, concert des Clash)

   – ______________________

5. – Quand vous êtes-vous revus ? (2007, concert des Rita Mitsuko)

   – ______________________

4 » **Énumérez vos activités de ce matin**

Je me suis réveillé(e) à 7 h, puis je me brosse ma dents.

5 » **Racontez au passé en utilisant les verbes pronominaux ci-dessous.**

Une bagarre : se disputer, s'insulter, se battre, se réconcilier, se serrer la main.

Les deux hommes se sont se disputer.

EXERCICES

1 **Complétez avec « être » ou « avoir » et les formes pronominales, si c'est nécessaire.**

Confusion

Hier matin, Paula *s'est* levée très tôt. Elle ________ monté les escaliers en vitesse. Elle ________ arrêtée au bar pour prendre un café. Quand elle ________ sorti son portefeuille pour payer, une photo ________ tombée par terre. Un garçon brun ________ ramassé la photo. Il ________ regardé Paula et il ________ souri. Ils ________ commencé à bavarder et ils ________ passé toute la matinée ensemble. Paula ________ tout oublié ce jour-là. C'est à dix heures du soir qu'elle ________ souvenue de son rendez-vous chez le dentiste.

2 **De votre fenêtre, vous observez l'immeuble d'en face. Racontez au passé composé.**

Scène de ménage

Un homme et une femme sortent d'une voiture blanche. Ils entrent dans l'immeuble d'en face. Ils montent

Un homme et une femme sont sortis ________________________________

au 5e en ascenseur. Ils vont quelques minutes dans le salon. Ensuite, ils vont dans la cuisine. L'homme

____

se lave les mains, mais aïe, aïe, aïe ! il se trompe de robinet. Il se brûle. Il se met en colère. La femme se

____

précipite, sa robe s'accroche à la table. La table se renverse. Les verres et les assiettes tombent par terre

____

et se cassent. L'homme se fâche. La femme se met à pleurer. Ils se disputent. Ils se battent. Alors, furieux,

____

l'homme part dans sa chambre. Il s'enferme. Il se déshabille. Il se met au lit. La femme reste longtemps à la

____

fenêtre. Puis elle sort. Elle descend au 4e. Elle s'arrête devant une porte. Elle entre. Elle se jette

____

dans les bras d'une femme plus âgée. Plus tard, elle se couche sur le divan du salon et elle s'endort. Le matin,

____

elle sort, elle va au café du coin. Son mari et elle se rencontrent dans la rue. Ils se regardent et ils s'embrassent.

____

3 **Mettez au passé composé avec « être » ou « avoir ».**

1. Il descend à pied. ________________

2. Il passe une mauvaise nuit. ________________

3. Elle descend la rue. ________________

4. Elle passe devant le bar. ________________

5. Ils rentrent chez eux. ________________

6. Ils se recouchent. ________________

EXERCICES

1 **Mettez au passé composé avec « être » ou « avoir ».**

1. (sortir) – Paul ________________ le chien ? – Oui, il ________________ avec Pif !
2. (monter) – Vous ________ sur la tour Eiffel ? – Oui, et nous ____________ les escaliers à pied !
3. (passer) Briget __________ à la banque et elle ___________ l'après-midi dans les boutiques.

2 **Complétez avec « être » ou « avoir ».**

Les techniciens

Les techniciens *ont* examiné la turbine. Ils ______ démonté tous les éléments. Ils ______ allés contrôler la chaudière. Ils ______ passé plusieurs heures au sous-sol. Ils ______ restés très tard à l'usine. L'ingénieur en chef ______ arrivé dans la soirée. Il ______ posé beaucoup de questions. Il ______ contrôlé la pression de la machine. Tous les employés ______ partis à vingt heures. Les techniciens ______ retournés à l'usine le lendemain matin.

3 **Complétez avec « être » ou « avoir ».**

À Lisbonne

Bernard et moi, nous *sommes* arrivés à Lisbonne le jour de la fête de la Saint-Jean. Nous nous ______ promenés dans le quartier de l'Alfama. Nous nous ______ assis sur les escaliers au milieu des enfants et nous ______ mangé des sardines grillées. Je ______ réussi à dire quelques mots de portugais. Les enfants se ______ moqués de moi gentiment et nous ______ devenus amis. Un orchestre ______ commencé à jouer et tout le monde ______ dansé. Nous ______ chanté et nous nous ______ amusés comme des fous. Bernard ______ bu beaucoup de porto et moi, je ______ dansé toute la nuit. Le lendemain, nous ______ dû aller à la pharmacie pour acheter de l'aspirine (pour sa migraine) et du sparadrap (pour mes pieds).

4 **Les années 60. Mettez au passé composé.**

1960 John Kennedy devient président des États-Unis.
1961 Le Mur de Berlin est construit en une nuit.
1962 Marilyn Monroe se suicide.
1963 Le président Kennedy est assassiné.
1967 Les colonels prennent le pouvoir en Grèce.
1968 En France, les étudiants manifestent et les ouvriers font la grève.
1969 Neil Armstrong marche sur la Lune !

En 1960, ____

____

5 » @ **Énumérez quelques grands événements du siècle dernier.**

____

L'ACCORD des PARTICIPES PASSÉS

Marie est sorti**e**. Elle s'est promené**e**.
Elle a acheté des fleurs. Elle les a mis**es** dans un vase bleu.

■ AVEC « ÊTRE », le participe passé **s'accorde** avec le **sujet** :

Il est parti.	*Elle est parti**e**.*
*Ils sont parti**s**.*	*Elles sont parti**es**.*
Il s'est couché.	*Elle s'est couché**e**.*
*Ils se sont rencontré**s**.*	*Elles se sont rencontré**es**.*

⚠ • Le participe passé **ne s'accorde pas** :

– quand le verbe se construit avec « **à** » :

*Ils se sont parl**é**.*	parler **à** qn
*Ils se sont téléphon**é**.*	téléphoner **à** qn

– quand le verbe est suivi d'un **complément d'objet direct** :

*Elle s'est lavé**e**.*	*Elle s'est lav**é** les mains.*
*Elle s'est coupé**e**.*	*Elle s'est coup**é** le doigt.*

– dans les constructions avec « **faire** » :

*Elle s'est **fait** mal.*	*Elle s'est **fait** opérer.*

■ AVEC « AVOIR », le participe **ne s'accorde pas** avec le sujet :

*Il a mang**é**. Elle a mang**é**. Ils ont mang**é**.*

⚠ • Le participe **s'accorde** avec le complément d'**objet direct** s'il est placé **avant**, c'est-à-dire quand on connaît son genre et son nombre.

• **Je n'accorde pas**
(Je ne connais ni le genre ni le nombre du complément **avant** de former le participe.)

*J'ai achet**é** des fleurs.*
*J'ai invit**é** les voisins.*

• **J'accorde**
(Je connais le genre et le nombre du complément **avant** de former le participe.)

*Regarde les fleurs que j'ai achet**ées**.*
*Je **les** ai invité**s** hier.*

♪ • On entend l'accord féminin des participes en « -t » et « -s » :

*J'ai ouvert la porte. Je l'ai ouver**te**.*
*La robe que j'ai mi**se** est froissée.*

Passif, p. 204

EXERCICES

1 Accordez si c'est nécessaire.

Confidences

Hier soir, Marie est all________ au cinéma avec son amie Julia. Elles sont rentr________ à neuf heures pour dîner. Ensuite, elles sont mont________ dans la chambre et elles se sont enferm________ pour se raconter des secrets. Elles se sont endor-m________ tard et, ce matin, elles sont rest________ au lit jusqu'à onze heures.

2 Accordez si c'est nécessaire.

Love story

Paul et Marie se sont rencontr________ dans la queue du cinéma. Ils se sont regard________ et ils se sont sour________. Ils se sont retrouv________ à la sortie : ils se sont parl________ et ils se sont promen________ toute la soirée. Ils se sont rev________ le lendemain et, depuis, ils ne se sont plus quitt________ !

3 Mettez les terminaisons manquantes.

Grandir

Anna est tomb________ dans l'escalier. Elle s'est cass________ la jambe et elle est all________ à l'hôpital. Pendant sa convalescence, ses enfants se sont débrouill________ tout seuls ; ils se sont lev________ tôt, ils se sont lav________ les cheveux, ils se sont prépar________ pour aller à l'école et ils se sont occup________ de la maison : en un mois, ils sont deven________ complètement autonomes !

4 Mettez les terminaisons manquantes.

1. Dimanche dernier, nous nous sommes promen________ dans les bois et nous avons ramass________ des champignons. Mais les champignons que nous avons ramass________ étaient vénéneux et nous les avons jet________ .

2. Ma sœur a organis________ une fête et elle a invit________ des amis. Les garçons qu'elle a invit________ étaient sympathiques, mais les filles qui sont ven________ étaient désagréables. Elles ont tout critiqu________ et elles sont rest________ toute la soirée dans leur coin.

3. Les enfants sont rest________ sous la pluie pendant une heure et ils ont attrap________ un rhume. Je les ai soign________ à ma manière : je leur ai donn________ un bain chaud, je les ai frott________ avec de l'eau de Cologne, je leur ai donn________ une tisane et je les ai envoy________ au lit tout de suite.

4. Quand j'ai trouv________ dans ce petit magasin les disques de Murolo que je cherchais depuis des années, j'étais si contente que je les ai tous achet________ . Je les ai enregistr________ et je les ai écout________ toute le soirée. Les chansons que j'ai enregistr________ sont une pure merveille.

5. Isabelle et sa sœur se sont inscri________ à un cours de dessin. Le professeur a beaucoup aimé les peintures qu'elles ont fai________ . Il les a mi________ sur le mur et le journal de l'école les a reprodui________ .

LE PASSÉ COMPOSÉ, LE PRONOM et L'ADVERBE

Hier, je **me** suis disputée avec Paul. Je **lui** ai rendu ses lettres.
J'ai **beaucoup** pleuré et j'ai **mal** dormi.

■ LA PLACE du PRONOM COMPLÉMENT

- Au passé composé, le pronom complément se place **devant** le verbe « être » ou « avoir » :

	les	*a invités.*
	leur	*a téléphoné.*
Elle	***s'***	*est préparée.*
	en	*a acheté.*
	y	*est allée.*

- On accorde le participe passé avec le pronom complément d'objet direct :

  Elle ***les*** *a vu****s****.* *Elle* ***les*** *a cherché****s****.*

- Jamais d'accord avec le pronom « **en** ».

  *Quand j'ai vu ces belles roses, je les ai achetées. J'****en*** *ai acheté quatre.*

⚠ • Dans les constructions infinitives, le pronom se place devant l'infinitif.

Dites :

J'ai voulu ***les*** *inviter.*

Ne dites pas :

Je ~~les ai~~ voulu inviter.

■ LA PLACE de L'ADVERBE

- Les adverbes de **quantité** et de **qualité** se placent **entre** l'auxiliaire et le participe passé :

	beaucoup	
Elle a	***très peu***	*dormi.*
	mal	

- Les adverbes de **lieu** et de **temps** se placent en général **après** le verbe :

	dehors *?*
– Vous avez dîné	***tard*** *?*
	tôt *?*

Accord des participes passés, p. 190

EXERCICES

1 **Posez les questions et répondez avec des pronoms, selon le modèle.**

Balade en Bourgogne	
Téléphoner à Pierre	– *Vous avez téléphoné à Pierre ? – Oui, je lui ai téléphoné.*
Aller en Bourgogne	– ________________
Boire du vin rouge	– ________________
Parler aux viticulteurs	– ________________
Acheter du vin	– ________________

2 **Complétez en utilisant des pronoms.**

1. (manger) J'ai acheté des pêches *et je les ai mangées.*
2. (inviter) J'ai rencontré des amis ________________
3. (offrir) J'ai acheté des fleurs ________________
4. (trouver) J'ai cherché mes lunettes ________________
5. (mettre) J'ai acheté une robe et ________________

3 **Répondez en utilisant des pronoms.**

1. – Vous avez pris vos clés ?
   – *Oui, je les ai prises.*
   – Où les avez-vous mises ?
   – *Je les ai mises dans mon sac.*

2. – Vous avez écrit vos lettres ?
   – ________________
   – Quand les avez-vous postées ?
   – ________________

3. – Vous avez parlé aux voisins ?
   – ________________
   – Quand les avez-vous vus ?
   – ________________

4 **Mettez au passé composé en changeant les adverbes.**

1. Tu joues mal aux cartes, mais hier soir, *tu as bien joué.*
2. Paul boit peu en général, mais hier soir, ________________
3. Je dors bien en hiver, mais hier soir, ________________
4. Marie mange très peu, mais hier soir, ________________
5. Ce pianiste joue bien, mais hier soir, ________________

5 **Répondez en utilisant un adverbe, selon le modèle.**

1. – Votre chiffre d'affaire a augmenté ? (beaucoup) – *Oui, il a beaucoup augmenté.*
2. – La situation s'est améliorée ? (bien) – ________________
3. – Le personnel s'est investi ? (beaucoup) – ________________
4. – Les consommateurs ont réagi ? (bien) – ________________
5. – Les prix ont augmenté ? (un peu) – ________________

LE PASSÉ COMPOSÉ, LA NÉGATION et L'INTERROGATION

– **Est-ce que** vous avez travaillé hier ? **Êtes-vous** allé au bureau ?
– Non, je **n'**ai **pas** travaillé. Je **ne** suis **pas** sorti de la journée.

LA PLACE de la NÉGATION

- La négation se place **avant** et **après** l'auxiliaire « être » ou « avoir » :

Je	***ne***	*suis*	***pas***	*sorti.*
	n'	*ai*	***rien***	*fait.*
	n'	*ai*	***jamais***	*revu Paul.*
	n'	*ai*	***plus***	*eu de ses nouvelles.*

- « **Personne** » se place toujours en fin de phrase :

*Je **n'**ai vu **personne**.*
*Je **n'**ai parlé à **personne**.*

- La négation se place avant et après le bloc pronom-auxiliaire :

*Je **ne** les ai **pas** invités.* *Elle **ne** lui a **pas** téléphoné.*

L'INTERROGATION

- On utilise l'intonation montante ou « **est-ce que** » :

– Vous êtes sorti hier ?
*– **Est-ce que** vous êtes allé au cinéma ?*

- On inverse l'auxiliaire et le pronom :

*– Avez-**vous** aimé le film ?*
*– Êtes-**vous** rentré en taxi ?*

- Avec les **noms**, on utilise un pronom de rappel :

*Marie est-**elle** arrivée ?*
*Les enfants ont-**ils** bien dormi ?*

*Le client **a-t-il** téléphoné ?*
*Marie **a-t-elle** laissé un message ?*

♪ • (On insère un « t » de liaison entre deux voyelles)

EXERCICES

1 **Répondez à la forme négative.**

– Êtes-vous allé au cinéma samedi dernier ? – *Non, je ne suis pas allé au cinéma.*

1. – Êtes-vous allé à la campagne ? – __________
2. – Êtes-vous monté sur la tour Eiffel ? – __________
3. – Avez-vous dîné au restaurant ? – __________
4. – Avez-vous invité vos amis ? – __________
5. – Avez-vous révisé vos leçons ? – __________

2 **Donnez un avis opposé, à la forme négative.**

Au théâtre	
Ma femme a aimé.	*Moi, je n'ai pas aimé.*
Elle a ri.	__________
Elle a pleuré.	__________
Elle a crié.	__________
Elle a applaudi.	__________

3 **Répondez en utilisant la négation et les pronoms, et en faisant les accords si c'est nécessaire.**

1. – Vous avez retrouvé vos clés ? – *Non, je ne les ai pas retrouvées.*
2. – Vous avez fini vos exercices ? – __________
3. – Vous avez fait votre valise ? – __________
4. – Vous avez pris vos affaires ? – __________
5. – Vous avez payé vos impôts ? – __________

4 **Posez les questions, selon le modèle.** » **Interrogez des amis sur leurs dernières vacances.**

1. – *Où êtes-vous allés pour les vacances ?*	– Nous sommes allés en Russie.
2. – __________	– Nous y sommes restés deux semaines.
3. – __________	– Nous sommes allés à l'hôtel Kalinka.
4. – __________	– Nous avons visité Saint-Pétersbourg, Kiev et Moscou.
5. – __________	– Nous sommes partis le 15 juillet.
6. – __________	– Nous avons dépensé deux mille euros.
7. – __________	– Nous sommes rentrés samedi.

5 **Répondez négativement.**

Vous avez mangé quelque chose à onze heures ? Vous avez bu quelque chose ? Vous avez rencontré quelqu'un ? Vous avez fait quelque chose le week-end dernier? Vous avez invité quelqu'un?

EXERCICES

1 Complétez le dialogue en utilisant la forme négative et un pronom.

– Je n'ai pas vu le dernier film de Li Wang. – *Ah bon, vous ne l'avez pas vu !*

1. – Aline n'a pas répondu à Juliette. – ______
2. – Je n'ai pas reconnu Carla dans la rue. – ______
3. – Antoine n'a pas acheté de pain. – ______
4. – Les enfants ne sont pas allés à l'école. – ______
5. – Nous n'avons pas mangé de gâteau. – ______

2 Complétez les dialogues en utilisant des pronoms.

1. (laisser dehors)
   – Le vélo de Paul est tout rouillé.
   – Il *l'a sûrement laissé dehors.*
   – Oui, *il a dû le laisser dehors.*

2. (oublier au bureau)
   – Je ne trouve plus mes lunettes.
   – Tu ______
   – Oui, ______

3. (noter quelque part)
   – Je ne trouve plus l'adresse de Paul.
   – Tu ______
   – Oui, ______

4. (laver à l'eau chaude)
   – La robe de Marie a rétréci.
   – Elle ______
   – Oui, ______

3 Complétez en utilisant « en » et le passé composé.

Aujourd'hui, je ne mets qu'un sucre dans mon café, mais *hier, j'en ai mis trois.*

1. Ce matin, je ne mange qu'un croissant, mais ______
2. Cette semaine, je n'ai que deux rendez-vous, mais ______
3. Ce mois-ci, je ne reçois que deux magazines, mais ______
4. Aujourd'hui, je ne bois qu'un café, mais ______
5. Cette semaine, je n'ai que vingt heures de cours, mais ______

4 Mettez au passé composé avec les pronoms et les adverbes.

1. Marie met trop de vinaigre dans la salade et, hier encore, *elle en a trop mis.*
2. Tu parles mal à ta mère et, ce matin encore, ______
3. La secrétaire renseigne mal les clients et hier, de nouveau, ______
4. Peter parle beaucoup à ma femme, et hier, comme d'habitude, ______
5. Tu mets trop de rouge à lèvres et, hier encore, ______

EXERCICES

1 Mettez les verbes au passé composé.

1. avoir/rester — Marta ____________ un bébé et elle ____________ trois jours à l'hôpital.
2. se perdre/marcher — Les randonneurs ____________ et ils ____________ longtemps dans la forêt.
3. manger/être — Nous ____________ beaucoup de cerises et nous ____________ malades.
4. se tromper/devoir — Je ____________ dans mon calcul et je ____________ tout recommencer.
5. devoir/sortir — Marie est malade : elle ________ prendre froid quand elle ________ sans veste.

2 Mettez les auxiliaires manquants.

Une vie de chien

Nous *sommes* allés dans les bois, nous nous ________ promenés et nous ________ ramassé des champignons rouges avec des points blancs. Quand nous ________ rentrés, ma mère ________ jeté les champignons à la poubelle. Le chien ________ renversé la poubelle, il ________ mangé les champignons et il ________ resté cinq minutes complètement immobile. Nous ________ eu très peur et nous ________ observé son comportement toute la journée. Notre petit chien ________ aboyé un peu plus fort, il ________ sauté un peu plus haut, il ________ couru un peu plus vite, il ________ monté et il ________ descendu les escaliers au moins cent fois, mais il ________ vécu sa vie de chien, sans problèmes...

3 Mettez les terminaisons manquantes.

Le directeur : Vous avez tap________ toutes les lettres que je vous ai dict________ ?

La secrétaire : Oui, je les ai pos________ sur votre bureau.

Le directeur : Vous êtes descend________ chercher les nouvelles affiches ?

La secrétaire : Quand le gardien est mont________, il les a apport________.

Le directeur : Vous les avez mi________ dans mon bureau ?

La secrétaire : J'en ai mi________ une dans votre bureau et j'en ai pos________ deux dans l'entrée.

4 Faites des dialogues, selon le modèle.

1. (grèves) – L'année dernière, *il y a eu des grèves ?* (une dizaine) – *Oui, il y en a eu une dizaine.*
2. (tempêtes) – L'année dernière, ____________________ (deux) – ____________________
3. (inondations) – Le mois dernier, ____________________ (plusieurs) – ____________________

5 Mettez au passé composé négatif.

1. D'habitude, le bus passe à 7 h, mais il est 8 h et ____________________
2. En général, les employés arrivent à 9 h, mais il est 10 h et ____________________
3. D'habitude, le gardien m'apporte le courrier à 8 h, mais il est 10 h et ____________________

41 LE TEMPS (3)

Je suis arrivé en France **il y a** deux ans. Je partirai **dans** six mois.
Je connais Max **depuis** 1999. J'ai travaillé avec lui **pendant** un an.

L'ORIGINE et LA DURÉE

■ « **IL Y A** » : moment du passé.

Je suis arrivé ***il y a*** *six mois.*
Le film a commencé ***il y a*** *une heure.*

■ « **DANS** » : moment du futur.

Je partirai ***dans*** *deux ans.*
Le film finira ***dans*** *une heure.*

■ « **DEPUIS** » : **durée** qui continue de l'origine jusqu'au présent :

J'étudie le français ***depuis*** *trois ans.*
Je vis à Rome ***depuis*** *deux ans.*

- En début de phrase, on utilise « **il y a... que** » ou « **ça fait... que** » :

Ça fait ***deux ans*** *que* ***j'habite à Rome****.*
Il y a *deux ans* ***que*** *j'ai déménagé.*

■ « **POUR** » : durée **prévue**.

Je suis à Paris ***pour*** *deux ans.*
J'ai loué un appartement ***pour*** *six mois.*

Passé	Présent	Futur
il y a →	| →	*dans*
	depuis | *pour*	

- « En avoir pour » estime la durée d'une action :
  – Tu as bientôt fini ? – Oui, ***j'en ai pour*** *5 minutes.*

■ « **PENDANT** » : durée **finie** (avec un début et une fin précise).

Il a plu ***pendant*** *huit jours.*
J'ai dormi ***pendant*** *dix heures.*

■ « **EN** » : **quantité** de temps nécessaire pour faire quelque chose.

Je fais le ménage ***en*** *dix minutes.*
J'ai repeint la cuisine ***en*** *2 jours.*

⚠ • Distinguez : *On doit finir* ***en*** *trois jours.* = temps de réalisation
On doit finir ***dans*** *trois jours.* = date future

La durée au présent, p. 80

EXERCICES

1 **Complétez avec « il y a » ou « dans ».**

1. Les travaux ont commencé *il y a* trois mois et ils seront finis *dans* deux semaines
2. J'ai acheté ma voiture __________ 4 ans et je pense la revendre __________ un an.
3. Lucie présentera __________ deux mois la thèse qu'elle a commencée __________ un an.

2 **Complétez avec « depuis » ou « il y a ».**

1. – Vous conduisez *depuis* longtemps ?
   – J'ai passé le permis *il y a* 2 ans.
2. – Vous êtes marié __________ vingt-huit ans !
   – Oui, j'ai connu ma femme __________ trente ans.
3. J'ai créé ma société __________ 15 ans. Max travaille avec moi __________ 8 ans.

3 **Complétez avec « dans » ou « en ».**

1. L'avion part *dans* dix minutes. Je suis fatigué : sept voyages *en* un mois, c'est trop.
2. Mozart a écrit 626 œuvres __________ trente ans et on les écoutera encore __________ cent ans.
3. La réunion va avoir lieu __________ une semaine. Je dois résumer notre stratégie __________ trois mots.
4. Je dois me préparer __________ 5 minutes et sauter dans un taxi. Le train part __________ vingt minutes...

4 **Complétez avec « pendant » ou « en ».**

1. (1887-1889) La tour Eiffel a été en travaux *pendant deux ans.* Elle a été construite *en deux ans.*
2. (1990-1993) Max a habité en Russie __________ Il est devenu bilingue __________
3. (mars-avril) J'ai été malade __________ J'ai lu quinze romans __________
4. (midi-minuit) J'ai travaillé __________ J'ai écrit 20 pages __________

5 **Complétez avec « depuis », « il y a », « pendant », « pour », « en », « dans ».**

1. J'ai travaillé à Bruxelles __________ trois ans, de 2006 à 2009. – **2**. Je suis allé à Rome __________ deux ans. – **3**. On se reverra __________ un mois. – **4**. Le docteur m'a donné un traitement homéopathique __________ six mois, jusqu'à Noël. – **5**. J'ai étudié le latin __________ cinq ans. – **6**. Je n'ai pris que dix jours de congé __________ un an. – **7**. J'ai loué un studio __________ un an à partir de demain. – **8**. Il a plu __________ deux jours, sans interruption. – **9**. Je me suis inscrit __________ quatre semaines dans une école de langue où je parlerai français tous les jours __________ quatre heures. – **10**. Max m'a dit : « Attends-moi ici, j'en ai __________ dix minutes, et je l'ai attendu __________ une heure et demie ! »

6 » **Complétez avec « depuis », « pendant », « il y a », « en », « pour », « dans ».**
Donnez des exemples personnels.

J'ai la même montre __________ six ans.
Cette nuit, j'ai dormi __________ neuf heures.
Mon cours commence __________ deux heures.
J'ai acheté ce livre __________ deux mois.
J'ai fait l'exercice n° 5 __________ deux minutes.
J'ai un bail de location __________ trois ans.

LA CHRONOLOGIE

PAR RAPPORT au PRÉSENT

Avant-hier	**Hier**	**Aujourd'hui**	**Demain**	Après-demain
matin après-midi soir	matin après-midi soir	**Ce** matin **Cet** après-midi **Ce** soir	matin après-midi soir	matin après-midi soir
La semaine d'avant	La semaine **dernière**	**Cette** semaine	La semaine **prochaine**	La semaine d'après
Le mois d'avant	Le mois **dernier**	**Ce** mois-ci	Le mois **prochain**	Le mois d'après
L'année d'avant	L'année **dernière**	**Cette** année	L'année **prochaine**	L'année d'après

PAR RAPPORT au PASSÉ ou au FUTUR

Deux jours avant	**La veille**	**Ce jour-là** **Ce** matin-**là** **Cet** après-midi-**là** **Ce** soir-**là**	**Le lendemain**	Deux jours après
Deux semaines avant	La semaine **d'avant**	**Cette** semaine-**là**	La semaine **d'après**	Deux semaines après
Deux mois avant	Le mois **d'avant**	**Ce** mois-**là**	Le mois **d'après**	Deux mois après
Deux ans avant	L'année **d'avant**	**Cette** année-**là**	L'année **d'après**	Deux ans après

- En langage formel et à l'écrit, on utilise :

« précédent(e) » *« suivant(e) »* *« plus tôt »* *« plus tard »*	de préférence à	*« d'avant »* *« d'après »* *« avant »* *« après »*

« -ci » et « -là », p. 40

EXERCICES

1 **Complétez avec « hier », « demain », « ce jour-là », « le lendemain » ou « la veille ».**

1. Aujourd'hui, les enfants peuvent se coucher tard : il n'y a pas d'école *demain*.
2. Nous sommes le 20 mars : ________________ , c'est le printemps !
3. Je me suis marié le 13 juin et ________________ , le 14, nous sommes partis en Grèce.
4. Ce soir, nous restons à la maison, mais ________________ , nous sommes allés au cinéma.
5. Je ne révise pas ________________ d'un examen, je me couche tôt.
6. Je vais avoir quarante ans le 10 janvier : ________________ , je ferai une grande fête.
7. J'ai rencontré ma femme le 14 juillet 1981 : ________________ , tout le monde dansait dans la rue.

2 **Complétez la chronologie en utilisant « matin » et « année ».**

1. *Hier matin,* je suis allée à la bibliothèque.
________________, je travaille chez moi.
________________, j'irai chez le coiffeur.

2. *L'année dernière,* j'ai visité la Norvège.
________________, je visite la France.
________________, je visiterai l'Italie.

3 **Complétez avec « depuis », « pour », « pendant ».**

Chère Julie

Je cherche à te joindre ________ trois jours sans succès. Ma société m'envoie au Japon ________ six mois, jusqu'en février. J'étudie le japonais ________ plus de trois mois (hier j'ai parlé japonais ________ six heures !). J'ai trouvé un sous-locataire ________ cinq mois, à partir du 1er septembre, mais je suis inquiète ________ les quinze jours qui viennent : qui va s'occuper de mes plantes ? Elles ont de l'eau ________ huit jours, mais après ? Est-ce que tu peux passer les arroser ? Tu as les clés, mais attention, nous avons un nouveau code ________ deux jours : c'est le 867BA. Ce matin, ________ plus d'une heure, j'ai appelé tous les copains, mais ils sont tous en vacances ! C'est pour ça que je t'envoie ce mail. Je pense que tu me comprendras (on est copines ________ si longtemps !) Réponds-moi vite ! Bisous ! Aglaé

4 **Complétez avec les expressions de temps manquantes.**

1. Mathilde a étudié le russe à l'école ________ cinq ans. Elle travaille ________ un an dans une compagnie franco-russe. Elle part demain en Russie ________ trois mois. En septembre, elle va travailler à Moscou, et le mois ________, en octobre, elle va aller à Kiev. – **2.** Louis travaille ________ quarante ans et il va prendre sa retraite ________ deux ans. L'année ________ (c'est-à-dire ________ trois ans), il va déménager à la campagne où il construit lui-même sa maison ________ cinq ans. – **3.** Jean a la même voiture ________ trois ans. Comme il l'a achetée ________ trois ans, il va devoir passer un contrôle technique ________ un an. Sa voiture est en excellent état : il a fait 50 000 kilomètres ________ trois ans, et il n'a jamais eu de problème.

5 » **Parlez de vos études, de votre travail, de vos projets avec les expressions de temps étudiées.**

LA SUCCESSION

Après avoir passé ma licence, j'ai vécu un an en Californie.
Avant de partir, je ne parlais pas anglais.

Les adverbes « **avant** » et « **après** » permettent de marquer une succession d'événements.

■ « APRÈS » + INFINITIF PASSÉ s'utilise quand le sujet des deux verbes est identique.

- Infinitif passé = « être » ou « avoir » à l'infinitif + participé passé :

  J'ai dîné et je suis sorti.
  ***Après avoir dîné**, je suis sorti.*

  Je suis allé au cinéma, puis je suis allé au restaurant.
  ***Après être allé** au cinéma, je suis allé au restaurant.*

- Les pronoms compléments se placent devant l'infinitif :

  Je me suis douché et je suis sorti.
  *Après **m'**être douché, je suis sorti.*

  Paul s'est couché et il a lu.
  *Après **s'**être couché, il a lu.*

- Le participe passé suit la règle des accords :

  *Après s'être douché**e**, Marie est sortie.*
  *Après s'être disputé**s**, les voisins se sont réconciliés.*

■ « AVANT DE » + INFINITIF s'utilise quand le sujet des deux verbes est identique :

J'ai dîné et je suis sorti.
***Avant de** sortir, j'ai dîné.*

J'ai pris le petit déjeuner et je me suis douché.
***Avant de** me doucher, j'ai pris le petit déjeuner.*

Accord des participes passés, p. 190

EXERCICES

1 Complétez le texte, selon le modèle

Après *être* rentré chez moi, j'*ai* commencé à faire la cuisine. Après ________ retiré le poisson du réfrigérateur, je l'________ mis dans une marinade. Après ________ mis l'eau à bouillir, je ________ coupé les légumes en petits morceaux pour la soupe. Après ________ mis le poisson dans le four, je ________ allé dans le salon. Après ________ reposé quelques minutes, je ________ préparé la table pour le dîner.

2 Transformez avec l'infinitif passé.

Les voyages de Christophe Colomb

En 1492, Christophe Colomb part des Canaries.	Il est nommé amiral en 1495.
Il voyage trente-cinq jours sans voir la terre.	Il repart et il découvre les Petites Antilles.
Il découvre San Salvador.	Il retourne en Espagne.
Il arrive à Cuba et il colonise l'île.	En 1498, il organise une troisième expédition.
Il rentre en Espagne.	En 1506, il meurt dans la misère.

Après être parti des Canaries, Christophe Colomb a voyagé trente-cinq jours. Après avoir voyagé ____

____

____

3 Transformez avec l'infinitif passé.

Il a fini son travail. Il a bu un porto. Il s'est changé. Il est allé au cinéma. Il s'est promené.
Il a mangé un steak-frites. Il s'est douché. Il a lu un magazine. Il s'est endormi.

Après avoir fini son travail, il a bu un porto. Après ______________________________

____

____

4 Refaites l'exercice dans l'autre sens, en utilisant « avant de ».

Avant de s'endormir, ______________________________

____

5 >> Complétez selon le modèle. Trouvez la suite (plusieurs possibilités).

sortir   manger   se coucher   prendre une décision   traverser   quitter la pièce

1. Il fait froid : couvre-toi *avant de sortir.*
2. Lave-toi les mains ______________________
3. Regarde à droite et à gauche ______________________
4. Lave-toi les dents ______________________
5. Éteins la lumière ______________________
6. Réfléchis ______________________

42 LE PASSIF

Le directeur **a convoqué** les employés.
Les employés **ont été** convoqués **par** le directeur.

UTILISATION

- On utilise le passif quand on met l'accent sur l'**objet** du verbe au lieu du sujet :

  John Baird a inventé la télévision.
  *La télévision **a été inventée** par John Baird.*

- On peut mettre l'accent sur l'**événement**, sans mentionner le sujet de l'action :

  *Le président Kennedy **a été assassiné**.*

- On utilise surtout le passif pour les inventions, les lois et les événements subis :

  *Un vaccin **a été découvert**.*
  *Une loi **a été votée**.*
  *Un homme **a été agressé**.*
  ***J'ai été opéré/trahi/décoré**.*

- Dans les autres cas, on utilise de préférence la forme impersonnelle avec « on » :

  ***On** m'a envoyé en mission.* (= J'ai été envoyé en mission.)

FORMATION : « être » + participe passé + « par » + sujet de l'action

*Les enfants **sont vaccinés** à l'école*
*Les enfants **ont été vaccinés** à l'école* *(**par** un médecin scolaire).*
*Les enfants **seront vaccinés** à l'école*

- Le participe passé s'accorde toujours avec le sujet :

  *Les salles ont été repeint**es**. Les moquettes ont été chang**ées**.*

⚠ • On évite la forme passive quand le sujet de l'action est un pronom.

Dites :

J'ai fait ce dessin.

Ne dites pas :

~~*Ce dessin a été fait par moi*~~.

- « **De** » remplace « par » avec les verbes « **aimer** », « **connaître** », « **respecter** » :

  *Cette personne est aimée **de** tous, connue **de** tous, respectée **de** tous.*

EXERCICES

1 **Mettez les phrases au passif, selon le modèle.**

~~Graham Bell~~ Fleming James Cameron Gutenberg Saint-Exupéry

1. Qui a inventé le téléphone ? – *Le téléphone a été inventé par Graham Bell.*
2. Qui a réalisé le film *Titanic* ? – ______
3. Qui a écrit *Le Petit Prince* ? – ______
4. Qui a découvert la pénicilline? – ______
5. Qui a inventé l'imprimerie? – ______

2 **Complétez à la forme passive.**
~~annuler~~ avertir reporter envoyer

La réunion *a été annulée.*
La date ______
Nos clients ______
Un courrier ______

3 **Complétez à la forme passive.**
arracher ~~inonder~~ évacuer couper

Des maisons *ont été inondées.*
Des arbres ______
L'électricité ______
Des familles ______

4 **Mettez à la forme passive.**

1989 : démolition du mur de Berlin. *Le mur de Berlin a été démoli en 1989.*
1202 : introduction des chiffres arabes en Occident ______
1253 : fondation de l'université de la Sorbonne ______
1789 : prise de la Bastille ______
1981 : abolition de la peine de mort en France ______
1945 : création de l'ONU ______

5 **Mettez à la forme passive.**

Conflits

Le Président français a reçu le Premier ministre anglais. Ils ont abordé le problème de la pêche. Ils ont pris des mesures communes. Les syndicats de pêcheurs ont refusé les propositions du gouvernement.

Le Premier ministre anglais ______

6 @ **Répondez au passif : Qui a inventé la radio ? Qui a réalisé *Le Parrain* ? Qui a peint *Guernica* ? Qui a déchiffré les hiéroglyphes ? Qui a découvert le Canada ? Qui a conçu la *Statue de la Liberté* ?**

43 L'IMPARFAIT

À l'époque du rock,	j'	av**ais**	quinze ans.
	tu	av**ais**	vingt ans.
	il elle on	av**ait**	des disques américains.
	nous	av**ions**	des guitares.
	vous	av**iez**	une Vespa.
	ils elles	av**aient**	une « deux-chevaux ».

UTILISATION

■ L'imparfait exprime des habitudes passées :

Maintenant, j'habite à Paris, je travaille chez IBM.
*Avant, j'habit**ais** à Marseille, je travaill**ais** chez BMI.*

- Après certaines expressions, on utilise l'imparfait :

À cette époque-là, / ***Avant, quand*** *j'étais jeune,* } *j'avais les cheveux longs.*

FORMATION

Radical de la 1re personne du pluriel du présent
+ « -ais », « -ais », « -ait », « -ions », « -iez », « -aient »

Nous **parl**-ons	→	Je parl-**ais**	♪ Une seule finale « ai » sauf pour « nous » et « vous »
Nous **pren**-ons	→	Je pren-**ais**	
Nous **finiss**-ons	→	Je finiss-**ais**	
Nous **mange**-ons	→	Je mange-**ais**	(g + e + a)
Nous **commenç**-ons	→	Je commenç-**ais**	(ç + a)

⚠ • Être : *J'étais, tu étais*, etc.

Voir aussi Préface, p. 8

EXERCICES

1 **Complétez, selon le modèle.**

Maintenant, je marche très peu, *mais avant, je marchais beaucoup.*

1. Maintenant, je parle beaucoup, ______________________
2. Maintenant, je mange très peu, ______________________
3. Maintenant, je conduis lentement, ______________________
4. Maintenant, je dors mal, ______________________
5. Maintenant, je ne fais plus de sport, ______________________
6. Maintenant, je suis très pessimiste, ______________________

2 **Répondez aux questions. Interrogez un camarade sur le même modèle.**

– Où habitiez-vous quand vous étiez petit(e) ? (Bordeaux)

– *Quand j'étais petit(e), j'habitais à Bordeaux.*

1. – Quelle voiture avaient vos parents, à cette époque-là ? (Volvo break)
   – ______________________
2. – Où alliez-vous en vacances avec votre famille ? (Portugal)
   – ______________________
3. – Quels livres lisiez-vous quand vous étiez adolescent(e) ? (livres d'aventures)
   – ______________________
4. – Quels sports faisiez-vous au lycée ? (volley)
   – ______________________
5. – Qu'est-ce que vous preniez au petit déjeuner ? (café au lait)
   – ______________________
6. – Quelle musique écoutiez-vous ? (Michael Jackson)
   – ______________________
7. – Que vouliez-vous faire plus tard comme métier ? (architecte)
   – ______________________

3 **Complétez à l'imparfait.**

Albert

Quand j'*étais* petit, j'__________ un chien. Il __________ noir et blanc et il __________ de grandes oreilles. Le matin, quand j'__________ à l'école, il __________ avec moi.

La nuit, il __________ dans mon lit. J'__________ très fier de lui. Il __________ Albert. Il __________ adorable.

EXERCICES

1 **Faites des phrases à la forme négative.**

Maintenant, je comprends presque tout à la télévision,
mais *au début de mon séjour, je ne comprenais presque rien.*

1. Maintenant, j'ai beaucoup d'amis et je parle souvent français,
   mais ______________________________
2. Maintenant, j'habite dans un grand appartement et j'ai une voiture,
   mais ______________________________
3. Maintenant, je connais la ville et je sais prendre les transports en commun,
   mais ______________________________
4. Maintenant, je vais souvent au cinéma et je pars quelquefois à la campagne,
   mais ______________________________
5. Maintenant, je bois du vin au déjeuner et je bois du café noir,
   mais ______________________________
6. Maintenant, je lis les journaux et j'écris des textes en français,
   mais ______________________________
7. Maintenant, je comprends les questions et je sais répondre,
   mais ______________________________

2 **Mettez le texte à l'imparfait.**

Les temps changent

J'habite dans une tour de trente étages.
Je ne connais pas mes voisins.
Je mange de la viande surgelée.
Je vais au marché en voiture.
Je cuisine à l'électricité.
Le soir, je regarde la télé.

Mes grands-parents habitaient dans une ferme.
Ils ______________ tout le village.
______________ des produits frais.
______________ à cheval.
______________ au feu de bois.
______________ les étoiles.

3 » **Imaginez la vie à l'époque où l'électricité n'existait pas. Quelles étaient les activités familiales le soir ? Quelles étaient les contraintes pour le travail, l'alimentation, les loisirs ?**

____
____
____
____
____

EXERCICES

1 Mettez le texte à l'imparfait.

Maintenant, la société Peugeot fabrique des voitures,
avant, *elle fabriquait* des machines à coudre.

1. Maintenant, les enfants portent des casquettes de base-ball,
dans les années cinquante, ______________________ des bérets.
2. Maintenant, les femmes portent des robes courtes,
au XIXe siècle, ______________________ très longues.
3. Maintenant, on travaille trente-cinq heures par semaine,
à l'époque de mon grand-père, ______________________ soixante heures.
4. Maintenant, les jeunes mangent des hamburgers,
au vingtième siècle, ______________________ des sandwichs.
5. Maintenant, les enfants boivent du Coca-Cola,
avant, ______________________ de la limonade.
6. Maintenant, la plupart des gens vivent dans des immeubles
dans le passé, ils ______________________ dans des maisons individuelles.
7. Maintenant, on communique surtout par Internet,
au Moyen Âge, on ______________________ surtout par la parole.

2 Décrivez la vie quotidienne des hommes préhistoriques en trouvant les verbes manquants.

Préhistoire

Les hommes préhistoriques *étaient* nomades : ils ____________ sous une tente. Pour se protéger du froid, ils ____________ des peaux de bêtes. Pour se nourrir, ils ____________ le gibier avec des flèches en pierre, ils ____________ le poisson dans les rivières et ils ____________ des fruits dans la forêt. Pour faire cuire les aliments, ils ____________ du feu avec du silex. Sur les parois des grottes, ils ____________ des animaux. Pour les colorer, ils ____________ des végétaux broyés.

3 >> Imaginez la vie des jeunes filles au XIXe siècle, dans l'Antiquité, etc.

____

4 >> Décrivez vos activités dans votre enfance.

____

L'IMPARFAIT et LE PASSÉ COMPOSÉ

Avant, j'**habitais** à Marseille ; en 1995, j'**ai déménagé**.
Quand j'**ai déménagé**, j'**avais** seize ans. C'**était** l'hiver.

- En général, pour évoquer des **souvenirs**, on utilise l'imparfait :

  *Quand j'**étais** jeune, je **jouais** du piano.*

- En général, pour raconter un **événement**, on utilise le passé composé :

  *Un jour, j'**ai joué** devant la reine d'Angleterre.*

■ **LE RÉCIT AU PASSÉ** utilise **les deux formes** : le passé composé pour les événements, l'imparfait pour les descriptions et les situations.

*Le jour où j'**ai joué** devant la reine, j'**avais** douze ans.*
*C'**était** la fête de l'école. Il **faisait** chaud.*

- L'imparfait donne les éléments du décor (comme une photo) ; le passé composé met l'accent sur la succession des événements (comme un film) :

  *Pendant que je **jouais**, tout le monde **bavardait**. Soudain,*
  *la reine **est arrivée.** Elle **a applaudi**. Tout le monde **s'est levé**.*

- « Tout à coup », « soudain », « brusquement » introduisent un passé composé ; « pendant que » introduit un imparfait :

  ***Tout à coup**, la reine est arrivée.*
  *Elle est entrée **pendant que** je jouais.*

■ On utilise le passé composé avec une **durée définie** (début et fin précis) et l'imparfait avec une **durée indéfinie** :

***De** 1980 **à** 1990,*
***Pendant** dix ans,* } *j'**ai fait** du piano.*
***Entre** dix et vingt ans,*

Avant,
***Quand** j'étais jeune,* } *je **faisais** du piano.*
À cette époque-là,

■ Le passé composé indique un changement par rapport à d'anciennes habitudes ou un changement par rapport à une situation donnée :

Imparfait ....
*Avant, j'**habitais** à Lyon.*
Passé composé
*Un jour, **j'ai déménagé**.* ↓

Imparfait ....
*Hier, il **faisait** beau.*
Passé composé
*Tout à coup, le temps **a changé**.* ↓

EXERCICES

1 **Soulignez les imparfaits et les passés composés. Distribuez-les selon le modèle.**

Hold-up

Il était environ dix heures. Soudain, trois hommes ont attaqué le caissier. La banque était pleine de monde, alors le caissier a donné l'argent aux bandits, mais il a averti secrètement la police car il y avait une alarme sous son bureau. Deux voleurs ont été arrêtés, mais ils n'avaient pas l'argent sur eux. Le troisième a réussi à s'échapper avec la caisse. Il portait une veste grise, un chapeau et des lunettes noires.

descriptions	événements
Il était environ dix heures.	*Trois hommes ont attaqué le caissier.*
______________	______________
______________	______________
______________	______________
______________	______________

2 **Passé composé ou imparfait ? Choisissez.**

(je dormais/j'ai dormi) Des voleurs sont entrés pendant que *je dormais* tranquillement.

1. (je ratais/j'ai raté) Je descendais l'escalier quand tout à coup ______________ une marche.
2. (j'entendais/j'ai entendu) Je dormais quand soudain ______________ un cri.
3. (il pleuvait/il a plu) J'ai pris mon parapluie parce qu'______________ depuis le matin.
4. (traversait/a traversé) Une voiture a renversé la dame alors qu'elle ______________ la rue.
5. (a sonné/sonnait) J'étais dans mon bain quand le téléphone ______________.
6. (il a fait/il faisait) J'ai fermé la fenêtre parce qu'il ______________ froid.

2 **Complétez au passé composé ou à l'imparfait, pour faire un récit.**

événements	description/situation
Hier soir, *je suis* sorti à 18 heures.	Il *pleuvait* et il ______________ froid.
Je ______________ le métro à 18 h 15.	Il ______________ beaucoup de monde. Il ______________ chaud.
Je ______________ au cinéma à 20 h.	Le film ______________ ennuyeux. La musique ______________ trop forte.
Je ______________ chez moi à minuit.	Je ______________ fatigué. Je ______________ mal à la tête.

4 » **Faites un petit récit au passé, selon le modèle.**

Événements : partir en vacances – tomber en panne – marcher jusqu'au village – perdre son portefeuille en chemin – faire du stop – rentrer chez soi – prendre de l'argent – repartir, etc.

Situations : la météo – l'heure – la forme physique – les vêtements – les lieux – les sentiments

Quand je suis parti(e) en vacances en juin dernier, il faisait beau... ______________

____

EXERCICES

1 Mettez le texte au passé.

Un âge difficile

Ce matin, mon fils se lève à sept heures et, comme toujours, il est de mauvaise humeur. Il prend son petit déjeuner sans dire un mot. Comme toujours, il a son casque sur la tête et il porte des lunettes noires. Il ressemble à un martien. À huit heures, il quitte la maison pour prendre le bus. Il fait froid et il pleut légèrement, mais, comme tous les jours, mon fils n'a qu'un vieux pull sur le dos. Il porte aussi des jeans troués et des baskets fluorescentes. Je ferme la porte derrière lui et je me demande, perplexe, si j'étais comme ça à son âge.

Hier, mon fils ______________________________

____

____

2 Complétez avec des verbes au passé composé ou à l'imparfait.

1. (rencontrer) (aimer) Quand j'*ai rencontré* Paul, j'*aimais* encore Max.
2. (sonner) (dormir) Quand le téléphone ____________, je ____________ profondément.
3. (ouvert) (s'envoler) Quand Ada ____________ la cage, son canari ____________.
4. (avoir) (rouler) Quand Paul ____________ son accident, il ____________ à 160 km à l'heure !
5. (ouvrir) (se couper) Quand ma mère ____________ la boîte de conserve, elle ____________ le doigt.

3 Mettez le texte au passé.

Madame Élise

Madame Élise est une vieille dame qui vit seule sur la colline. Un jour, la colline prend feu. Madame Élise est trop vieille pour courir : elle s'assoit tranquillement. Elle est prête à mourir. Le feu s'arrête tout près d'elle. Alors Madame Élise change complètement de vie : elle vend sa maison, elle retire tout son argent de la banque et elle part faire le tour du monde. Elle s'inscrit à l'université et elle passe une licence d'ethnologie. À quatre-vingt-dix ans, elle publie ses Mémoires et elle devient très célèbre.

____

____

4 Complétez avec des verbes au passé composé ou à l'imparfait.

Hier soir, je *me suis couchée* tôt parce que j'*avais* mal à la tête.

1. Nous ____________ toutes les fenêtres du bureau, parce qu'il ____________ très beau.
2. – Vous ____________ chez le dentiste, parce que vous ____________ mal aux dents ?
3. Fanny ____________ un croissant et deux brioches parce qu'elle ____________ très faim !
4. Alain ____________ un grand verre de bière parce qu'il ____________ soif !
5. Ce matin, je ____________ mon parapluie parce qu'il ____________.

EXERCICES

1 **Mettez le texte au passé.**

La valise (1)

Je suis à la terrasse d'un café près de l'Opéra. Il fait très beau. J'attends une amie. Je regarde les passants. Il n'y a pas beaucoup de monde. Soudain, je remarque une femme sur le trottoir d'en face. Le feu passe au vert, mais elle reste immobile, comme une statue. Elle est grande, pâle, elle semble épuisée. Tout à coup, une voiture s'arrête devant elle. Un homme sort. Il porte une petite valise. Il est très brun et il a de petites moustaches. Il a l'air dangereux. Il tend la valise à la dame et il repart tout de suite. Mais je ne vois pas la suite parce que mon amie arrive, elle m'embrasse et s'assoit en face de moi. Quand je tourne la tête, la femme n'est plus là.

____

____

2 **Complétez au passé composé ou à l'imparfait. Faites l'élision si c'est nécessaire.**

habiter/déménager Avant, j'*habitais* à la campagne, mais il y a deux ans, j'*ai déménagé*.

1. fumer/arrêter
   Avant, mon mari __________ beaucoup. À la naissance de notre fils, il __________ de fumer.
2. voter/voter
   Au XIXe siècle, les femmes ne __________ pas.
   En 1945, elles __________ pour la première fois.
3. peser/perdre
   Avant les vacances, je __________ 80 kilos.
   En un mois, je __________ 20 kilos.
4. habiter/habiter
   Avant, je __________ en Italie.
   De 1995 à 1999, je __________ à Rome.
5. travailler/vivre
   Pendant 20 ans, je __________ la nuit.
   À cette époque-là, je __________ seule.
6. parler/parler
   Au début, je ne __________ pas français puis, pendant des mois, je __________ comme un bébé.

3 **Mettez le texte au passé.**

La valise (2)

J'attends une amie et ma tante arrive. Elle critique mon appartement. Elle jette les revues qui sont sur mon bureau. Elle contrôle les livres que je lis. Elle part finalement, mais elle oublie quelque chose sur le tapis : c'est une petite valise. Je l'ouvre : il y a un chat dedans. Je descends au parking, je prends ma voiture et je cherche ma tante dans tout le quartier. Quand je la trouve, elle attend à un feu rouge près de l'Opéra.

____

____

4 » **Répondez librement.**

Pourquoi avez-vous fermé la fenêtre ? Pourquoi avez-vous mis votre imperméable ? Pourquoi êtes-vous allé(e) chez le dentiste ? Pourquoi avez-vous pris un taxi ?

44 LE PLUS-QUE-PARFAIT

J'ai vendu en 1998 l'appartement que j'**avais acheté** en 1992.
Je suis retourné dans le quartier où j'**avais vécu** avec toi.

UTILISATION et FORMATION

■ Le plus-que-parfait indique qu'un événement précède un autre événement dans le passé :

La maison a brûlé. Les pompiers sont arrivés.
Quand les pompiers ***sont arrivés****, la maison* ***avait*** *déjà* ***brûlé****.*

Le train est parti. Nous sommes arrivés à la gare.
Quand nous ***sommes arrivés*** *à la gare, le train* ***était*** *déjà* ***parti****.*

■ **Formation :** « être » ou « avoir » à l'imparfait + participe passé

*J'****avais dîné****.*
Nous ***avions fini****.*
Il ***était parti****.*
*Je m'****étais couché****.*

LES TEMPS DU PASSÉ : RÉSUMÉ

■ Le plus-que-parfait, l'imparfait et le passé composé permettent de distinguer différents moments du passé :

Quand je me suis levé,
- *ma mère* ***avait préparé*** *le café.* (avant)
- *ma mère* ***préparait*** *le café.* (pendant)
- *ma mère* ***a préparé*** *le café.* (après)

Tableau des temps, p. 228

EXERCICES

1 **Répondez aux questions, selon le modèle.**
– Quand votre mari est arrivé, vous aviez déjà dîné ?
– *Oui, quand il est arrivé, j'avais déjà dîné.*

1. – Quand vous avez trouvé du travail, vous aviez déjà terminé vos études ?
– ____________________
2. – Quand vous avez commencé le cours, vous aviez déjà rencontré le professeur ?
– ____________________
3. – Quand vous avez passé le test, vous aviez déjà étudié le français ?
– ____________________
4. – Quand le cours a commencé, vous aviez déjà acheté vos livres ?
– ____________________

2 **Complétez avec des verbes au plus-que-parfait, selon le modèle.**
Les voyageurs ont récupéré les bagages *qu'ils avaient laissés* à la consigne.

1. J'ai revu les amis que nous ____________________ en Grèce l'année dernière.
2. J'ai perdu le stylo que ma mère ____________________ pour mon anniversaire.
3. Bernard a répondu en juin à la lettre que je ____________________ en février l'année dernière.
4. Annie a retrouvé l'agenda qu'elle ____________________ la semaine dernière.
5. Hier soir, je n'ai plus retrouvé l'endroit où ____________________ ma voiture !

3 **Complétez au passé composé, à l'imparfait ou au plus-que-parfait.**

avant :	finir ses devoirs prendre son bain – dîner	Quand je suis arrivé, *mon fils avait fini ses devoirs,* il __________ et il __________
pendant :	lire – caresser son chat écouter de la musique	Quand je suis monté dans sa chambre, il __________ et il __________
après :	embrasser – raconter sa journée – donner un dessin	Quand il m'a vu, il m' __________ et il m' __________

4 **Complétez avec des verbes au plus-que-parfait.**

Négligence

Hier quand je suis rentrée, la femme de ménage *n'avait pas aspiré* la moquette,
elle __________ les plantes, elle __________ les vitres.
Elle __________ la vaisselle, elle __________ le linge
et elle __________ mes affaires qui traînaient un peu partout…

45 LE DISCOURS INDIRECT au PASSÉ

Il m'a dit qu'il **était** écrivain et qu'il **avait écrit** plusieurs romans.
Il m'a dit qu'il me **donnerait** ses livres.

UTILISATION et FORMATION

- On utilise principalement le discours indirect pour rapporter un dialogue (ou des pensées) **au passé** :

  *Il m'**a dit** qu'il **était** allemand.*
  *Je **croyais** qu'il **était** anglais.*

- Après un verbe introducteur au passé, le reste de la phrase se met au passé. C'est un phénomène de **concordance** :

Il dit qu'	*il pleut.*	***Il a dit** qu'*	*il pleuv**ait**.*
	il a plu.		*il av**ait** plu.*
	il va pleuvoir.		*il all**ait** pleuvoir.*
	il pleuvra.		*il pleuvr**ait**.*

♪ Le passé « s'entend » dans les finales à l'imparfait.

présent	→	imparfait
passé composé	→	plus-que-parfait
futur proche	→	« aller » à l'imparfait + inf.
futur simple	→	conditionnel

- L'imparfait de concordance a une valeur phonétique, ce n'est pas un vrai passé :

  *Il m'a dit qu'il **était** allemand.* = Il est allemand.
  *Il m'a dit qu'il **viendrait** en mars.* = Il viendra en mars.

  • Dans la principale, « dire » est souvent au passé composé, « croire » et « penser » à l'imparfait :

  *On m'**a dit** que…* (un jour)
  *Je **croyais**/Je **pensais** que* (situation mentale)

  • Parfois, la concordance n'est pas appliquée quand on annonce un résultat ou quand on constate un fait nouveau :

  On a constaté que le mont Blanc fait 4 810 m (et pas 4 807 m).

Discours indirect au présent, p. 156

EXERCICES

1 Répondez en utilisant le discours indirect.

– Le directeur est malade, on vous l'a dit ? – *Oui, on m'a dit qu'il était malade.*

1. – L'ascenseur est en panne, on vous l'a dit ?
   – ______________________________
2. – À midi, il y a du couscous à la cantine, on vous l'a dit ?
   – ______________________________
3. – On a volé le vélo du professeur, on vous l'a dit ?
   – ______________________________
4. – La secrétaire a démissionné, vous le saviez ?
   – ______________________________
5. – Monsieur Bidois va prendre sa retraite, on vous l'a dit ?
   – ______________________________
6. – L'école va fermer cet été, on vous l'a dit ?
   – ______________________________
7. – Nous ferons une fête de fin d'année, vous le saviez ?
   – ______________________________
8. – Il y a aura un orchestre cubain et on dansera, on vous l'a dit ?
   – ______________________________

2 Mettez les dialogues en discours indirect, selon le modèle.

– Allô, Georges ? C'est Thérèse.
Écoute, je suis dans le train, je vais à Nice voir mon père. J'ai signé tous les contrats.
Je reviendrai mardi prochain.

– Thérèse a téléphoné ?
– Oui, elle a dit *qu'elle était dans le train*,
et qu'elle ______________________________
Elle a dit qu'elle ______________________________
et qu'elle ______________________________

– Allô, Isabelle ? C'est Arnaud. Je viens de rentrer. Je vais me changer et je vous rejoindrai devant le cinéma. Si j'arrive en retard, je vous attendrai à la sortie.

– Allô, Marie ! Écoute : Arnaud a appelé.
Il a dit qu'il ______________________________
____
____
____

– Pardon, madame, je suis étudiant.
J'ai perdu mes lunettes ce matin.
Je les ai peut-être oubliées en salle 11.
Je rappellerai dans l'après-midi.

– Un étudiant a téléphoné.
Il a dit qu'il ______________________________
____
____
____

EXERCICES

1 **Transformez le texte au discours indirect, selon le modèle.**
– Jean-Luc a gagné à la loterie, tu le savais ?
– *Non, je ne savais pas qu'il avait gagné à la loterie.*

1. – Il est parti en croisière en Égypte, on te l'a dit ?
– ____________________
2. – Il est tombé malade pendant le voyage, tu ne le savais pas ?
– ____________________
3. – Un docteur chinois l'a guéri avec des algues, tu ne le savais pas ?
– ____________________
4. – Il est devenu l'associé d'un grand armateur, tu ne le savais pas ?
– ____________________
5. – Il va épouser une princesse arabe, on ne te l'a pas dit ?
– ____________________

2 **Mettez le texte au passé.**
Je lis dans un magazine qu'un garçon de douze ans a réussi le bac.
J'ai lu dans un magazine qu'un garçon de douze ans avait réussi le bac.

1. Je lis dans une revue que les chiens voient seulement en noir et blanc. ____________________
2. Je lis dans un magazine que les petites filles sont plus douées pour les langues, mais que les petits garçons savent mieux se situer dans l'espace. ____________________
3. Je lis dans le journal que beaucoup d'animaux et de plantes disparaîtront d'ici vingt ans et qu'il faut les protéger de toute urgence. ____________________
4. Je lis dans un magazine qu'il y a un marché noir des armes nucléaires et que n'importe qui pourra bientôt s'acheter une bombe atomique. ____________________

3 @ **Rapportez des nouvelles qui vous ont marqué(e).**
J'ai lu dans le journal que... ____________________

EXERCICES

1 » **Mettez au discours indirect. Racontez d'autres rêves sur le même modèle.**

Rêve 1 : Je suis un oiseau. Je vole au-dessus de la ville. Je vois l'intérieur des maisons.

J'ai rêvé que j'étais un oiseau, que je volais ______________________

Rêve 2 : Je dois prendre l'avion, mais l'aéroport a disparu et je me retrouve au milieu du désert.

____

Rêve 3 : J'ai acheté un réveil, mais il se transforme en machine à remonter le temps et je me retrouve à l'époque préhistorique. ______________________

____

Rêve 4 : Je dois participer à un match de boxe et je suis un peu nerveux(se) parce que mon adversaire est un type énorme. Mais je sais qu'il a un point faible et que je gagnerai. ______________________

____

2 **Reconstituez l'extrait du texte de Camus en le mettant oralement au passé.**

L'Étranger

Le soir, Marie vient me chercher et me demande si je veux me marier avec elle, je dis que cela m'est égal et que nous pourrons le faire si elle veut. Elle veut savoir alors si je l'aime. Je réponds comme je l'ai déjà fait une fois, que cela ne signifie rien, mais que, sans doute, je ne l'aime pas. « Pourquoi m'épouser alors ? » dit-elle. Je lui explique que cela n'a aucune importance et que si elle le désire, nous pouvons nous marier. Elle observe alors que le mariage est une chose grave. Je réponds : « Non. » Elle me regarde en silence. Puis elle parle. Elle se demande si elle m'aime et moi je ne peux rien savoir sur ce point. Après un autre moment de silence, elle murmure que je suis bizarre, qu'elle m'aime sans doute à cause de cela mais que peut-être un jour je la dégoûterai pour les mêmes raisons. Comme je me tais, n'ayant rien à ajouter, elle me prend le bras en souriant et elle déclare qu'elle veut se marier avec moi. Je réponds que nous le ferons dès qu'elle le voudra.

Le soir, Marie est venue me chercher et elle m'a demandé si je voulais me marier ______________________

3 » **Mettez au discours indirect. Imaginez la suite du dialogue.**

Mon mari m'a dit : « J'ai besoin d'être un peu seul. Je vais louer un petit studio.
Je t'appellerai tous les soirs. Il ne faut pas s'inquiéter. On se verra le week-end. »

*Mon mari m'a dit qu'*______________________

4 » **Croyances enfantines. Transformez. Continuez.**

Des feuilles et des fleurs poussent sur la tête des cerfs au printemps.
La petite souris construit des châteaux avec mes dents de lait.
Un monstre va manger ma jambe si elle dépasse du lit.
Si j'avale un noyau de cerise, un arbre poussera dans mon ventre.
Les spaghettis poussent sur des arbres en Italie.

Quand j'étais petit(e), je croyais que ______________________

BILAN N° 5

1 **Mettez au passé.**

Un week-end tranquille

• **Samedi 16 septembre**

10 h du matin : M. Blanchard charge sa voiture pour partir en week-end, tandis que sa femme finit de ranger la maison. La voiture est garée dans le jardin.

11 h : quand M. et Mme Blanchard arrivent avec leurs derniers paquets à la main, ils s'aperçoivent que leur voiture a disparu.

13 h : les deux victimes vont à la police et portent plainte pour vol.

• **Dimanche 17 septembre**

10 h du matin : Mme Blanchard sort pour arroser ses fleurs. Elle découvre sa voiture dans le jardin, à la même place. Les bagages sont encore à l'intérieur, au complet. Elle appelle son mari. Ils contrôlent ensemble l'état de la voiture, sans comprendre. Soudain, sur le pare-brise, Mme Blanchard voit une lettre. Elle l'ouvre, elle la lit et elle la tend à son mari. Voilà ce que dit le mot : « Je vous remercie et je m'excuse de vous avoir emprunté votre voiture. Pour me faire pardonner, voilà deux billets de théâtre pour le spectacle que donne ce soir la compagnie avec laquelle je travaille. »

13 h : M. et Mme Blanchard retournent à la police. Ils disent qu'ils ont retrouvé leur voiture et qu'ils retirent leur plainte. Le policier insiste pour garder leur déposition, mais ils ne veulent pas.

18 h : M. et Mme Blanchard vont à la ville voisine pour assister à la pièce de théâtre. Ils trouvent le spectacle très drôle et ils passent une très bonne soirée. La salle est comble et le public semble apprécier les acteurs. M. et Mme Blanchard se demandent, tout au long du spectacle, si leur voleur n'est pas sur la scène, sous leurs yeux.

22 h : M. et Mme Blanchard rentrent chez eux. Ils trouvent leur maison complètement vide. Sur la seule table qui reste, il y a un petit mot des voleurs : « Merci beaucoup pour votre aimable collaboration. »

• **Le lundi matin,** ils doivent retourner à la police.

1 Complétez les phrases (avec élision si c'est nécessaire). **40 points**

1. Je me souviens ________ ma première voiture : ________ une décapotable rouge ________ tombait tout le temps en panne ! ________ ________
2. Marie ________ un bébé il y a deux mois. Elle quittera ________ quelques jours l'appartement où elle habite ________ quatre ans. ________ ________
3. Pendant plus de quinze ans, Jacques ________ maire d'un petit village du Nord, puis ________ député et maintenant, ________ deux mois, il est ministre. ________ ________
4. En février dernier, quand je ________ mon permis de conduire, ________ très froid et ________ du verglas sur les routes. ________ ________
5. Le week-end dernier, nous ________ deux heures pour sortir de Paris parce qu'il ________ des embouteillages et nous ________ en retard chez nos amis. ________ ________
6. J'ai rendu visite à ma grand-mère ________ deux semaines et j'irai ________ rendre visite de nouveau ________ huit jours. ________ ________
7. Hier matin, quand Paul ________ levé, il ________ cinq heures et il ________ personne dans les rues. ________
8. L'année dernière, nous ________ un voyage magnifique ________ nous nous souviendrons longtemps. ________
9. Je n'ai pas parlé de mon projet à mes parents, mais je ________ à des amis pour ________ demander conseil. ________ ________
10. Paul m'a dit qu'il ________ en vacances le mois prochain et qu'il ________ au bord de la mer. ________
11. Mon frère est à l'hôpital ________ deux jours : il a glissé en ________ l'escalier et il ________ cassé la jambe. ________ ________
12. La radio a annoncé qu'il ________ beau pendant le week-end et qu'il ________ du monde sur les routes. ________
13. Le pianiste ________ passe à la salle Pleyel joue ________ piano ________ l'âge de cinq ans. ________
14. Aïcha, épouse-moi et je te donnerai tout ________ tu veux, tout ________ tu as envie ! ________
15. J'ai ________ un pull et j'ai ________ la fenêtre parce qu'il ________ froid. ________

46 « VENIR de », « ÊTRE en TRAIN de », « ÊTRE sur LE POINT de »

Nous **venons de** quitter l'Angleterre.
Nous **sommes en train de** survoler la Manche.
Nous **sommes sur le point d'**arriver en France.

« VENIR DE » + INFINITIF

- « **Venir de** » + infinitif exprime un **passé récent** :

  – Paul est là ? – Non, il ***vient de*** *sortir.*
  = il est sorti il n'y a pas longtemps.

- Pour insister on peut dire :

  Jean vient juste ***de*** *partir.*

⚠ • « Venir de » s'utilise sans précision de temps.

Dites :	Ne dites pas :
Jean vient de sortir.	~~*Jean vient de sortir il y a 5 min.*~~

« ÊTRE EN TRAIN DE » + INFINITIF

- Cette tournure exprime une action **en cours de réalisation** :

  Je suis ***en train de*** *dîner.*
  = en ce moment, je dîne.

- On peut l'utiliser au passé :

  J'étais ***en train de*** *dîner, quand le téléphone a sonné.*

« ÊTRE SUR LE POINT DE » + INFINITIF

- Cette tournure exprime une action **imminente** :

  Nous sommes ***sur le point*** *d'atterrir.*
  = nous allons atterrir bientôt.

EXERCICES

1 **Transformez les phrases en utilisant « en train de », selon le modèle.**

– Va aider Mireille : elle déplace le canapé toute seule.
– *Va aider Mireille, elle est en train de déplacer le canapé toute seule.*

1. – N'entrez pas dans la chambre, Paul fait la sieste.
 – ____________________
2. – Ne dérange pas Marie : elle fait des calculs compliqués.
 – ____________________
3. – Ne parlez pas, s'il vous plaît, nous enregistrons la conférence.
 – ____________________
4. – Approche la lampe, s'il te plaît, je retire une épine de mon pouce.
 – ____________________

2 **Transformez les phrases avec « venir (juste) de ».**

– Le bus est passé il y a longtemps ? – Non, il *vient (juste) de passer !*

1. – Il y a longtemps que tu es rentré ? – Non, je ____________________
2. – Le match est commencé depuis longtemps ? – Non, il ____________________
3. – Ma femme n'a pas appelé ? – Si, elle ____________________
4. – Il y a longtemps que les enfants sont couchés ? – Non, ils ____________________
5. – Tu as acheté ce canapé récemment ? – Oui, je ____________________

3 **Transformez avec « être sur le point de », selon le modèle.**

Instantané

L'oiseau va s'envoler.
La nuit va tomber.
Les magasins vont fermer.
Les lumières vont s'allumer.

L'oiseau est sur le point de s'envoler.
____
____
____

4 **Complétez avec « être en train de », « être sur le point de » ou « venir de ».**

1. – Allô, Marie, je ne te dérange pas ? – Rappelle-moi plus tard, je ____________________ sortir.
2. – Qu'est-ce qu'Antoine ____________________ faire ? – Il dessine un mouton !
3. – Vous ____________________ écouter *La Truite* de Schubert. Ainsi s'achève notre programme musical.
4. – Où sont les enfants ? – Ils ____________________ regarder la télévision.
5. – Il faut arroser les fleurs ? – Non, je ____________________ arroser. Regarde, la terre est trempée.
6. – Ne vous appuyez pas contre le mur : on ____________________ repeindre l'entrée.

47 LE FUTUR SIMPLE

En 2051,	j'	habiter**ai**	sur Mars.
	tu	habiter**as**	sur Vénus.
	il / elle / on	parler**a**	toutes les langues.
	nous	travailler**ons**	deux jours par semaine.
	vous	passer**ez**	vos vacances sur Terre.
	ils / elles	voyager**ont**	en voiture solaire.

UTILISATION

■ On utilise le futur simple pour faire des **projets** d'avenir ou des **prévisions** :

*Dans cinq ans, je **prendrai** ma retraite.*
*Quand je **serai** vieux, je **vivrai** à la campagne.*
*Demain, il **pleuvra** sur toute la France.*

FORMATION

Infinitif + « -ai », «-as », «-a », « -ons », « -ez », « -ont »

PARLER	*Je*	***parler**-ai*	*Nous*	***parler**-ons*
	Tu	***parler**-as*	*Vous*	***parler**-ez*
	Il	***parler**-a*	*Ils*	***parler**-ont*

♪ Le son « **r** » est caractéristique du futur simple.

⚠ • Pour les infinitifs terminés par « -e », on supprime le « e » :

BOIRE : *Je **boir**-ai* DIRE : *Je **dir**-ai* METTRE : *Je **mettr**-ai*

• Verbes irréguliers :

ÊTRE :	*Je **serai***	FAIRE :	*Je **ferai***	DEVOIR :	*Je **devrai***
AVOIR :	*J'**aurai***	ALLER :	*J'**irai***	VENIR :	*Je **viendrai***
VOIR :	*Je **verrai***	ENVOYER :	*J'**enverrai***	RECEVOIR :	*Je **recevrai***
POUVOIR :	*Je **pourrai***	SAVOIR :	*Je **saurai***	COURIR :	*Je **courrai***
IL Y A :	*Il y **aura***	IL FAUT :	*Il **faudra***	IL PLEUT :	*Il **pleuvra***

EXERCICES

1 » **Mettez au futur, en complétant librement le texte.**

Actuellement je travaille en France, mais plus tard, *je travaillerai à l'étranger.*

1. Maintenant, j'habite dans un petit studio,
   mais un jour, ____________________
2. Actuellement, je n'ai pas beaucoup d'argent,
   mais plus tard, ____________________
3. En ce moment, je vais à l'université en bus,
   mais plus tard, ____________________
4. Maintenant, je fais beaucoup de fautes de français,
   mais un jour, ____________________
5. Actuellement, je ne suis pas bilingue,
   mais un jour, ____________________

2 **Complétez le texte avec les futurs manquants.**

1. Samedi prochain, il *pleuvra*, il __________ froid et il __________ du brouillard, Il __________ faire attention sur la route quand vous __________ en week-end.
2. Les magasins __________ ouverts la veille de Noël et nous __________ des achats. Le 1er janvier, nous __________ de la dinde et du saumon et nous __________ du champagne.
3. – Quand nous __________ en vacances, nous __________ des cartes postales à nos grands-parents.
   – C'est gentil : ça leur __________ plaisir.

3 **Mettez les prévisions de madame Soleil au futur simple. Continuez librement.**

En 2080

Les gens habitent tous à la campagne. Les villes sont presque vides. Tout le monde a une maison individuelle avec des robots. On ne voyage plus : on voit ses amis sur des écrans, chez soi. Les étudiants ne vont plus à l'université, ils travaillent sur Internet. Il n'y a plus de maladies génétiques. Les gens sont grands, minces et en bonne santé. Ils vivent en moyenne cent dix ans. Il fait très chaud et il pleut beaucoup. On va faire du ski sur d'autres planètes.

En 2080, *les gens habiteront tous à la campagne,* ____________________

____

____

4 » **Faites vos propres prévisions pour 2080.**

____

LE FUTUR SIMPLE et LE FUTUR PROCHE

– Je **vais partir** et je vous **enverrai** mon adresse.
– Quand vous **viendrez** me voir, on **ira** pêcher la truite !

CHANGEMENT et PROGRAMMATION

- Le futur proche indique en général un **changement** à venir :

  *Je **vais avoir** un bébé.*

- Le futur simple indique en général une **programmation** :

  *J'**aurai** des enfants.*

- On utilise souvent le futur proche pour les changements et le futur simple pour leurs conséquences :

  *On **va recevoir** de nouveaux ordinateurs.*
  *On **pourra** traiter plus de dossiers.*
  *On **gagnera** du temps, on **sera** plus compétitifs.*

ORAL et ÉCRIT

- On utilise de préférence le futur proche à l'oral (plus dynamique) et le futur simple à l'écrit (plus « économique » en mots).

Oral :	Écrit :
Vous allez voir sur cet écran…	*Vous verrez dans ce document…*
Vous allez être surpris…	*Vous serez surpris…*

- Après **« quand »**, **« pendant que »**, **« j'espère que »** et, d'une manière générale, quand on enchaîne plusieurs phrases, on utilise le futur simple :

  ***Quand** je partirai à la gare, tu rentreras à la maison.*
  ***Pendant que** les enfants feront leurs devoirs, Marion préparera le repas.*
  ***J'espère que** tout se passera bien.*

- On utilise le futur simple avec une hypothèse sur le futur :

  *S'il fait beau, nous **irons** à la plage.*
  *S'il pleut, nous **resterons** à la maison.*

Hypothèse sur le futur, p. 232

EXERCICES

1 **Mettez au futur proche et au futur simple, selon le modèle.**

1. Déménager/envoyer sa nouvelle adresse à ses amis.
   Je *vais déménager et j'enverrai ma nouvelle adresse à mes amis.*
2. Aménager la terrasse/pouvoir dîner dehors
   Nous ______________________
3. Changer de quartier/aller au lycée à pied
   On ______________________
4. Prendre une aspirine/se sentir mieux
   Tu ______________________

2 **Écrivez un texte au futur simple, selon le modèle.**
partir en Crète / visiter Cnossos / dormir à Matala / manger du yaourt et du miel / lire des livres de Kazantzakis / écouter des chansons d'Alexiou / aller à Aghios Nicolaos

En juin, quand je partirai en Crète, ______________________

____

3 **Faites des phrases, selon le modèle.**

Jean : Préparer le petit déjeuner
Faire la vaisselle
Faire les valises
Charger la voiture

Marie : Faire le lit
Ranger le salon
Préparer des sandwichs
Habiller les enfants

Samedi matin, pendant que Jean préparera le petit déjeuner, Marie fera le lit. Ensuite, Jean ______

____

____

4 **Mettez les verbes au futur pour reconstituer la chanson de Mouloudji (Van Parys/Mouloudji).**

« Un jour, tu verras »

Un jour, tu ______________	voir
On ______________	se rencontrer
Quelque part, n'importe où,	
Guidés par le hasard,	
Nous ______________	se regarder
Nous ______________	se reconnaître
Et la main, dans la main,	
Dans les rues, nous ______________	aller

48 LE FUTUR ANTÉRIEUR

Je me marierai quand j'**aurai terminé** mes études.

UTILISATION et FORMATION

■ Le futur antérieur indique qu'un événement précède un autre événement dans l'avenir :

Je vais dîner et je vais sortir.
*Quand j'**aurai dîné**, je sortirai.*

■ **Formation :** « être » ou « avoir » au futur simple + participe passé

*J'**aurai dîné***	*Il **sera parti***
*Nous **aurons fini***	*Je me **serai couché***

LES TEMPS DE L'INDICATIF : RÉSUMÉ

IMPARFAIT	PRÉSENT	FUTUR SIMPLE
*J'**habitais** à Rome.*	*J'**habite** à Paris.*	*J'**habiterai** à Tokyo.*

PLUS-QUE-PARFAIT	PASSÉ COMPOSÉ	FUTUR PROCHE	FUTUR ANTÉRIEUR
*J'**avais fini** mes études (quand j'ai déménagé).*	*J'**ai déménagé** il y a six mois.*	*Je **vais déménager** dans six mois.*	*Tu me rejoindras quand j'**aurai déménagé**.*

• Les temps simples expriment des habitudes et des situations (statiques) ; les temps composés expriment des changements et des ruptures (dynamiques).

EXERCICES

1 **Mettez au futur simple et au futur antérieur, selon le modèle.**

1. Terminer le pot-au-feu / faire des crêpes
   Je *ferai des crêpes, quand j'aurai terminé le pot-au-feu.*
2. Télécharger le premier épisode/ télécharger le deuxième épisode de la série.
   Tu ______
3. Passer le permis / acheter une voiture
   Anne aurai acheté quand j'aurai passé le permis
4. Faire l'exercice n° 2 / faire l'exercice n° 3
   Nous ferons l'exercice n°2 (n°3), quand nous aurons fait
5. Finir le stage / passer un examen
   Ils ______

2 **Faites des phrases, selon le modèle.**
– Terminez votre traitement et revenez me voir.
– *Revenez me voir quand vous aurez terminé votre traitement.*

1. – Réfléchissez à ma proposition et téléphonez-moi.
   – ______
2. – Parlez à votre banquier et tenez-moi au courant.
   – ______
3. – Terminez votre travail et venez dans mon bureau.
   – ______
4. – Enregistrez les données et éteignez l'ordinateur.
   – ______
5. – Prenez une décision et écrivez-moi.
   – ______

3 **Faites des phrases avec un futur simple et un futur antérieur, puis donnez vos motifs d'espoir.**

Espoir

On supprimera les frontières
et on voyagera sans visa.
On remplacera le pétrole par l'énergie solaire
et la couche d'ozone se reconstituera.
On interrompra la destruction des forêts
et la nature revivra.

Quand on aura supprimé les frontières,
on voyagera sans visa.
Quand ______
______
______
______

49 LE CONDITIONNEL (2)

Imagine :	je	**serais**	une sirène.
	tu	**serais**	un capitaine.
	il / elle / on	**serait**	sur l'océan.
	nous	**serions**	heureux.
	vous	**seriez**	sur une île.
	ils / elles	**seraient**	sur un radeau.

L'EXPRESSION de L'IMAGINAIRE

■ On utilise le conditionnel pour **imaginer** une autre réalité :

*Sans toi, je **serais** perdu. Je **ferais** n'importe quoi.*
*Sans mon psy, j'**aurais raté** ma vie.*

- On rencontre surtout ces formes dans l'expression de l'hypothèse avec « si ».

*Si tu n'étais pas là, je **serais** perdu.*

■ On utilise le conditionnel avec **« au cas où »**, pour faire une **supposition** :

***Au cas où** vous **auriez** des problèmes, téléphonez-moi.*
***Au cas où** vous **auriez trouvé** des clés, laissez-les au concierge.*

■ On utilise le conditionnel pour donner une information **non confirmée** :

*Le président **devrait** se rendre à Tokyo.*
*L'accident d'avion **aurait fait** deux cents victimes.*

■ On utilise le conditionnel pour exprimer **des regrets** :

*J'**aurais aimé** faire du piano. J'**aurais dû** travailler plus.*

FORMATION

CONDITIONNEL PRÉSENT :	CONDITIONNEL PASSÉ :
radical du futur + terminaisons de l'imparfait	conditionnel de « être » ou « avoir » + participe passé

*Je **voudr-ais*** *Je **devr-ais*** *J'**aurais voulu*** *J'**aurais dû***

Conditionnel (1), p. 136 Hypothèses, p. 232, 234

EXERCICES

1 **Mettez au conditionnel, pour reconstituer le texte de Georges Perec (extrait d'*Espèces d'espaces*).**

L'utopie villageoise

Bien sûr on connaît tout le monde et les histoires de tout le monde. Tous les mercredis, le charcutier de Dampierre klaxonne devant chez vous pour vous apporter les andouillettes.
Tous les lundis madame Blaise vient laver. On va avec les enfants cueillir des mûres…
On est attentif au passage du car de sept heures. On aime aller s'asseoir sur le banc du village…
On sait reconnaître les oiseaux à leur chant. On attend le retour des saisons.

Bien sûr, on connaîtrait tout le monde … Tous les mercredis, … klaxonnait
Tou … devanait, on allait, on aimait,

2 **Transformez avec « au cas où », selon le modèle.**

Appelez-moi si vous avez un problème. *Appelez-moi au cas où vous auriez un problème.*

1. Avertissez-moi si vous quittez votre appartement. Avertissez-moi au cas où vous quitterez …
2. Achète une pizza. Il y aura peut-être des invités. Achète une pizza. Au cas où il y aurait …
3. Prenez un gros pull : il fera peut-être froid. Prenez un gros pull. Au cas où il ferait …
4. Racontez tout à Pierre, s'il demande des explications. Racontez tout à Pierre, au cas où s'il demanderait
5. Regardez la règle de grammaire, si vous avez des doutes. Regardez la règle de grammaire, au cas où, si vous auriez.

3 **»** **Complétez avec un conditionnel passé et un ou plusieurs pronoms compléments.**

– J'ai perdu votre numéro de téléphone, sinon *je vous aurais appelé.*

1. Je ne savais pas qu'il y avait une fête dans le quartier, sinon je serais allée
2. Heureusement que le train avait un peu de retard, sinon je l'aurais attendu
3. J'ai oublié que c'était l'anniversaire de Marie, sinon j'aurais parlé bon anniversaire
4. Je ne savais pas que vous n'aimiez pas le fromage, sinon je ne lui aurais pas donné
5. Heureusement que le chauffeur a évité mon chien, sinon il aurait mordu le chauffeur.

4 **»** **Monsieur Dupond est vieux et il a des regrets. Exprimez-les. Continuez librement**

voyager – parler plusieurs langues – être un artiste – acheter une maison – profiter davantage de la vie – avoir des enfants – faire des économies – être plus tolérant

J'aurais aimé / J'aurais voulu être un artiste, j'aurais voulu acheter une maison.

J'aurais dû ~~être~~ un artiste. profiter davantage
faire des économies, être plus tolérant.

Si j'avais l'argent, je donne

50

LES HYPOTHÈSES

S'il fait beau demain, nous **irons** à la campagne.

L'HYPOTHÈSE sur LE FUTUR

« QUAND » et « SI »

- « **Quand** » suivi du futur simple indique une **certitude** :

  *L'année prochaine, quand **je reviendrai, j'irai** au Ritz.*
  *Demain, quand **je sortirai, je passerai** chez toi.*

- S'il n'y a pas de certitude, on peut faire une **hypothèse sur le futur** avec :

  « SI » + PRÉSENT FUTUR SIMPLE

  *L'année prochaine, si **je reviens** à Paris, **j'irai** au Ritz.*
  *Demain, si **je sors** tôt, **je passerai** chez toi.*

⚠ • **Jamais** de futur après « si » :

  ***S'il fait** beau et **si j'ai** des vacances, j'irai à la plage.*

- Il ne faut pas confondre le « si » de l'hypothèse et le « si » du discours indirect qui peut être suivi du futur :

  Je ne sais pas si (oui ou non) *je partirai.*
  Il lui demande si (oui ou non) *elle viendra.*

Pour exprimer une généralité, on utilise « si » + présent/présent :

Si on mange trop, on grossit. (« si » = « quand »)
Si je dors trop, j'ai mal à la tête.

Pour exprimer une recommandation, on utilise « si » + présent/impératif :

Si tu sors, mets ton manteau !
Si tu as des problèmes, appelle-moi !

« Au cas où », p. 230

EXERCICES

1 **Répondez, selon le modèle.**

– Quand vous reviendrez à Paris, où habiterez-vous ?
– *Si je reviens à Paris, j'habiterai à l'hôtel.*

1. – Quand vous changerez de voiture, quelle voiture achèterez-vous ?
   – ____________________
2. – Quand vous inviterez Alice à dîner, où l'emmènerez-vous ?
   – ____________________
3. – Quand vous ferez une fête, ce sera un samedi ou un dimanche ?
   – ____________________
4. – Quand vous partirez en vacances, où irez-vous ?
   – ____________________

2 **Faites des phrases avec des conséquences « en chaîne », selon le modèle.**

Suite logique

Sortir sans parapluie → Se mouiller → Prendre froid → Tomber malade → Manquer l'école → Rater ses examens → Étudier pendant l'été → Ne pas partir en vacances !

Si tu sors sans parapluie, tu te mouilleras, si tu te mouilles, ____________________
____
____

3 **Transformez, selon le modèle.**

– Pour mieux dormir, **mangez** peu le soir ! – *Si vous mangez peu le soir, vous dormirez mieux !*

1. – Pour recevoir un catalogue, **remplissez** le formulaire ! – ____________________
2. – Pour être efficace, **réorganisez** vos services ! – ____________________
3. – Pour éviter les embouteillages, **partez** tôt ! – ____________________
4. – Pour faire moins d'erreurs, **parlez** plus lentement ! – ____________________
5. – Pour être plus en forme, **prenez** des vitamines ! – ____________________

4 » **Complétez librement les phrases.**

1. Demain, s'il fait beau, nous __________ à la plage, mais si __________, __________ au cinéma.
2. J'attends un enfant, si c'est un garçon, je __________ Gabriel et si __________ Clara.
3. Si je vais à Lyon, je __________ le train, mais si __________ à Moscou, __________ l'avion.
4. Si je vais au restaurant chinois, __________, mais si __________ .
5. Si j'ai deux jours de congé, __________, mais si __________ .

L'HYPOTHÈSE sur LE PRÉSENT

Aujourd'hui, **s'il faisait** beau, j'**irais** à la piscine.

Quand on imagine quelque chose qui n'existe pas, on fait une **hypothèse sur le présent** avec :

« SI » + IMPARFAIT CONDITIONNEL PRÉSENT

Aujourd'hui, il ne fait pas beau. Je ne sors pas.
*Aujourd'hui, **s'il faisait** beau, **je sortirais**.*

Je ne suis pas français. Je parle mal français.
***Si j'étais** français, **je parlerais** bien français.*

- Pour faire une **suggestion**, on utilise « si » + imparfait :

***Si on allait** au cinéma ?* = Je propose d'aller au cinéma.
***Si on prenait** un café ?* = Je propose de prendre un café.

L'HYPOTHÈSE sur LE PASSÉ

Hier, **s'il avait fait** beau, je **serais allé** à la piscine.

Quand on imagine quelque chose qui n'a pas eu lieu, on fait une **hypothèse sur le passé** avec :

« SI » + PLUS-QUE-PARFAIT CONDITIONNEL PASSÉ

Dimanche dernier, il n'a pas fait beau. Je ne suis pas sorti.
*Dimanche dernier, **s'il avait fait** beau, **je serais sorti**.*

Hier, je suis parti en retard et j'ai raté le train.
*Hier, **si je n'étais** pas **parti** en retard, **je n'aurais** pas **raté** le train.*

« Au cas où », p. 230 Formation du conditionnel, p. 230

EXERCICES

1 Répondez, selon le modèle.

– Si vous aviez mal aux dents, que feriez-vous ?
– *Si j'avais mal aux dents, j'irais chez le dentiste.*

1. – Si vous aviez un an de congé, où iriez-vous ?
– ____________________
2. – Si vous aviez un perroquet, comment l'appelleriez-vous ?
– ____________________
3. – Si vous changiez de ville un jour, où iriez-vous ?
– ____________________
4. – Si vous ne faisiez pas de grammaire en ce moment, que feriez-vous ?
– ____________________

2 Imaginez d'autres réalités.

1. Je suis anglais. Je parle anglais. Si j'*étais* français, *je parlerais français.*
2. On est en hiver. Il fait froid. Si on ____________ été, ____________
3. J'habite en ville. Je n'ai pas de chien. Si j'____________ campagne, ____________
4. Tu ne fais pas d'efforts. Tu ne fais pas de progrès. Si tu ____________ efforts, ____________
5. Je n'ai pas le permis. Je ne conduis pas. Si j'____________ permis, ____________

3 Transformez avec une hypothèse sur le présent.

– Vous avez besoin d'argent liquide, qu'est-ce que vous faites ?
– *Si j'avais besoin d'argent liquide, j'irais à la banque.*

1. – Vous trouvez un dossier dans un taxi, que faites-vous ?
– ____________________
2. – Il y a une fuite dans votre cuisine, qu'est-ce que vous faites ?
– ____________________
3. – Nous sommes bloqués dans l'ascenseur, que faites-vous ?
– ____________________
4. – Un voisin appelle au secours, qu'est-ce que vous faites ?
– ____________________

4 >> Propositions pour améliorer les grandes villes. Faites des hypothèses.

interdire le stationnement dans le centre - multiplier les passages souterrains pour les voitures - doubler le nombre de taxis - planter des arbres - utiliser les fleuves pour les transports - etc.

Si j'étais maire de ma ville, ____________________

EXERCICES

1 **Transformez, selon le modèle. Complétez selon le modèle.**

Ma meilleure amie : Elle mange des gâteaux à tous les repas et elle ne grossit pas !
Moi, si *je mangeais des gâteaux à tous les repas, je grossirais.*

1. Elle met des talons de 20 centimètres, et elle ne se tord pas la cheville.
   Moi, si ______________________
2. Elle s'habille comme une gamine, et elle n'est pas ridicule.
   Moi, si ______________________
3. Elle sort sous la pluie sans parapluie et elle ne s'enrhume jamais.
   Moi, si ______________________
4. Elle fait ses vêtements elle-même et elle ressemble à une star.
   Moi, si ______________________

2 **Complétez selon le modèle.**

Mon meilleur ami : Il mange des frites à tous les repas et il n'a pas de cholestérol !
Moi, si *je mangeais des frites à tous les repas, j'aurais du cholestérol.*

1. Il met du poivre et du piment dans tous les plats et il n'a pas mal à l'estomac.
   Moi, si ______________________
2. Il est beau, riche et intelligent et il n'est pas content.
   Moi, si ______________________
3. Il boit un litre l'alcool par jour et il est en super forme.
   Moi, si ______________________
4. Il a deux femmes, six enfants et trois chiens, et il tient le coup.
   Moi, si ______________________

3 >> **Faites des propositions, selon le modèle.**

– Je suis fatiguée ! *Si on faisait une pause ?*
– Il y a de bons films en ce moment : ______________
– On a 3 jours de congé, ______________
– J'ai faim ! – Moi aussi : ______________

4 >> **Au jeu des portraits chinois, décrivez oralement un ami, votre professeur...**

une fleur   un légume   une couleur   une ville   un acteur/une actrice   une voiture

Si c'était une fleur, ce serait une violette ______________________

5 >> **Imaginez leur vie en commençant par « si j'étais »...**

un chat – la reine d'Angleterre – un professeur de français –
une star de football – un petit enfant

Si j'étais un chat, ______________________

EXERCICES

1 **Complétez avec une hypothèse sur le passé.**

1. J'ai gagné 1 000 euros à la Loterie. J'ai acheté une télévision.
   Si j'avais gagné 100 000 euros, ____________________
2. Je suis allé dans un restaurant indien. J'ai mangé du poulet au curry.
   ____
3. Je suis rentré chez moi en métro. J'ai mis une heure.
   ____
4. J'ai eu 19 sur 20 à mon devoir. J'ai été deuxième.
   ____

2 **Transformez avec une hypothèse sur le passé.**
Paul n'a pas pu venir au cocktail parce qu'il avait trop de travail.
S'il avait eu moins de travail, il serait venu au cocktail.

1. Je ne suis pas allé(e) à la plage parce qu'il y avait trop de vent.
   ____
2. Marie n'a pas pris son vélo parce qu'il y avait trop de circulation.
   ____
3. Je ne suis pas allé(e) à la piscine parce qu'il y avait trop de monde.
   ____
4. Tu as eu mal à la tête parce que tu as bu trop de vin.
   ____

3 **Complétez avec une hypothèse sur le passé.**
– Avez-vous acheté un journal, ce matin ?
– Non, mais *si j'avais acheté un journal, j'aurais acheté* le *Times !*

1. – Vous avez regardé la télévision, hier soir ? – Non, mais ____________________ un film.
2. – Vous avez pris un apéritif à midi ? – Non, mais ____________________ un porto.
3. – Avez-vous mangé des fruits au déjeuner ? – Non, mais ____________________ du melon.
4. – Êtes-vous parti(e) en week-end, la semaine dernière ? – Non, mais ____________________ en Bretagne.

4 **Complétez avec une hypothèse sur le passé.**

1. André a perdu les livres que je lui avais confiés. *Si j'avais su, je ne les lui aurais pas confiés.*
2. Marta a jeté le beau dessin que je lui avais donné. ____________________
3. Mes voisins ont répété tout ce que je leur avais dit. ____________________
4. Mes amis ont détesté le restaurant que je leur avais conseillé. ____________________
5. Je me suis ennuyé(e) à la conférence de M. Boudet. ____________________

51 LE SUBJONCTIF

Il faut	**que**	je	parl**e**	français.
		tu	parl**es**	anglais.
		il / elle / on	parl**e**	chinois.
		nous	parl**ions**	avec vous.
		vous	parl**iez**	lentement.
		ils / elles	parl**ent**	sans accent.

UTILISATION

■ L'indicatif indique la réalité de façon **objective**. Le subjonctif de façon **subjective.**

Indicatif : *Paul **est** absent.*

Subjonctif : *Je voudrais* / *J'aimerais* | *qu'il **soit** là.*

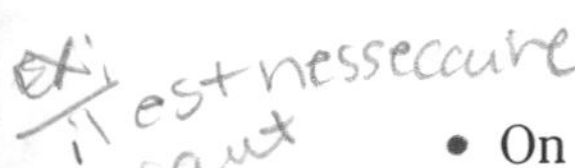

- On utilise le subjonctif après les verbes exprimant un **désir**, un **sentiment**, une **attente** ou une **obligation**.

■ « **IL FAUT QUE** » est la forme la plus fréquente avec le subjonctif :

- « **Il faut** » + infinitif exprime une obligation générale :

  Il faut manger pour vivre.
  = On doit manger pour vivre.

- « **Il faut que** » + subjonctif exprime une obligation personnelle :

  Il faut que je mange tôt.
  = Je dois manger tôt.

- Forme négative : *Il ne faut pas rester.* *Il ne faut pas que je reste.*

■ **Pour les verbes en « -er »,** la conjugaison du subjonctif est identique à celle du présent, sauf pour « nous » et « vous » qui se terminent par « **-ions** » et « **-iez** » :

PARLER	*que je parle*	*que tu parles*	*que nous parl-**ions***
MANGER	*que je mange*	*que tu manges*	*que vous mang-**iez***
ÉTUDIER	*que j'étudie*	*que tu études*	*que nous étudi-**ions***
SE LEVER	*que je me lève*	*que tu te lèves*	*que nous nous lev-**ions***

Formation complète, p. 240 Verbes de désir, etc., p. 242

EXERCICES

1 Transformez en utilisant « il faut que », selon le modèle.

Vous devez parler français. *Il faut que vous parliez français.*

1. Vous devez répéter souvent les mêmes structures.
   Il faut que vous repetez
2. Vous devez écouter les exercices enregistrés.
   Il faut
3. Vous devez corriger votre accent.
4. Vous devez noter du vocabulaire.
5. Vous devez regarder des films français.
   Il faut que vous regardiez des films français
   5

2 Transformez avec « il faut que ».

Avant la randonnée

Il faut :
- contrôler le matériel,
- regarder la météo,
- étudier la carte,
- préparer des sandwichs,
- emporter des pulls chauds,
- manger légèrement.

Avant de partir,
il faut que nous contrôlions le matériel,

3 Décrivez les opérations nécessaires pour retirer de l'argent d'un distributeur.

insérer votre carte - composer votre code secret - sélectionner une opération - indiquer le montant - retirer les billets - ne pas oublier votre carte

Pour retirer de l'argent, il faut que vous

4 Conjuguez les « résolutions » du bon étudiant.

Je dois étudier la grammaire. Je dois pratiquer la langue. Je dois recopier mes notes.
Je dois participer en cours. Je dois accepter les « bizarreries » d'une autre langue.

– *Il faut que j'étudie la grammaire.* – *Il faut que tu*

5 » Donnez vos propres résolutions.

FORMATION DU SUBJONCTIF

Règle générale :

Radical de la 3e personne du pluriel du présent de l'indicatif
+ « -e », « -es », « -e », « -ions », « -iez », « -ent »

PARTIR	Ils **part**-ent	→	*Il faut que*	*je*	***part***	***-e***
			que	*tu*	***part***	***-es***
			qu'	*il*	***part***	***-e***
			que	*nous*	***part***	***-ions***
			que	*vous*	***part***	***-iez***
			qu'	*ils*	***part***	***-ent***

FINIR	Ils **finiss**-ent	→	*Il faut que*	*je*	***finiss-e***
METTRE	Ils **mett**-ent	→	*que*	*je*	***mett-e***
ÉCRIRE	Ils **écriv**-ent	→	*que*	*j'*	***écriv-e***

(Et : dormir, sortir, lire, attendre, etc.)

Quand « nous » et « vous » ont un radical différent de « ils » au présent de l'indicatif, ils conservent cette différence au subjonctif.

BOIRE	Ils **boiv**-ent	→	*Il faut que*	*je*	***boiv**-e*
	Nous **buv**-ons	→	*que*	*nous*	***buv**-ions*
	Vous **buv**ez	→	*que*	*vous*	***buv**-iez*
PRENDRE	Ils **prenn**-ent	→	*que*	*je*	***prenn**-e*
	Nous **pren**-ons	→	*que*	*nous*	***pren**-ions*
	Vous **pren**ez	→	*que*	*vous*	***pren**-iez*

(Et : venir, recevoir, acheter, jeter, etc.)

Verbes irréguliers

	ÊTRE		AVOIR		ALLER		FAIRE
que je	***sois***	*que j'*	***aie***	*que j'*	***aille***	*que je*	***fasse***
que tu	***sois***	*que tu*	***aies***	*que tu*	***ailles***	*que tu*	***fasses***
qu'il	***soit***	*qu'il*	***ait***	*qu'il*	***aille***	*qu'il*	***fasse***
que nous	***soyons***	*que nous*	***ayons***	*que nous*	***allions***	*que nous*	***fassions***
que vous	***soyez***	*que vous*	***ayez***	*que vous*	***alliez***	*que vous*	***fassiez***
qu'ils	***soient***	*qu'ils*	***aient***	*qu'ils*	***aillent***	*qu'ils*	***fassent***

POUVOIR *que je* ***puisse*** *que vous* ***puissiez*** SAVOIR *que je* ***sache*** *que vous* ***sachiez***

EXERCICES

1 **Complétez les dialogues avec « il faut que ».**

Les hommes d'affaires

Tous mes collègues
mettent une cravate,
écrivent de gros rapports,
lisent les journaux étrangers,
sortent tard du bureau,
font des heures supplémentaires.

Moi aussi,
il faut que je mette une cravate !
____
____
____
____

2 **Complétez les dialogues avec « il faut que ».**

1. – Votre devez prendre ces antibiotiques.
– *Il faut vraiment que je les prenne ?*
– *Oui, il faut que vous les preniez.*

2. – Vous devez recevoir ces clients.
– ____________________
– ____________________

3. – Vous devez jeter ces vieilles revues.
– ____________________
– ____________________

4. – Vous devez apprendre ces règles.
– ____________________
– ____________________

3 **Complétez les phrases avec les verbes manquants.**

1. Marie a très mal à la tête : il faut qu'elle *prenne* une aspirine.
2. Tout est très sale : il faut que je __________ le ménage et la vaisselle.
3. Vous êtes trop tendue : il faut que vous __________ moins de café.
4. Les invités arrivent : il faut que je __________ le rôti dans le four.
5. Mon rendez-vous est à neuf heures : il faut que je __________ de chez moi à huit heures.

4 **Transposez oralement avec « il faut que ».**

Cher Jules

Je dois partir pour New York avec Nicolas. Nous devons obtenir des crédits supplémentaires.
La direction doit comprendre que le marché européen a changé. Elle doit nous suivre et nous faire confiance. Mais nous devons être très convaincants…
Pendant notre absence, tu dois faire patienter les clients. Tu dois leur dire que tout sera prêt à Noël, comme prévu. Naturellement, ils ne doivent pas savoir que nous avons des problèmes…
Bon courage !

Laurent.

Il faut que je parte pour New York avec Nicolas. Il faut que nous obtenions
Il faut que marché européen a changé. Il faut que suive

5 **Donnez la liste de tout ce que vous devez faire avant de partir en voyage.**

LES VERBES « SUBJECTIFS »

Je constate que Paul **est** absent. J'aimerais qu'il **soit** là.

■ Les verbes « objectifs » sont suivis de l'**indicatif**, les verbes « subjectifs » sont suivis du **subjonctif**.

- Verbes « objectifs »

Je constate *J'observe* *Je remarque*	*qu'il* ***est*** *absent.*
Je pense *Je crois* *Je suppose*	*qu'il* ***est*** *en retard.*
J'affirme *Je déclare* *Je dis*	*qu'il ne* ***reviendra*** *pas.*

- Verbes « subjectifs »

Je désire *J'aimerais* *Je souhaite*	*qu'il* ***soit*** *là.*
J'ai peur *Je crains* *Je redoute*	*qu'il (ne)* ***soit*** *malade.*
Je veux *J'ordonne* *J'exige* *Je supplie*	*qu'il* ***revienne****.*

- On utilise l'**indicatif** avec les verbes « de la tête » : observation de la réalité, réflexion, déduction, parole (*constater, penser, imaginer, déclarer, etc.*)
- On utilise le **subjonctif** avec les verbes « du cœur » : désirs, sentiments, intentions, craintes (*vouloir, aimer, exiger, avoir peur,* etc.)
- ⚠ « **Espérer** » est suivi de l'indicatif :

  J'espère que vous ***viendrez*** *demain.* *J'espère qu'il* ***fera*** *beau.*

■ Les verbes objectifs à la forme négative sont généralement suivis du subjonctif :

Je ***ne*** *crois* ***pas*** *que Paul* ***soit*** *malade.*
Je ***ne*** *pense* ***pas*** *qu'il* ***ait*** *la grippe.*

- Après une interrogation avec **inversion,** on utilise souvent le subjonctif :

  Pensez-vous *que cet homme* ***soit*** *coupable ?*

- Quand un adjectif exprime un jugement, on utilise le subjonctif :

  Je trouve que Max a du talent.
  Je trouve ***normal*** *qu'il* ***ait*** *du succès.*

- ♪ Avec les verbes de crainte, on utilise souvent un « ne » stylistique qui n'est pas une négation :

  J'ai peur que Paul ***ne*** *soit malade*

Formes impersonnelles, p. 246

EXERCICES

1 **Notez les verbes suivis de l'indicatif et les verbes suivis du subjonctif.**

À propos d'un homme politique

Je pense qu'il est intelligent.
Je trouve qu'il a du charisme.
J'aimerais qu'il réussisse.
Je souhaite qu'il fasse des réformes.
Je suppose qu'il est cultivé.

J'ai peur qu'il ne fasse de mauvaises alliances.
Je crains qu'il ne soit mal conseillé.
J'espère qu'il prendra de bonnes décisions.
Je crois qu'il est compétent.
Je trouve normal qu'il soit bien payé.

+ indicatif	+ subjonctif
Je pense ________________	________________
________________	________________
________________	________________
________________	________________

2 **Répondez selon le modèle.**

– Vous pensez que Paul **prendra** ses vacances en février ?
– *Je ne sais pas, mais j'aimerais bien qu'il prenne ses vacances en février.*

1. – Vous croyez que Marie **viendra** avec nous ?
   – ________________
2. – Vous pensez que Julien **réussira** ses examens ?
   – ________________
3. – Vous croyez que les enfants **partiront** ensemble ?
   – ________________
4. – Vous pensez qu'ils **prendront** le train ?
   – ________________
5. – Vous pensez qu'ils **iront voir** leur grand-mère ?
   – ________________

3 » **Complétez en exprimant vos opinions, vos désirs, vos craintes.**

Les produits bio sont plus chers que les autres. – Les criminels sont de plus en plus jeunes. – Il y a de la vie sur Mars. – Le monde politique est corrompu. – Il y a de plus en plus de cataclysmes. – On ne prend plus le temps de vivre. – Les hommes sont trop individualistes.

Je trouve ________________

Je ne crois pas ________________

J'aimerais ________________

Je suis choqué(e) ________________

Je trouve inquiétant ________________

Je regrette ________________

EXERCICES

1 **Transformez pour utiliser des subjonctifs.**

Souhaits

Je trouve que mon bureau est trop petit
et qu'il n'y a pas assez de lumière.
Je trouve que la moquette est trop vieille
et que la couleur des murs est trop triste.
Je constate qu'il n'y a toujours pas de stores
et qu'il n'y a pas de placard personnel.
Je pense que nous faisons trop d'heures
supplémentaires et que nous n'avons pas
assez de temps pour déjeuner.

Je voudrais que mon bureau soit plus grand

____

2 **Transformez avec un indicatif ou un subjonctif.**

Sentimentale

Quand tu es là, je suis contente.
Quand tu pars, je suis triste.
Quand tu m'écris, je suis ravie.
Quand tu reviens, je suis heureuse.
Quand tu me mens, je suis furieuse.

Je suis contente que tu sois là.

____

3 **Répondez avec une forme négative, selon le modèle.**

– Vous pensez que la piscine est ouverte le soir ? – *Non, je ne pense pas qu'elle soit ouverte.*

1. Vous croyez que les musées sont fermés le lundi? – ______________________
2. Vous pensez qu'il y a un bus direct pour l'Opéra ? – ______________________
3. Vous croyez que nous sommes en retard? – ______________________
4. Vous pensez qu'on peut entrer sans faire la queue ? – ______________________
5. Vous pensez qu'il fait froid, dehors? – ______________________

4 » **Décrivez votre chambre selon le modèle de l'exercice 1 et dites ce que vous aimeriez modifier.**

____

____

EXERCICES

1 **Transformez pour utiliser des subjonctifs.**

Soucis

Je trouve que mon fils ne sort pas assez.
Il n'a pas d'amis. Il est trop seul.
Je pense qu'il n'est pas assez sociable et qu'en général il ne fait pas assez d'efforts.
Je remarque qu'il n'est pas très costaud.
Il ne fait pas du tout de sport.
Il ne va même plus à la piscine.
J'espère qu'il reprendra ses cours de guitare et qu'il ira de nouveau au concert le jeudi.

J'aimerais que mon fils ______

2 **Répondez en utilisant un subjonctif ou un indicatif.**

1. – Notre entreprise va déménager, je crois. – *Moi aussi, je pense qu'elle va déménager.*
2. – Les employés seront mécontents, je le crains. – ______
3. – Les clients vont faire des réclamations, j'en ai peur. – ______
4. – Le directeur fera une réunion, j'imagine. – ______
5. – Les actionnaires seront présents, je suppose. – ______

3 **Transformez selon le modèle.**

Match de boxe

Max : La match va être difficile.
Paul : **Je le pense aussi.**
Max : Le combat est truqué ?
Paul : **Je ne crois pas !**
Max : Jim va faire un beau match.
Paul : **Je le souhaite !**

Max : Le combat sera retransmis ?
Paul : **Je suppose.**
Max : L'arbitre est un ancien boxeur ?
Paul : **J'imagine.**
Max : Il y a plus de femmes que d'hommes.
Paul : **Oui, je suis surpris !**

Paul pense que le match va être difficile. Il ne croit pas ______

4 » **Trouvez les verbes, selon le modèle.**

1. *Je ne pense pas* que cette table soit très ancienne. – **2.** ______ qu'il ne pleuve pendant le week-end.
3. ______ qu'il y ait autant de monde dans la rue. – **4.** ______ que cette couleur te va bien.
5. ______ que tu viennes à ma fête. – **6.** ______ que vous soyez obligés de partir.
7. ______ que Paul n'ait la grippe. – **8.** ______ que les infirmières soient si mal payées.

LES CONSTRUCTIONS IMPERSONNELLES

Il faut que je **parte** pour le Brésil.
Il est important que j'y **sois** le 10.

■ Les constructions impersonnelles qui expriment une **contrainte**, un **jugement**, etc., sont suivies du subjonctif :

Il faut
Il vaut mieux
Il vaudrait mieux | *qu'il* ***parte****.*
Il est important
Il est dommage

• Les constructions qui expriment une certitude sont suivies de l'indicatif :

Il est | ***évident*** / ***clair*** / ***certain*** | *qu'il partira.*

LE SUBJONCTIF et LA RÉALITÉ

■ L'indicatif renvoie à une réalité **donnée** ou **probable**, le subjonctif à une réalité **incertaine** :

Je cherche une maison qui ***a*** *un grand jardin.*
(Je sais que cette maison existe = indicatif)

Je cherche une maison qui ***ait*** *un grand jardin.*
(Je ne sais si pas cette maison existe = subjonctif)

⚠ • *Il est probable que Paul* ***partira****.* (+ 50 % de chances : indicatif)
Il est possible que Paul ***parte****.* (= ou – 50 % : subjonctif)

LE SUBJONCTIF PRÉSENT et LE SUBJONCTIF PASSÉ

■ On utilise, en général, le subjonctif présent quel que soit le temps du verbe principal :

J'attends
J'ai attendu | *qu'il* ***soit*** *là.* (Le subjonctif est un « mode » futur.)
J'attendrai

■ On utilise, en général, le subjonctif passé quand l'action est achevée.
On le forme avec l'auxiliaire « être » ou « avoir » au subjonctif présent + participe passé.

Je regrette qu'il ***soit parti****.*
Je suis contente qu'il ***ait trouvé*** *un emploi.*

EXERCICES

1 **Transformez selon le modèle.**

– Il y a parfois des perles dans les huîtres, mais c'est rare.
– Oui, *il est rare qu'il y ait des perles dans les huîtres.*

1. – Un footballeur est mieux payé qu'un ministre. C'est choquant.
   – Oui, ________________
2. – On meurt encore de faim au XXIe siècle. C'est insupportable.
   – Oui, ________________
3. – Paul B. n'écrit plus de romans. C'est dommage.
   – Oui, ________________
4. – La pollution est responsable des perturbations climatiques. C'est évident.
   – Oui, ________________

2 » **Reprenez les phrases avec « il vaudrait mieux que ».**

– Je suis en retard. Je vais **prendre** le métro. – *Il vaudrait mieux que tu prennes un taxi !*

1. – J'ai une grosse migraine. Je vais **prendre** un whisky. – ________________
2. – J'ai invité ma belle-mère. Je vais **faire** une pizza surgelée. – ________________
3. – J'ai deux mois de vacances. Je vais **aller** en Sibérie. – ________________
4. – J'ai des économies. Je vais les **mettre** sous mon matelas. – ________________
5. – Je suis déprimé. Je vais **aller** chez une voyante. – ________________

3 **Répondez en utilisant un subjonctif ou un indicatif.**

1. Il est souhaitable que vous *fassiez* des exercices et que vous ________ des livres en français. – **2.** Il faut que notre entreprise ________ des travaux. Il est important que les employés ________ de bonnes conditions de travail. – **3.** Il est certain que la situation économique ________ délicate et il est évident que l'avenir ________ assez sombre. – **4.** Je suppose que le directeur ________ dans son bureau. Je vois qu'il y ________ encore de la lumière. – **5.** Il est possible qu'il y ________ une grève demain et j'imagine qu'il y ________ des embouteillages. – **6.** Il est dommage qu'il ne ________ pas beau, nous aurions pu dîner en terrasse. – **7.** – Je cherche une baby-sitter qui ________ libre de 4 heures à 6 heures. – Ça tombe bien, je crois que ma petite voisine ________ libre tous les après-midi ! – **8.** Il est fort probable qu'il ________ froid cet hiver.

4 » **Faites des phrases selon le modèle en utilisant un subjonctif passé.**

1. Pierre est guéri. Je suis content. *Je suis content que Pierre* ________________
2. Paul n'a pas fait son travail. Je suis furieux. ________________
3. Nous sommes arrivés en retard. Je suis désolé. ________________

LES CONSTRUCTIONS « SUBJONCTIVES »

Bien qu'il fasse un peu froid, nous allons à la campagne **pour que** les enfants prennent l'air.

Les phrases reliées par une conjonction exprimant une dépendance (une contrainte, une attente, etc.) sont, en général, suivies du subjonctif.

- Expression d'une **intention** ou d'un **but** :

Je vous prête mes clés	***pour que*** ***afin que*** ***de sorte que***	*vous puissiez rentrer.*

- Expression d'une **crainte**, d'une **menace** :

Nous avons accepté	***de crainte qu'*** ***de peur qu'***	*il (ne)* parte.*

- Expression d'une **attente,** d'une contrainte **temporelle** :

*Je resterai **jusqu'à ce qu'**il revienne.*
*Asseyons-nous **en attendant qu'**on nous reçoive.*
*Rentrons **avant qu'**il (ne)* pleuve.*

• « **Après que** » est logiquement suivi de l'indicatif (mais l'usage du subjonctif se généralise) :

*Il est parti **après qu'**ils sont rentrés.*

- Expression d'un **obstacle** ou d'une **restriction** :

***Bien qu'**il soit très tard, nous préférons rentrer à pied.*
*Sophie est toujours souriante **bien qu'**elle soit très malade.*
*Nous prendrons l'avion **à moins qu'**il (n')* y ait une grève.*

- Expression d'une **condition** :

Tu peux sortir	***à condition que*** ***pourvu que***	*tu me dises où tu vas.*

♪ • * On utilise souvent un « ne » stylistique qui n'est pas une négation avec l'expression de la crainte et les conjonctions « avant que » et « à moins que ».

EXERCICES

1 **Complétez le texte avec les verbes manquants.**
Je n'accepterai pas, à moins que vous *ne soyez* tous d'accord.

1. Jean et Thérèse ont économisé pour que leurs enfants ________________ des études. – **2.** Il vaut mieux que nous abandonnions ce projet avant qu'il ________________ trop tard. – **3.** Les enfants peuvent rester dans la salle à condition qu'ils ne ________________ pas de bruit. – **4.** Bien que ce restaurant ________________ très cher, il y a toujours beaucoup de monde. – **5.** Pour que nous ________________ à l'heure à la gare, il faut partir maintenant. – **6.** Nous ne prendrons pas de décisions avant que tout le monde ________________ là. – **7.** Voulez-vous prendre un café, en attendant que ma fille ________________ prête ? – **8.** Nous travaillerons jusqu'à ce que tout ________________ terminé.

2 **Complétez avec les subjonctifs manquants.**

Le stage d'informatique portera sur plusieurs semaines : les enfants seront pris en charge jusqu'à ce qu'ils ________________ capables de se débrouiller tout seuls. Pour que la méthode ________________ efficace, il faut que les enfants ________________ travailler en équipe. Le programme débutera fin octobre, à moins que l'aménagement des salles ne ________________ pas terminé. Pour que tous les enfants ________________ le même matériel, il est important que les parents ________________ rapidement par courrier une liste des choses à acheter. Tous les enfants seront admis, à condition qu'ils ________________ au minimum 12 ans et qu'ils ________________ accompagnés le premier jour par une personne de leur famille.

3 **Transformez les phrases avec « pour que » et « il faut que », selon le modèle.**
– Le docteur pourra-t-il opérer si le patient n'est pas à jeun ?
– Non, *pour que le médecin puisse opérer, il faut que le patient soit à jeun.*

1. – Les médicaments seront-ils remboursés si le médecin n'est pas conventionné ?
– Non, ____

2. – Le patient pourra-t-il quitter l'hôpital s'il ne remplit pas une feuille de sortie ?
– Non, ____

3. – Le malade comprendra-t-il les instructions si on ne les traduit pas dans sa langue ?
– Non, ____

4 **Faites des phrases selon le modèle.**
1. Si vous n'avez pas de ticket de caisse, nous ne pourrons pas échanger vos achats. – **2.** Si les enfants n'ont pas d'autorisation, ils ne pourront pas sortir. – **3.** Si vous restez moins de trois jours, vous n'aurez pas de réduction sur les vols. – **4.** Si vous faites une grosse commande, vous aurez une remise.

Pour que nous puissions échanger vos achats, il faut que... ________________
____

52 LES RELATIONS LOGIQUES

Pour expliciter les relations logiques entre plusieurs éléments de phrase, on utilise différentes expressions de cause, conséquence, but et opposition.

LA CAUSE

– Je pars, **parce que** j'ai un rendez-vous.
– Bon, **puisque** vous partez, je vous rappellerai plus tard.

■ « **PARCE QUE** » place la cause en fin de phrase

Je reste à la maison
***parce que** je suis malade.*

■ « **COMME** » place la cause **en début** de phrase :

***Comme** je suis malade,*
je reste à la maison.

- « **Parce que** » répond à « Pourquoi ? »

  *Pourquoi as-tu appelé le médecin ? – **Parce que** Max est malade.*

■ « **PUISQUE** » suppose que la cause est **connue** ou **évidente** pour l'interlocuteur.

*– Je sors. – **Puisque** tu sors, achète du pain, s'il te plaît.*
*– J'ai sommeil… – Eh bien, va te coucher **puisque** tu as sommeil…*

- On l'emploie souvent dans une phrase exclamative.

  *Je m'en vais, **puisque** personne ne m'écoute !*
  ***Puisque** tu sais tout, réponds-moi !*

- « **Car** »/ « **en effet** » sont surtout utilisés à l'écrit.

  *Mon fils ne peut pas aller à l'école, **car** il est souffrant.*

■ « **À CAUSE DE** » + nom : cause négative ou neutre.

*La rue est barrée **à cause des** travaux.*
*Je dors mal **à cause du** bruit.*

■ « **GRÂCE À** » + nom : cause positive.

*J'ai réussi **grâce à** toi.*
*Je dors bien **grâce aux** boules Quies.*

- **De** = effet physique *Être fou **de** joie* *Être mort **de** peur* *Être rouge **de** honte*

EXERCICES

1 **« Parce que ». Donnez la cause.**

~~être malade~~ rater ses examens être en panne faire la grève avoir faim

1. – Jean est absent. Pourquoi ? – *Il est absent parce qu'il est malade.*
2. – Le bébé pleure. Pourquoi ? – ____________________
3. – Marie est triste. Pourquoi ? – ____________________
4. – Les employés ne sont pas là. Pourquoi ? – ____________________
5. – L'ascenseur ne descend pas. Pourquoi ? – ____________________

2 **Utilisez « comme » ou « parce que ».**

Samedi soir

Je n'ai pas pu t'appeler, *parce que* j'avais perdu ton numéro. ________ il y a beaucoup de « Duval » dans l'annuaire, j'ai cherché longtemps. J'ai pris un taxi ____________ j'étais en retard. ________ il y avait beaucoup de monde à la station, j'ai attendu longtemps. ________ le magasin de fleurs était fermé, je t'ai apporté des bonbons.

3 » **« Puisque ». Imaginez un dialogue.**

1. – Il pleut. – *Puisqu'il pleut, restons à la maison !*
2. – J'ai mal à la tête. – ____________________
3. – Le frigo est vide. – ____________________
4. – Je sors. – ____________________

4 **« Comme », « parce que » ou « puisque » ?**

1. – Je me dépêche ____________ je suis en retard.
2. – ____________ j'étais pressé, j'ai pris un taxi.
3. – ____________ tu savais, pourquoi n'as-tu rien dit ?
4. – Pars, ____________ tu ne m'aimes plus !

5 **Complétez avec « parce que », « comme », « puisque », « grâce à » et « à cause de ».**

Hold-up

Hier, il y a eu de l'agitation dans mon quartier ____________________ la banque a été attaquée. ____________________ l'attaque a eu lieu en pleine journée, il y avait beaucoup de monde. Le caissier a appelé la police ____________________ une alarme dissimulée sous son bureau. Mais la police est arrivée en retard ____________________ des embouteillages. Le gangster a pu s'échapper, ____________________ à la complicité d'une femme. ____________________ le hold-up est tout à fait dans son style, la police a soupçonné tout de suite Pierrot Ferdinand. Mais ce n'est sûrement pas lui, ____________________ il est déjà en prison !

6 » **Créez des publicités avec « à cause de » et « grâce à » à partir du modèle.**

1. Vos chaussures sont abîmées *à cause de la* pluie. *Grâce à « Souplor », elles retrouveront leur souplesse.*
2. Votre peau est sèche ____________ soleil. ____________________
3. Vous dormez mal ____________ bruit. ____________________

LA CONSÉQUENCE et LE BUT

Mon rendez-vous est annulé. Je suis **donc** libre ce soir.
C'est pour ça que je t'appelle.

LA CONSÉQUENCE

- « **Donc** », « **par conséquent** » introduisent une conséquence :

  Je n'ai pas de permis, ***donc*** *je ne peux pas conduire.*
  Léo n'a pas dix-huit ans, ***par conséquent*** *il ne peut pas voter.*

- On utilise souvent **alors** en langage courant :

  La rue est barrée, ***alors*** *passons par-derrière !*

- « **Si bien que** »/ « **de sorte que** » expriment une conséquence prévisible, en langage formel :

  La pollution ne cesse d'augmenter ***si bien que*** *la planète est en danger.*
  L'examen était très difficile, ***de sorte que*** *beaucoup ont abandonné.*

- On utilise aussi « **C'est la raison pour laquelle** » / « **C'est pourquoi** » (écrit) ou « **C'est pour ça que** » (oral) :

  Je cherche un emploi. ***C'est la raison pour laquelle*** *je m'adresse à vous.*
  Je cherche du travail. ***C'est pour ça que*** *je t'écris.*

LE BUT

- « **Pour** » (+ infinitif) ou « **pour que** » (+ subjonctif) expriment un but :

  Je me dépêche | ***pour*** *être à l'heure.*
  | ***pour que*** *tout soit prêt.*

- « **Afin de** » (+ infinitif) ou « **afin que** » (+ subjonctif) s'utilisent en langage plus formel :

  Je vous écris | ***afin de*** *vous informer de la situation.*
  | ***afin que*** *vous soyez informé de la situation.*

⚠ • Distinguer « **pour que** » et « **parce que** » :

J'utilise ce shampoing ***pour que*** *mes cheveux frisent.* = but
J'utilise ce shampoing ***parce que*** *mes cheveux frisent.* = cause

EXERCICES

1 Trouvez les conséquences.

Tu as fait une erreur de calcul →	**c'est pour ça qu'**on ne le croit plus.
Nos frais ont augmenté	**alors** on va au cinéma !
La télé est en panne	**donc** ton résultat est faux.
Paul ment toujours	**par conséquent** nous devons ajuster nos prix.

2 Complétez les conséquences sur le modèle de l'exercice 1.

1. « A » égale « B » et « B » égale « C », ________________ « A » égale « C ». C'est logique !
2. Le chauffage est éteint : ________________ il fait si froid !
3. Marilyne n'était pas libre samedi soir, ________________ j'ai invité Bernadette.
4. Votre dossier a été remis après la date limite, ________________ nous ne pouvons l'accepter.

3 Complétez avec des expressions de cause et de conséquence.

1. Tu as dix-huit ans : tu peux voter maintenant ________________ tu es majeur !
   Maintenant tu as dix-huit ans, tu es majeur. ________________ tu peux voter !
2. ________________ il n'y avait plus de pain, nous avons mangé des biscottes.
   Il n'y avait plus de pain. ________________ nous avons mangé des biscottes.
3. Le feu a été maîtrisé rapidement ________________ l'intervention des pompiers.
   Les pompiers sont intervenus rapidement. ________________ le feu a été maîtrisé.

4 Complétez avec une expression de but.

1. Le professeur a répété son explication *pour que* tout le monde *comprenne* les explications.
2. J'ai placé les enfants au premier rang ________________ ils ________________ bien le spectacle.
3. J'ai corrigé le texte ________________ chaque phrase ________________ correcte.
4. Surveillez les enfants ________________ ils ne ________________ pas de bêtises.
5. J'ai donné toutes les instructions ________________ chacun ________________ se débrouiller tout seul.
6. Anna ne sort pas de chez elle. Je l'ai invitée à la campagne ________________ elle ________________ un peu l'air…
7. Je prépare mes affaires le soir ________________ ________________ moins stressée le lendemain matin.
8. Nous réservons nos billets de train à l'avance, ________________ ________________ de bons prix.

5 >> Imaginez la suite en variant les expressions de conséquence.

1. Je n'ai pas assez dormi ________________
2. Léo est majeur, ________________
3. Max rentre de vacances, ________________
4. On a raté l'avion ________________
5. Ma vue a baissé ________________
6. Aujourd'hui, c'est dimanche, ________________
7. Je me suis coupé en me rasant, ________________
8. L'ascenseur est en panne ________________

L'OPPOSITION et LA CONCESSION

Anne est française, **mais** son mari est anglais.
Je suis fatigué, **pourtant** j'ai dormi neuf heures.

L'OPPOSITION oppose deux réalités **indépendantes**.

- « **Mais** » constate une différence :

  Il fait froid dans le Nord, ***mais*** *il fait beau dans le Sud.*

- « **Par contre** » (en langage courant) et « **en revanche** » (en langage formel) renforcent l'opposition :

  Il fait froid à Paris, | ***par contre,*** / ***en revanche,*** | *il fait chaud à Nice.*

- « **Tandis que** » et « **alors que** » opposent en **comparant** :

  C'est l'hiver en France, | ***tandis que*** / ***alors que*** | *c'est l'été au Brésil.*

LA CONCESSION oppose deux réalités **contradictoires** :

- « **Pourtant** » contredit ce qui précède :

  Je suis fatigué, ***pourtant****, j'ai dormi 9 h.* = contre l'évidence
  Mes enfants se disputent, ***pourtant****,* ils s'adorent.

- « **Cependant** », « **toutefois** » sont surtout utilisés à l'écrit :

  Tout est prêt. | ***Cependant,*** / ***Toutefois,*** | *il reste quelques détails à régler.*

- « **Bien que** » + subjonctif ou « **malgré** » + nom signifient « même si » :

  Il fait froid, ***bien qu'il*** *y ait du soleil.* = même s'il y a du soleil
  Nous sortons ***malgré*** *la pluie.* = même s'il pleut

- « **Quand même** », très courant à l'oral, a plusieurs sens :

  Il fait froid, mais je sors ***quand même*** *!* = malgré tout
  Tu pourrais ***quand même*** *m'aider !* = reproche

- « **Avoir beau** » (+ infinitif) signifie faire des efforts sans résultat :

  J'ai ***beau*** *chercher, je ne retrouve plus mes clés.*

« Bien que » voir aussi, p. 248

EXERCICES

1 Établissez des parallèles en utilisant « tandis que » (ou « alors que »).

rouge : température ambiante
blanc : frais
Le vin rouge se boit *à température ambiante tandis que le vin blanc* ____________

Nord : beurre
Sud : huile d'olive
Les gens du Nord consomment ____________

La Grande-Bretagne : monarchie
La France : république
La Grande-Bretagne est ____________

Japon : baguettes
France : couteau et fourchette
Au Japon, on mange ____________

2 » Transformez. Imaginez la suite.

Jo est toujours à l'heure. Il ne court jamais.
Il mange beaucoup et il a toujours faim.
Il est carnivore et il déteste les légumes.
Il rit rarement, il sort peu, il danse mal.

Jo est toujours à l'heure, par contre Jim ____

3 » Complétez librement avec « pourtant ».

1. Notre équipe a perdu. *Pourtant elle avait bien joué.*
2. Max a raté ses examens. ____________
3. Je ne retrouve plus ma voiture. ____________
4. Tu n'as pas reçu ma lettre ? ____________
5. Il fait froid. ____________
6. Jo adore Jim. ____________

4 Transformez avec des expressions de concession, selon le modèle.

1. Il pleut. Vous sortez *malgré la pluie ?*
   – Oui, nous *sortons, même s'il pleut.*
   Il pleut, mais *nous sortons quand même !*
2. Il y a du bruit. Le bébé dort____________ ?
   – Oui, il ____________
   Il y a du bruit, mais ____________
3. Paul a la migraine. Il travaille
   – Oui, il ____________
   Il a la migraine, mais ____________
4. Clara a des défauts. Ses amis l'aiment
   – Oui, ils ____________
   Elle a des défauts, mais ____________

5 » Transformez avec « pourtant » et « avoir beau ». Continuez librement.

1. Je continue à grossir ; pourtant, je fais un régime. *J'ai beau faire un régime, je continue à grossir.*
2. Je suis fatiguée, ____________
3. J'étudie la grammaire, ____________
4. Je fais du ménage, ____________
5. Je dépense peu, ____________

BILAN N° 7

1 Complétez avec les éléments manquants. Faites l'élision si c'est nécessaire. (42 points)

Quelle tête !

Hier matin, je ________ allé au bar prendre un café, mais quand je ________ sorti mon portefeuille pour payer, je me ________ rendu compte que je ne ________ pas d'argent du tout. Alors, je ________ dit au serveur que je ________ à la maison chercher de l'argent et je ________ sorti du bar. Après ________ tourné le coin de la rue, je ________ couru jusque chez moi. Quand je ________ arrivé dans le hall, l'ascenseur ________ bloqué par des livreurs, c'est pourquoi je ________ monté l'escalier à pied. Quand je ________ arrivé devant la porte, je ________ essayé ________ ouvrir avec ma clé, mais je ________ pas arrivé, alors, je ________ tourné la poignée directement : ce ________ ouvert ! Je ________ oublié ________ fermer en partant ! Je ________ entré dans l'appartement et là, quelle surprise : je ________ vu un inconnu, installé dans mon canapé qui ________ tranquillement le cigare en ________ le journal. Je ________ stupéfait et l'homme aussi, apparemment, car il me ________ avec des yeux ronds. Quand une jeune femme rousse ________ sortie de la cuisine avec un bébé dans les bras, je ________ compris soudain que je me ________ trompé d'appartement et d'étage. Après ________ excusé rapidement, je ________ monté à l'étage du dessus où je ________ retrouvé tout ________ je ________ oublié : non seulement mon argent, mais aussi ma carte d'autobus et mes dossiers. Encore sous le choc, je ________ l'ascenseur mais je me ________ retrouvé au sous-sol. Après ________ attendu cinq minutes parce que l'ascenseur ________ de nouveau bloqué, je ________ parvenu au rez-de-chaussée. Bien sûr, quand je ________ sorti, il ________ et je ne ________ pas de parapluie. Si je ________ moins distrait, la vie ________ plus facile !

2 Complétez avec « comme », « si bien que », « pourtant », « même si », « cependant », « puisque », « afin de », « grâce à ». (8 points)

Planète en danger

Des problèmes de pollution aigus concernent notre planète : ________ les médias en parlent beaucoup, peu de mesures efficaces sont prises. ________, la situation s'aggrave jour après jour : l'air, la mer et les sols sont dévastés.

Les enjeux économiques sont souvent énormes et cachés, ________ un système généralisé efficace de lutte contre la pollution est difficile à mettre en place. ________ la législation demeure laxiste, beaucoup d'entreprises continuent d'ignorer le problème. ________, les jeunes générations semblent plus conscientes du danger ________ elles placent, dans les sondages, l'écologie en tête de leurs préoccupations.

C'est ________ cette prise de conscience que la situation pourra peut-être cesser de se dégrader. Il faut agir ensemble ________ sauver notre Terre.

BILAN N° 8

1 Complétez avec les éléments manquants. Faites l'élision si c'est nécessaire. **(50 points)**

1. Demain, pendant que mes amis ________ le match à la télévision, je ________ mes exercices de français ou je ________ un bon roman.
2. Je ________ en vacances en Islande quand je ________ mes examens.
3. S'il ________ beau demain, nous ________ à la plage.
4. J'ai fait beaucoup ________ progrès ________ à mes collègues qui me corrigent tout le temps.
5. Paul m'a dit qu'il ________ malade et qu'il ________ de la fièvre.
6. Cette maison ________ construite par mon père, les arbres ________ plantés par mon grand-père et c'est moi qui ________ peint les volets en bleu.
7. Si je ________ un appartement plus grand, je ________ une grande fête.
8. Quand je suis arrivée, Max ________ la vaisselle en ________ du jazz à la radio.
9. Je trouve que ce meuble ________ beau et je pense qu'il ________ ancien, mais je ne suis pas sûr qu'il ________ du XVIIIe siècle.
10. Ce matin, ________ l'ascenseur ________ en panne, je suis monté ________ pied.
11. Si je ________ vous, j'insisterais pour que Paul ________ présent ________ réunion.
12. ________ il faisait froid dans la pièce, je ________ le radiateur.
13. J'imagine que Roger ________ un travail passionnant car il ________ parle sans cesse.
14. Si tu ________ plus de sport, tu ________ plus musclé et tu ________ plus d'énergie.
15. Tu crois qu'il ________ beau demain ? Je crains qu'il ________ froid comme aujourd'hui.
16. Si je ________ à votre place, je ________ une augmentation à mon patron.
17. Je constate que Marie ________ souvent en retard. Il faudrait qu'elle ________ plus ponctuelle.
18. J'accepte qu'on ________ différent de moi, mais je refuse qu'on me ________ pour un imbécile !
19. J'imagine qu'il ________ trop tard pour aller au concert. Je suppose que tout ________ complet.
20. Il faut que je ________ à la gare. Pensez-vous qu'il ________ nécessaire d'appeler un taxi ?
21. Il est rare que nous ________ là en août : il est probable que nous ________ en Italie.
22. Si je ________ que tu détestais le poisson, j'________ fait autre chose pour le dîner.

infinitif	présent	futur proche	passé composé	imparfait	plus-que-parfait	infinitif passé
ÊTRE	je suis	je vais être	j' ai été	j' étais	j' avais été	avoir été
	tu es	tu vas être	tu as été	tu étais	tu avais été	
	il est	il va être	il a été	il était	il avait été	
	nous sommes	nous allons être	nous avons été	nous étions	nous avions été	
	vous êtes	vous allez être	vous avez été	vous étiez	vous aviez été	
	ils sont	ils vont être	ils ont été	ils étaient	ils avaient été	
AVOIR	j' ai	je vais avoir	j' ai eu	j' avais	j' avais eu	avoir eu
	tu as	tu vas avoir	tu as eu	tu avais	tu avais eu	
	il a	il va avoir	il a eu	il avait	il avait eu	
	nous avons	nous allons avoir	nous avons eu	nous avions	nous avions eu	
	vous avez	vous allez avoir	vous avez eu	vous aviez	vous aviez eu	
	ils ont	ils vont avoir	ils ont eu	ils avaient	ils avaient eu	
VERBES en -ER	je dîne	je vais dîner	j' ai dîné	je dînais	j' avais dîné	avoir dîné
	tu dînes	tu vas dîner	tu as dîné	tu dînais	tu avais dîné	
	il dîne	il va dîner	il a dîné	il dînait	il avait dîné	
	nous dînons	nous allons dîner	nous avons dîné	nous dînions	nous avions dîné	
	vous dînez	vous allez dîner	vous avez dîné	vous dîniez	vous aviez dîné	
	ils dînent	ils vont dîner	ils ont dîné	ils dînaient	ils avaient dîné	
ALLER	je vais	je vais aller	je suis allé	j' allais	j' étais allé	être allé
	tu vas	tu vas aller	tu es allé	tu allais	tu étais allé	
	il va	il va aller	il est allé	il allait	il était allé	
	nous allons	nous allons aller	nous sommes allés	nous allions	nous étions allés	
	vous allez	vous allez aller	vous êtes allés	vous alliez	vous étiez allés	
	ils vont	ils vont aller	ils sont allés	ils allaient	ils étaient allés	
BOIRE	je bois	je vais boire	j' ai bu	je buvais	j' avais bu	avoir bu
	tu bois	tu vas boire	tu as bu	tu buvais	tu avais bu	
	il boit	il va boire	il a bu	il buvait	il avait bu	
	nous buvons	nous allons boire	nous avons bu	nous buvions	nous avions bu	
	vous buvez	vous allez boire	vous avez bu	vous buviez	vous aviez bu	
	ils boivent	ils vont boire	ils ont bu	ils buvaient	ils avaient bu	
CONNAÎTRE	je connais	je vais connaître	j' ai connu	je connaissais	j' avais connu	avoir connu
	tu connais	tu vas connaître	tu as connu	tu connaissais	tu avais connu	
	il connaît	il va connaître	il a connu	il connaissait	il avait connu	
	nous connaissons	nous allons connaître	nous avons connu	nous connaissions	nous avions connu	
	vous connaissez	vous allez connaître	vous avez connu	vous connaissiez	vous aviez connu	
	ils connaissent	ils vont connaître	ils ont connu	ils connaissaient	ils avaient connu	

futur simple	futur antérieur	conditionnel présent	conditionnel passé	subjonctif	impératif	gérondif
je serai tu seras il sera nous serons vous serez ils seront	j' aurai été tu auras été il aura été nous aurons été vous aurez été ils auront été	je serais tu serais il serait nous serions vous seriez ils seraient	j' aurais été tu aurais été il aurait été nous aurions été vous auriez été ils auraient été	que je sois que tu sois qu'il soit que nous soyons que vous soyez qu'ils soient	sois soyons soyez	en étant
j' aurai tu auras il aura nous aurons vous aurez ils auront	j' aurai eu tu auras eu il aura eu nous aurons eu vous aurez eu ils auront eu	j' aurais tu aurais il aurait nous aurions vous auriez ils auraient	j' aurais eu tu aurais eu il aurait eu nous aurions eu vous auriez eu ils auraient eu	que j' aie que tu aies qu'il ait que nous ayons que vous ayez qu'ils aient	aie ayons ayez	en ayant
je dînerai tu dîneras il dînera nous dînerons vous dînerez ils dîneront	j' aurai dîné tu auras dîné il aura dîné nous aurons dîné vous aurez dîné ils auront dîné	je dînerais tu dînerais il dînerait nous dînerions vous dîneriez ils dîneraient	j' aurais dîné tu aurais dîné il aurait dîné nous aurions dîné vous auriez dîné ils auraient dîné	que je dîne que tu dînes qu'il dîne que nous dînions que vous dîniez qu'ils dînent	dîne dînons dînez	en dînant
j' irai tu iras il ira nous irons vous irez ils iront	je serai allé tu seras allé il sera allé nous serons allés vous serez allés ils seront allés	j' irais tu irais il irait nous irions vous iriez ils iraient	je serais allé tu serais allé il serait allé nous serions allés vous seriez allés ils seraient allés	que j' aille que tu ailles qu'il aille que nous allions que vous alliez qu'ils aillent	va allons allez	en allant
je boirai tu boiras il boira nous boirons vous boirez ils boiront	j' aurai bu tu auras bu il aura bu nous aurons bu vous aurez bu ils auront bu	je boirais tu boirais il boirait nous boirions vous boiriez ils boiraient	j' aurais bu tu aurais bu il aurait bu nous aurions bu vous auriez bu ils auraient bu	que je boive que tu boives qu'il boive que nous buvions que vous buviez qu'ils boivent	bois buvons buvez	en buvant
je connaîtrai tu connaîtras il connaîtra nous connaîtrons vous connaîtrez ils connaîtront	j' aurai connu tu auras connu il aura connu nous aurons connu vous aurez connu ils auront connu	je connaîtrais tu connaîtrais il connaîtrait nous connaîtrions vous connaîtriez ils connaîtraient	j' aurais connu tu aurais connu il aurait connu nous aurions connu vous auriez connu ils auraient connu	que je connaisse que tu connaisses qu'il connaisse que nous connaissions que vous connaissiez qu'ils connaissent	connais connaissons connaissez	en connaissant

infinitif	présent	futur proche	passé composé	imparfait	plus-que-parfait	infinitif passé
DEVOIR	je dois tu dois il doit nous devons vous devez ils doivent	je vais devoir tu vas devoir il va devoir nous allons devoir vous allez devoir ils vont devoir	j' ai dû tu as dû il a dû nous avons dû vous avez dû ils ont dû	je devais tu devais il devait nous devions vous deviez ils devaient	j' avais dû tu avais dû il avait dû nous avions dû vous aviez dû ils avaient dû	avoir dû
DIRE	je dis tu dis il dit nous disons vous dites ils disent	je vais dire tu vas dire il va dire nous allons dire vous allez dire ils vont dire	j' ai dit tu as dit il a dit nous avons dit vous avez dit ils ont dit	je disais tu disais il disait nous disions vous disiez ils disaient	j' avais dit tu avais dit il avait dît nous avions dit vous aviez dit ils avaient dit	avoir dit
ÉCRIRE	j' écris tu écris il écrit nous écrivons vous écrivez ils écrivent	je vais écrire tu vas écrire il va écrire nous allons écrire vous allez écrire ils vont écrire	j' ai écrit tu as écrit il a écrit nous avons écrit vous avez écrit ils ont écrit	j' écrivais tu écrivais il écrivait nous écrivions vous écriviez ils écrivaient	j' avais écrit tu avais écrit il avait écrit nous avions écrit vous aviez écrit ils avaient écrit	avoir écrit
FAIRE	je fais tu fais il fait nous faisons vous faites ils font	je vais faire tu vas faire il va faire nous allons faire vous allez faire ils vont faire	j' ai fait tu as fait il a fait nous avons fait vous avez fait ils ont fait	je faisais tu faisais il faisait nous faisions vous faisiez ils faisaient	j' avais fait tu avais fait il avait fait nous avions fait vous aviez fait ils avaient fait	avoir fait
FALLOIR	il faut	il va falloir	il a fallu	il fallait	il avait fallu	
FINIR	je finis tu finis il finit nous finissons vous finissez ils finissent	je vais finir tu vas finir il va finir nous allons finir vous allez finir ils vont finir	j' ai fini tu as fini il a fini nous avons fini vous avez fini ils ont fini	je finissais tu finissais il finissait nous finissions vous finissiez ils finissaient	j' avais fini tu avais fini il avait fini nous avions fini vous aviez fini ils avaient fini	avoir fini
METTRE	je mets tu mets il met nous mettons vous mettez ils mettent	je vais mettre tu vas mettre il va mettre nous allons mettre vous allez mettre ils vont mettre	j' ai mis tu as mis il a mis nous avons mis vous avez mis ils ont mis	je mettais tu mettais il mettait nous mettions vous mettiez ils mettaient	j' avais mis tu avais mis il avait mis nous avions mis vous aviez mis ils avaient mis	avoir mis

futur simple	futur antérieur	conditionnel présent	conditionnel passé	subjonctif	impératif	gérondif
je devrai	j' aurai dû	je devrais	j' aurais dû	que je doive		en devant
tu devras	tu auras dû	tu devrais	tu aurais dû	que tu doives		
il devra	il aura dû	il devrait	il aurait dû	qu'il doive		
nous devrons	nous aurons dû	nous devrions	nous aurions dû	que nous devions		
vous devrez	vous aurez dû	vous devriez	vous auriez dû	que vous deviez		
ils devront	ils auront dû	ils devraient	ils auraient dû	qu'ils doivent		
je dirai	j' aurai dit	je dirais	j' aurais dit	que je dise		en disant
tu diras	tu auras dit	tu dirais	tu aurais dit	que tu dises	dis	
il dira	il aura dit	il dirait	il aurait dit	qu'il dise		
nous dirons	nous aurons dit	nous dirions	nous aurions dit	que nous disions	disons	
vous direz	vous aurez dit	vous diriez	vous auriez dit	que vous disiez	dites	
ils diront	ils auront dit	ils diraient	ils auraient dit	qu'ils disent		
j' écrirai	j' aurai écrit	j' écrirais	j' aurais écrit	que j' écrive		en écrivant
tu écriras	tu auras écrit	tu écrirais	tu aurais écrit	que tu écrives	écris	
il écrira	il aura écrit	il écrirait	il aurait écrit	qu'il écrive		
nous écrirons	nous aurons écrit	nous écririons	nous aurions écrit	que nous écrivions	écrivons	
vous écrirez	vous aurez écrit	vous écririez	vous auriez écrit	que vous écriviez	écrivez	
ils écriront	ils auront écrit	ils écriraient	ils auraient écrit	qu'ils écrivent		
je ferai	j' aurai fait	je ferais	j' aurais fait	que je fasse		en faisant
tu feras	tu auras fait	tu ferais	tu aurais fait	que tu fasses	fais	
il fera	il aura fait	il ferait	il aurait fait	qu'il fasse		
nous ferons	nous aurons fait	nous ferions	nous aurions fait	que nous fassions	faisons	
vous ferez	vous aurez fait	vous feriez	vous auriez fait	que vous fassiez	faites	
ils feront	ils auront fait	ils feraient	ils auraient fait	qu'ils fassent		
il faudra	il aura fallu	il faudrait	il aurait fallu	qu'il faille		
je finirai	j' aurai fini	je finirais	j' aurais fini	que je finisse		en finissant
tu finiras	tu auras fini	tu finirais	tu aurais fini	que tu finisses	finis	
il finira	il aura fini	il finirait	il aurait fini	qu'il finisse		
nous finirons	nous aurons fini	nous finirions	nous aurions fini	que nous finissions	finissons	
vous finirez	vous aurez fini	vous finiriez	vous auriez fini	que vous finissiez	finissez	
ils finiront	ils auront fini	ils finiraient	ils auraient fini	qu'ils finissent		
je mettrai	j' aurai mis	je mettrais	j' aurais mis	que je mette		en mettant
tu mettras	tu auras mis	tu mettrais	tu aurais mis	que tu mettes	mets	
il mettra	il aura mis	il mettrait	il aurait mis	qu'il mette		
nous mettrons	nous aurons mis	nous mettrions	nous aurions mis	que nous mettions	mettons	
vous mettrez	vous aurez mis	vous mettriez	vous auriez mis	que vous mettiez	mettez	
ils mettront	ils auront mis	ils mettraient	ils auraient mis	qu'ils mettent		

infinitif	présent	futur proche	passé composé	imparfait	plus-que-parfait	infinitif passé
PARTIR	je pars tu pars il part nous partons vous partez ils partent	je vais partir tu vas partir il va partir nous allons partir vous allez partir ils vont partir	je suis parti tu es parti il est parti nous sommes partis vous êtes partis ils sont partis	je partais tu partais il partait nous partions vous partiez ils partaient	j' étais parti tu étais parti il était parti nous étions partis vous étiez partis ils étaient partis	être parti
PLEUVOIR	il pleut	il va pleuvoir	il a plu	il pleuvait	il avait plu	
POUVOIR	je peux tu peux il peut nous pouvons vous pouvez ils peuvent	je vais pouvoir tu vas pouvoir il va pouvoir nous allons pouvoir vous allez pouvoir ils vont pouvoir	j' ai pu tu as pu il a pu nous avons pu vous avez pu ils ont pu	je pouvais tu pouvais il pouvait nous pouvions vous pouviez ils pouvaient	j' avais pu tu avais pu il avait pu nous avions pu vous aviez pu ils avaient pu	avoir pu
PRENDRE	je prends tu prends il prend nous prenons vous prenez ils prennent	je vais prendre tu vas prendre il va prendre nous allons prendre vous allez prendre ils vont prendre	j' ai pris tu as pris il a pris nous avons pris vous avez pris ils ont pris	je prenais tu prenais il prenait nous prenions vous preniez ils prenaient	j' avais pris tu avais pris il avait pris nous avions pris vous aviez pris ils avaient pris	avoir pris
SAVOIR	je sais tu sais il sait nous savons vous savez ils savent	je vais savoir tu vas savoir il va savoir nous allons savoir vous allez savoir ils vont savoir	j' ai su tu as su il a su nous avons su vous avez su ils ont su	je savais tu savais il savait nous savions vous saviez ils savaient	j' avais su tu avais su il avait su nous avions su vous aviez su ils avaient su	avoir su
VOIR	je vois tu vois il voit nous voyons vous voyez ils voient	je vais voir tu vas voir il va voir nous allons voir vous allez voir ils vont voir	j' ai vu tu as vu il a vu nous avons vu vous avez vu ils ont vu	je voyais tu voyais il voyait nous voyions vous voyiez ils voyaient	j' avais vu tu avais vu il avait vu nous avions vu vous aviez vu ils avaient vu	avoir vu
VOULOIR	je veux tu veux il veut nous voulons vous voulez ils veulent	je vais vouloir tu vas vouloir il va vouloir nous allons vouloir vous allez vouloir ils vont vouloir	j' ai voulu tu as voulu il a voulu nous avons voulu vous avez voulu ils ont voulu	je voulais tu voulais il voulait nous voulions vous vouliez ils voulaient	j' avais voulu tu avais voulu il avait voulu nous avions voulu vous aviez voulu ils avaient voulu	avoir voulu

futur simple	futur antérieur	conditionnel présent	conditionnel passé	subjonctif	impératif	gérondif
je partirai tu partiras il partira nous partirons vous partirez ils partiront	je serai parti tu seras parti il sera parti nous serons partis vous serez partis ils seront partis	je partirais tu partirais il partirait nous partirions vous partiriez ils partiraient	je serais parti tu serais parti il serait parti nous serions partis vous seriez partis ils seraient partis	que je parte que tu partes qu'il parte que nous partions que vous partiez qu'ils partent	pars partons partez	en partant
il pleuvra	il aura plu	il pleuvrait	il aurait plu	qu'il pleuve		
je pourrai tu pourras il pourra nous pourrons vous pourrez ils pourront	j' aurai pu tu auras pu il aura pu nous aurons pu vous aurez pu ils auront pu	je pourrais tu pourrais il pourrait nous pourrions vous pourriez ils pourraient	j' aurais pu tu aurais pu il aurait pu nous aurions pu vous auriez pu ils auraient pu	que je puisse que tu puisses qu'il puisse que nous puissions que vous puissiez qu'ils puissent		en pouvant
je prendrai tu prendras il prendra nous prendrons vous prendrez ils prendront	j' aurai pris tu auras pris il aura pris nous aurons pris vous aurez pris ils auront pris	je prendrais tu prendrais il prendrait nous prendrions vous prendriez ils prendraient	j' aurais pris tu aurais pris il aurait pris nous aurions pris vous auriez pris ils auraient pris	que je prenne que tu prennes qu'il prenne que nous prenions que vous preniez qu'ils prennent	prends prenons prenez	en prenant
je saurai tu sauras il saura nous saurons vous saurez ils sauront	j' aurai su tu auras su il aura su nous aurons su vous aurez su ils auront su	je saurais tu saurais il saurait nous saurions vous sauriez ils sauraient	j' aurais su tu aurais su il aurait su nous aurions su vous auriez su ils auraient su	que je sache que tu saches qu'il sache que nous sachions que vous sachiez qu'ils sachent	sache sachons sachez	en sachant
je verrai tu verras il verra nous verrons vous verrez ils verront	j' aurai vu tu auras vu il aura vu nous aurons vu vous aurez vu ils auront vu	je verrais tu verrais il verrait nous verrions vous verriez ils verraient	j' aurais vu tu aurais vu il aurait vu nous aurions vu vous auriez vu ils auraient vu	que je voie que tu voies qu'il voie que nous voyions que vous voyiez qu'ils voient	vois voyons voyez	en voyant
je voudrai tu voudras il voudra nous voudrons vous voudrez ils voudront	j' aurai voulu tu auras voulu il aura voulu nous aurons voulu vous aurez voulu ils auront voulu	je voudrais tu voudrais il voudrait nous voudrions vous voudriez ils voudraient	j' aurais voulu tu aurais voulu il aurait voulu nous aurions voulu vous auriez voulu ils auraient voulu	que je veuille que tu veuilles qu'il veuille que nous voulions que vous vouliez qu'ils veuillent	veuillez	en voulant

ACTIVITÉS COMMUNICATIVES

passé composé / imparfait / passif

 **Informations, le 23 décembre à 7 heures**

Les passagers du train Paris-Marseille ont eu des émotions hier soir. Il était environ 20 heures. Le train roulait à 300 km/h. C'était un jour de départ en vacances et il y avait un grand nombre de voyageurs accompagnés de leurs enfants. Soudain le conducteur a vu sur son écran un signal d'alarme : il y avait, à 2 km sur la voie, un obstacle non identifié. Le conducteur a freiné immédiatement et le train s'est arrêté à un mètre à peine* d'un… éléphant. L'éléphant portait une grande cape rouge et un bonnet jaune, il était immobile, sous la pluie au milieu de la voie. Des voyageurs sont sortis pour voir l'animal. Certains ont filmé la scène*. Après plusieurs coups de fil* à la police et aux cirques, on a retrouvé le dompteur. Il est arrivé une heure plus tard sur les lieux. Il a calmé l'animal qui est monté dans un camion. Les enfants étaient ravis.

*à peine = seulement *la scène = l'événement *un coup de fil = un coup de téléphone

1 Complétez les questions et répondez.

Il *était* quelle heure le jour de l'incident ? Le train ____________ à quelle vitesse ? Est-ce qu'il ____________ beaucoup de voyageurs ? Pourquoi est-ce que le conducteur ____________ si brusquement ? Est-ce qu'il ____________ un arbre sur la voie ? Comment ____________ l'éléphant ? Décrivez-le. Est-ce que le dompteur ____________ rapidement sur les lieux ?

 **Témoignages**

1. Mme Ravel, maman de deux enfants :
Mes enfants dormaient. Je lisais. Tout à coup, le train s'est mis à trembler. Les enfants sont tombés de la banquette et ils se sont mis* à pleurer. Tout le monde criait. On a eu peur.*

*se mettre à = commencer à

2. Max, adolescent légèrement blessé :
J'étais au bar. Je cherchais une place avec mon plateau. Quand le train a freiné, je suis tombé. Mes mains étaient occupées et je n'ai pas pu me retenir. Je me suis foulé le poignet.*

*se fouler une articulation = se tordre

3. Bolo Boli, le dompteur du cirque :
Tony, qui a 29 ans et pèse 4 tonnes, s'est échappé après le spectacle. Un orage a éclaté, Tony a eu peur et il s'est enfui. Il a traversé le village et il a fait 50 km à travers la campagne. Il était en état de choc.

 **Vous êtes un passager du train. Racontez.**

Situation : travailler, écrire des SMS, lire des revues, faire des mots croisés, manger un sandwich, etc.
Actions : se lever, sortir, prendre des photos, téléphoner, envoyer des SMS, etc.

 **Vous êtes un(e) habitant(e) du village que l'éléphant a traversé. Racontez.**

Situation : dîner, travailler, dormir, etc.
Événements : entendre du bruit, ouvrir la fenêtre, sortir, appeler les pompiers, etc.

 **Communiqué de la SNCF* à la presse. Observez l'usage du passif.**

La catastrophe a été évitée de justesse. L'obstacle a été signalé par radar. Tous les cirques ont été contactés. L'éléphant a été évacué dans un camion. Aucun passager n'a été grièvement blessé. Le trafic a été perturbé pendant plus de deux heures. Les voyageurs ont été indemnisés*.

*SNCF = Société nationale des chemins de fer français *indemmiser = rembourser

passé composé / imparfait / plus que parfait

Distraction : histoire de Jo

Je faisais la queue devant le cinéma et quand je suis arrivé à la caisse, je me suis aperçu*... que j'avais oublié de jeter ma poubelle ! J'ai dû chercher un container et j'ai raté le film. Le lendemain, il faisait beau et j'ai passé la journée au parc, allongé sur l'herbe. Quand je suis rentré chez moi, je me suis rendu compte* que j'avais laissé ma veste (avec mes clés et mon portefeuille) quelque part sur l'herbe. Je suis retourné au parc, mais on avait fermé les grilles. Il était neuf heures du soir, il faisait frais et j'étais dehors sans veste ni clés. Tous mes amis étaient partis en vacances, et personne ne pouvait m'héberger, alors je suis allé dormir à l'hôtel d'en face. Heureusement que le réceptionniste me connaissait car je n'avais ni argent ni papiers.

*s'apercevoir/se rendre compte = constater/réaliser/prendre conscience

1 Relevez sur 3 colonnes les verbes au passé composé, à l'imparfait et au plus-que-parfait.

imparfait	passé composé	plus-que-parfait
______________	______________	______________
______________	______________	______________

5 Distraction : histoire de Carlos

Je donnais des cours à Washington. Un matin, je me suis levé et je me suis aperçu que j'avais oublié de retirer mes vêtements au pressing. J'ai enfilé* un imperméable sur mon pyjama et je suis descendu dans la rue. Le pressing se trouvait à côté d'une librairie. Je suis entré pour feuilleter* quelques livres. Au bout d'un moment, j'ai commencé à avoir faim. Je suis allé au centre-ville et je suis entré dans un grand restaurant. J'ai enlevé mon imper et j'ai commandé un bon déjeuner. J'avais presque fini de manger quand j'ai remarqué deux touristes qui me regardaient et qui chuchotaient. C'est là que je me suis rendu compte que j'avais déjeuné en pyjama et en pantoufles, à deux heures de l'après-midi, en plein centre de Washington.

*enfiler = mettre rapidement   * feuilleter = regarder rapidement quelques pages

2 Mina est distraite, elle aussi. Complétez au passé composé, à l'imparfait ou au plus-que-parfait.

Quand Mina (sortir) __________ du supermarché, il (pleuvoir) __________. Elle (appeler) __________ son mari. Deux minutes plus tard, une voiture (se garer) __________ devant le supermarché. Mina (ouvrir) __________ le coffre, elle (mettre) __________ les paquets à l'intérieur, puis elle (monter) __________ dans la voiture et elle (embrasser) __________ chauffeur. Là, elle (se rendre compte) __________ que l'homme qu'elle (embrasser) __________ n'était pas son mari. Elle (s'excuser) __________ et elle (sortir) __________ de la voiture à toute vitesse. Son mari (attendre) __________ juste au coin. Il dit toujours que ce n'est pas parce que Mina (se tromper) __________ de mari, que cette histoire est incroyable mais c'est parce qu'elle (confondre) __________ sa belle Mercedes gris métallisé avec un vieux break bleu marine !

3 Complétez avec « se rendre compte » (invariable) et un verbe au plus-que-parfait.

De l'eau coulait sous la porte et je *me suis rendu compte que j'avais oublié de fermer le robinet de la baignoire.*

Quand je suis arrivé(e) à la caisse du supermarché, je ______________________________

J'ai reçu un rappel de ma facture de téléphone et je ______________________________

Quand j'ai regardé les mails « Envoyés », je ______________________________

De la fumée sortait du four et je ______________________________

pronoms relatifs

Location saisonnière

Theo et Elena Matis louent pour un mois l'appartement de Mme Morin, à Paris. La visite commence.

Mme Morin : Voilà le salon. Il y a une fenêtre qui donne sur la rue et deux fenêtres qui donnent sur la cour. C'est très calme. Ici, vous avez un canapé que vous pouvez déplier facilement. Là, vous avez un grand placard où il y a des couvertures. Pour isoler cette partie du salon et la transformer en chambre, il y a une cloison qu'on tire, comme ceci.

Theo : C'est commode*. Ce sera utile le jour où nous aurons la visite de mon frère.

Mme Morin : La cuisine est entièrement équipée. Sous l'évier, il y a les produits ménagers dont on se sert le plus souvent et, dans le tiroir, les modes d'emploi dont vous pourriez avoir besoin. Ils sont écrits en français, en anglais et en espagnol. Pas en grec, je suis désolée. Mais vous parlez très bien français, je vois !

Elena : Oh, on se débrouille*. Nous avons étudié le français pendant 5 ans, à l'école.

Mme Morin : Moi, j'ai acheté une méthode dont un ami m'a parlé : *Apprendre le grec en 25 ans*. J'ai commencé il y a 24 ans... et je ne connais que trois mots !

*C'est commode = c'est pratique = facile à utiliser
*Se débrouiller = être autonome (ici = on arrive à communiquer)

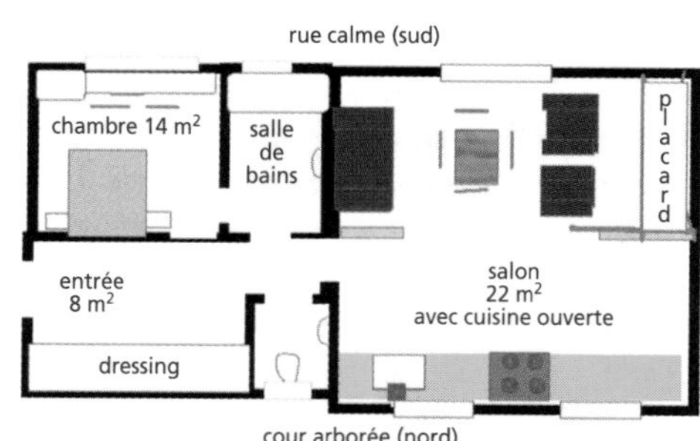

• 55 m² • 4 pers. • Meublé • 1 500 €/mois • Caution : 800 €
• 3e étage ascenseur • Quartier calme • Commerces, piscine
• Marché bio : mardi • Bus 47 : rue Zola – Bus 92 : rue Didot

1 Répondez avec « qui », « que », « où ».

1. – Vous avez loué un appartement. Il est vide ou meublé ?
– *L'appartement que nous avons loué est meublé.*
2. – Un canapé se trouve dans le salon. Il est fixe ou convertible ? – *Le canapé* ____________________
3. – La propriétaire demande une caution. Elle est de 800 € ou de 1000 € ? – *La caution* ____________________
4. – Le bus 47 passe dans une rue voisine. C'est quelle rue ?
– *La rue* ____________________

2 Complétez avec « qui », « que », « dont », « où ». Imaginez d'autres commentaires.

1. On a aimé cet appartement *qui* est à la fois calme et central. – **2.** Merci pour cette adresse ________ on a trouvée grâce à vous. – **3.** Nous avons passé ici quelques jours ________ on se souviendra longtemps. – **4.** Dans le quartier, il y a tous les commerces ________ on a besoin, une belle piscine ________ est à deux pas et ________ le toit s'ouvre en été ! – **5.** C'est un appartement ________ on m'avait parlé et ________ je reviendrai sans doute. – **6.** Cette location ________ le *Guide du Voyageur* recommande est parfaite pour un séjour en amoureux... – **7.** Voilà un quartier ________ est vraiment génial, un appartement ________ a un charme fou et ________ je voudrais bien acheter !

3 Continuez la description avec « dont » + nom.

appartement (propriétaire : Mme Morin) — *C'est un appartement dont la propriétaire est Mme Morin*
immeuble (architecte : Le Corbusier) — *C'est un immeuble* ____________________
canapé (designer : Philippe Starck) — ____________________
méthode de grec (auteur : Brian Church) — ____________________

4 Décrivez votre appartement et votre quartier en utilisant des pronoms relatifs.

conditionnel

7 Une île de rêve

Deux amis, Chris et Alex, passent des vacances dans une île.

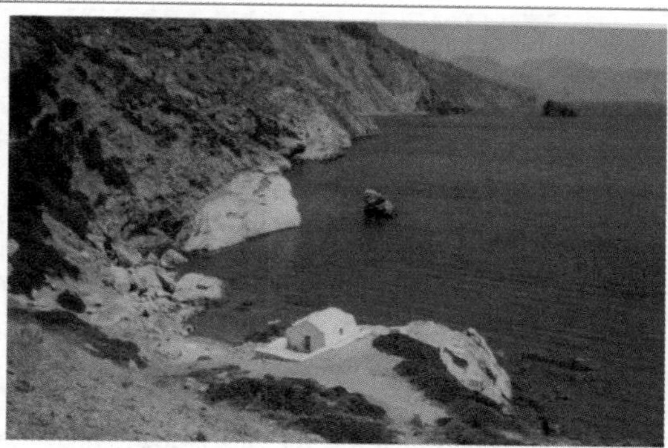

Alex : Regarde cette jolie petite plage ! Si on avait des sacs de couchage, on dormirait là ! Ce serait formidable. On prendrait des bains de minuit. On verrait le soleil se lever sur la mer !

Chris : Tu es fou ! Si on dormait sur cette plage, on ne fermerait pas l'œil de la nuit, on serait dévorés par les moustiques. Et puis tu as vu, là-bas, si on se baignait la nuit, on ne verrait rien et on se casserait la tête sur les rochers.

Alex : Oh... Mais regarde un peu, cette maison abandonnée ! Si j'avais de l'argent, je ferais des travaux et je vivrais ici toute l'année. Je ferais pousser des légumes, je pêcherais, j'aurais des poules, des chèvres et un chien. Tu imagines ?

Chris : Si tu faisais pousser des légumes, où trouverais-tu de l'eau ? Tout est archisec ! Et si tu avais un problème de santé – par exemple si tu te cassais la tête sur les rochers –, tu devrais attendre le bateau et tu pourrais mourir en attendant, crois-moi ! Et puis je pense que si tu vivais ici, tu t'ennuierais à mourir en hiver. Tu n'aurais ni cinéma, ni café, ni librairie... Tu serais l'esclave de ton chien et de tes poules !

Alex : Ce que j'aime chez toi, c'est que tu es un vrai romantique...

1 Répondez aux questions.

1. Que se passerait-il, selon Chris, si les deux amis dormaient sur la plage ? ____________
2. Que se passerait-il, selon lui, s'ils prenaient un bain de minuit ? ____________
3. Que ferait Alex, s'il avait de l'argent ? ____________
4. D'après Chris, comment serait la vie sur l'île ? ____________

2 Répondez aux questions.

1. Si vous deviez passer un an sur une île, quels objets emporteriez-vous ? ____________
2. Si vous emmeniez une personne, qui emmèneriez-vous ? ____________
3. SI vous aviez un animal de compagnie, quel animal choisiriez-vous ? ____________
4. Si vous n'emportiez que trois livres, quels livres emporteriez-vous ? ____________

3 Des amis échangent des SMS. Lisez et imaginez leurs commentaires, en utilisant le conditionnel.

Coucou ! On est à Paris ! On se promène le long de la Seine. On mange des croissants et on boit des cafés crème en terrasse. On prend le bateau-mouche. On visite des musées. On se lève tard. On marche beaucoup et tous les soirs, on danse le tango sur le quai Saint-Bernard !

Et nous, on est au bureau. On travaille dix heures par jour. On fait des réunions interminables. On mange (mal) à la cantine. On prend le métro. On rentre chez nous épuisés. On regarde des programmes idiots à la télé. On se lève tôt le matin. On boit un café en vitesse, et ça recommence.

Imagine : si on était au bureau, on travaillerait ____________

Imagine : si on était à Paris ____________

subjonctif

Désirs et devoirs

C'est la fin du week-end, Julie et son papa font une dernière partie de cartes.

– J'ai gagné ! On fait encore une partie, papa ?
– Non, ma chérie, il est tard. Il faut aller se coucher. Demain je dois partir en voyage.
– Il faut que tu partes encore ? Pourquoi ?
– Parce qu'il faut que je travaille. Il faut que je gagne de l'argent.
– Je te donnerai mes sous !
– Oh, merci, mon cœur, garde tes sous et fais-moi un bisou. Il faut que je parte très tôt demain matin, et avant, il faut que je finisse un travail. Il faut aussi que je fasse ma valise. Allez au lit, ma jolie.

PAPA de JULIE

Demain :
Lever : 5 h
Avion Nice-Paris : 7 h
Réunion « Dumont » : 9 h
Train Paris-Bruxelles : 13 h
Réunion « Vatel » 15 h

Aujourd'hui :
Finir dossier « Vatel »
Choisir maquette définitive
Lire le projet « Dumont »
Réservation taxi : 03 030 303
Valise

JULIE

– Attends un peu. Moi, il faut que je range mes cartes, il faut que j'éteigne mon ordi*, il faut que je boive mon verre de lait, il faut que je mette mon pyjama, il faut que je dise « bonne nuit » à Tichou.
– Que d'obligations !* Allez, dépêche-toi.
– Papa, tu sais, j'aimerais que tu restes encore un peu. C'est les vacances pour moi. Je voudrais... Je voudrais... qu'on aille à la plage, je voudrais qu'on construise des châteaux de sable et qu'on fasse du pédalo et qu'on mange des glaces. Je voudrais que tu sois tout le temps avec moi. Et puis, je voudrais que tu me lises une histoire maintenant.
– À vos ordres, princesse.

*mon ordi = mon ordinateur (abréviation) *Que d'obligations ! = Quel grand nombre d'obligations ! (exclamation)

2 **Complétez avec des verbes à l'indicatif ou au subjonctif.**

Dans le cœur de Julie :
Julie aimerait que son papa ne ________ pas de nouveau en voyage. Elle aimerait qu'il ________ là, tout le temps. Elle voudrait que sa maman ________ du pédalo avec elle. Mais elle a peur qu'il _____ des méduses ou que l'eau _____ trop froide et elle craint que son amie Karine ne ________ pas à la plage demain.

Dans la tête de Julie :
Julie pense qu'il ____________ beau demain et qu'elle____________ à la plage avec sa maman. Elle espère qu'il y __________ son amie Karine sur la plage. Elle imagine qu'elles _________ des châteaux de sable formidables. Elle trouve que Karine _________ toujours des idées rigolotes*. Elle pense qu'elles _____________ une super journée ensemble.

*rigolote = amusante (familier)

Dans la tête et dans le cœur du chat Tichou :
Il pense qu'il ______ une maîtresse adorable. Il adore qu'elle le ________ dans ses bras et qu'ils ___________ dans le même lit. Mais il déteste que Karine et Julie _______ tout le temps ensemble pendant la journée. Il trouve que Karine ________ toujours des idées épouvantables (elle le traite comme une poupée). Il craint aussi que la mère de Karine ________ chez eux avec leur horrible chien. Pfffffttt.

2 **Faites la liste des obligations du papa de Julie.** *Il faut qu'il se lève à 5 h. Il faut qu'il* ___________

3 **Imaginez ses souhaits.** *Il aimerait que son travail soit moins prenant/mieux payé/plus intéressant, etc.*

subjonctif

9 Le président de la République

« Qu'est-ce que vous aimeriez que le président de la République fasse ? » C'est la question que des instituteurs ont posée à leurs élèves. Nous avons fait une sélection de leurs réponses.

Instituteur : Qu'est-ce que vous aimeriez que le président de la République fasse ?

Damien (8 ans) : Je voudrais qu'il fabrique plus de billets pour que les gens soient plus riches.

Melissa (10 ans) : Je voudrais qu'on interdise de tuer les animaux car on peut se nourrir sans manger de viande.

Tom (8 ans) : J'aimerais qu'on construise des caravanes pour les sans-abri et que tous les enfants aient de l'eau, des habits et des choses à manger.

Nathan (8 ans) : Il faudrait que les gens soient au chômage quand ils veulent.

Jules (7 ans) : Il faudrait qu'on remplace les armes des soldats par des pistolets à eau.

Chloé (9 ans) : J'aimerais qu'on aille à l'école seulement le matin et que les ministres viennent manger dans les cantines scolaires.

Marianne (7 ans) : Il faudrait qu'on interdise les sports dangereux comme l'escalade sur un glacier géant avec un trou.

Émilie (9 ans) : Je voudrais qu'on mette les usines sous terre et qu'on fasse des voitures solaires.

André (10 ans) : Je souhaite que tous les présidents se mettent d'accord et qu'ils fassent un traité continental ou mondial contre la guerre.

Alexis (9 ans) : Je voudrais que le Président fasse des discours que les adultes et les enfants comprennent.

Claire (10 ans) : Je voudrais qu'on réduise le salaire des mannequins et des footballeurs.

Julie (6 ans) : Je voudrais que le Président pense comme une maman ou un papa à tout le monde dans la France.

1 **Identifiez les thèmes abordés par les enfants : économie, démilitarisation, etc. Commentez les réponses en fonction de l'âge des enfants.**

2 **Exprimez les vœux des adultes en commençant par « Je voudrais ».**

1. Tenir les promesses. *Je voudrais qu'il tienne ses promesses.*
2. Réintroduire la justice sociale. ______________________
3. Réduire le chômage. ______________________
4. Savoir bien s'entourer. ______________________
5. Faire de bonnes réformes. ______________________
6. Défendre la culture et l'éducation. ______________________
7. Réfléchir avant d'agir. ______________________
8. Être sérieux et honnête. ______________________
9. Savoir prendre des décisions difficiles. ______________________
10. Interdire le cumul des mandats. ______________________

3 **Choisissez certains souhaits et mettez au conditionnel.** *Si j'étais président, je ferais des réformes…*

cause, conséquence, but

Histoire de Tichou

Julie est assise sur un banc, dans le square. La voisine, madame Michel, lui parle.

– Tu as l'air triste, Julie. Qu'est-ce qui se passe ?
– Tichou a disparu.
– Qui ?
– Tichou. Mon petit chat. Il a disparu.
– Comment ça ?
– Ben, il a eu peur quand les pompiers sont entrés dans l'appartement.
– Les pompiers ? Mais qu'est-ce qui s'est passé ?
– La lampe halogène a éclaté et les rideaux ont pris feu.
– La lampe a éclaté comme ça ? Sans raison ?
– Ben, grand-père est tombé par terre et il a renversé la lampe.
– Ton grand-père a eu un malaise ?
– Je crois. Pépé regardait un match à la télé. Il caressait Tichou. Tout à coup, j'ai entendu un cri, et un grand bruit. Quand je suis arrivée, Pépé était par terre et les rideaux brûlaient.
– Et comment va ton grand-père, maintenant ?
– Oh, il va très bien. Le docteur dit qu'il a eu un grand choc à cause d'un but qui a fait perdre le match à la France. Il a besoin de se reposer, alors on va partir à la campagne, chez tante Mina. Mais j'ai perdu mon Tichou.
– Ne t'inquiète pas, il reviendra.
– Mais s'il revient, il ne me retrouvera pas, puisqu'on sera à la campagne !
– Écoute, puisque tu es si inquiète, je vais chercher ton Tichou et je t'appellerai pour te donner des nouvelles.

1 Complétez avec « parce que », « puisque », « comme ». Devinez qui parle (et justifiez votre hypothèse).

– Je suis inquiète _________ mon père a eu un malaise. Il vient de sortir de l'hôpital.
– Ce n'est sûrement pas grave _______ il est sorti !
– C'est les vacances scolaires et _______ j'ai une grosse semaine de travail, Julie et papa vont aller en Provence chez ma sœur.

– Tu ne regardes pas la finale à la télé ?
– À quoi bon, _______ la France a été éliminée !

– Tu joues aux cartes avec moi, pépé ? Pépé, pépé, on joue aux cartes ? – Chut. Je dors.
– Mais… tu ne dors pas _______ tu parles !
– Tu sais bien que je parle toujours en dormant !

– Bonjour madame. Nous appelons ________ nous avons vu votre annonce dans le hall de l'immeuble. _________ nous avons trouvé un petit chat roux, nous pensons qu'il s'agit peut-être de Tichou.
Appeler Theo et Elena Matis au :
06 33 44 55 66.

2 Complétez librement en utilisant « parce que », « comme », « à cause de » ou « grâce à ».

1. Julie est triste ______________________________.
2. Tichou a disparu ______________________________.
3. ______________________________, Julie a appelé les pompiers.
4. L'incendie a été maîtrisé ______________________________.
5. Le grand-père ______________________________ la défaite de la France, en demi-finale.
6. ______________________________, il doit se reposer à la campagne.

3 Écoutez la chanson « Tout va très bien, madame la Marquise » et faites un résumé.

opposition/concession

Nord/Sud

La maman de Julie arrive chez sa sœur en Provence.

– Comme il fait beau ici *! Quelle lumière *!
– Eh oui, tu as vu : il pleut dans toute la France, mais chez nous, il y a toujours du soleil.
– Quand je suis arrivée à la gare d'Avignon, il y avait du soleil, mais il y avait aussi du mistral*, alors qu'ici, à cinquante kilomètres à peine, il n'y a pas de vent. C'est incroyable !
– C'est parce que le Luberon* nous protège, tandis que là-bas, rien n'arrête le mistral.
– Tu as bien fait de t'installer dans cette région. À Paris, il y a des cinémas, des cafés, des distractions, par contre, il peut faire froid même en juillet.
– Et oui : c'est le Nord. Mes voisins, qui sont danois et qui ont de l'humour m'ont dit : « L'année dernière on a eu de la chance, l'été est tombé pendant le week-end ! »

*Comme... ! Quelle... ! Qu'est-ce que... ! = exclamation
*mistral = vent du nord * Luberon : massif montagneux

Vent : Avignon : 70 km/h Brest : 80 km/h
Paris : 0 °C Avignon : 9 °C Lauris : 15 °C

Vie de famille

– Papa va bien ?
– Oui, il va bien, mais il se fatigue vite et il doit faire de longues siestes l'après-midi. Julie est adorable. Elle n'a que six ans, pourtant elle parle comme un livre. Et elle m'aide beaucoup : à la cuisine, au jardin. Même si elle a dix ans de moins que son cousin, ils s'entendent très bien tous les deux : ils jouent aux cartes, ils font de l'ordinateur, ils bavardent. Max s'est foulé le poignet gauche – il te racontera – mais il joue au ping-pong avec Julie quand même.
– J'ai une surprise pour Julie dans le panier qui est dans la voiture. J'ai retrouvé Tichou ! Grâce... à Mme Michel, la voisine, et à un couple de touristes !
– J'en étais sûre ! J'avais beau rassurer Julie, elle était très inquiète pour son chat.
– Tichou a été très sage pendant le voyage, même s'il était mort de peur. Il n'aime pas l'aventure, ce chat.

1 Complétez avec « alors que »/« tandis que ».

Paris/Marseille Il pleut à Paris, *alors qu'il fait beau à Marseille / tandis qu'il fait beau à Marseille.*
Mina/Sa sœur Mina habite en Provence, ______________________
Marseille/Corse Il y a du soleil à Marseille, ______________________
Julie/Max Julie a 6 ans, ______________________

2 Observez les phrases, puis complétez selon le modèle en utilisant « même si » et « pourtant ».

1. Max et son grand-père s'adorent, *même s'ils se disputent.* / Ils se disputent, *pourtant ils s'adorent.*
2. Julie s'entend bien avec Max, ______________. / Elle est beaucoup plus jeune, ______________.
3. Max joue au ping-pong, ______________. / Il s'est foulé le poignet, ______________.
4. Tichou a été sage, ______________. / Il était mort de peur, ______________.

prépositions de temps

13 Venise

– Mmm... ça sent bon. Qu'est-ce que c'est ?

– Un tajine, un pot-au-feu, des lasagnes et une ratatouille. Je cuisine depuis huit heures du matin. J'épluche, je lave, je coupe depuis... (*elle compte*) au moins cinq heures !

– Mais, pourquoi tout ça ?

– Parce que nous partons à Venise pour huit jours ! Les garçons restent ici. Je cuisine pour eux... Quatre plats pour huit jours, deux repas par jour. À cet âge, on mange beaucoup.

– Vous partez quand ?

– Le taxi arrive dans deux heures. Carlos fait les valises pendant que je cuisine. Dans cinq minutes, tout sera prêt...

– Je ne te comprends pas : au lieu de te préparer, tu cuisines pendant cinq heures pour des garçons de seize ans qui vont avaler ça en cinq minutes ! Tu ne sais pas qu'une pizza surgelée est prête en dix minutes et qu'on peut faire tout ce qu'on veut en trois minutes au micro-ondes ?

– Tu as raison. Mais j'aime ça et comme ça, ils mangeront des légumes.

1 « Depuis », « pour », « dans », « en ». Répondez aux questions.

– Anna cuisine depuis combien de temps ? – ____________________
– Elle part à Venise pour combien de temps ? – ____________________
– Le taxi arrive dans combien de temps ? – ____________________
– Anna fait la cuisine pour plusieurs jours ? – ____________________
– Une pizza surgelée cuit en combien de temps ? – ____________________

2 Vie d'adolescents. Imaginez des réponses avec « en » ou « pendant ».

Les adolescents mettent combien de temps pour se préparer ? *Ils se préparent en dix minutes.*
Ils mettent combien de temps pour faire leur lit ? ____________________
Ils dorment pendant combien de temps en moyenne ? ____________________
Ils mettent combien de temps pour faire leurs devoirs ? ____________________
Ils restent sous la douche pendant combien de temps ? ____________________

14 Jo se marie

– Allô, Carlos. Écoute la nouvelle : je me marie dans une semaine. Il y a trois jours, j'ai rencontré la femme de ma vie !

– Toi ? Le « parfait célibataire » ! Tu te maries comme ça, à 34 ans, avec une inconnue ?

– Oui et non. Léa et moi, on se connaît depuis... 24 ans. J'avais 10 ans quand elle est née. C'était la fille de mes voisins. Je suis tombé amoureux d'elle quand elle était bébé. Je me souviens que je tremblais et que mon cœur battait chaque fois que je la voyais... Et puis ma famille a déménagé et, pendant des années, on ne s'est plus vus. Il y a trois jours, j'étais dans le métro. J'ai vu au fond de la rame une fille magnifique. Elle est descendue. Je suis descendu. Elle est montée dans un bus, je suis monté. Je l'ai suivie. Je tremblais, mon cœur battait. Elle est entrée dans un bar. Je lui ai parlé : c'était Léa. On a parlé de nos vies pendant trois jours, on ne pouvait plus se quitter, et au moment où elle repartait, comme ça, en trois secondes, on a décidé de se marier et on part en voyage de noces... à Venise !

TEST D'ÉVALUATION (100 points)

Ce test va vous permettre d'évaluer vos connaissances globales en grammaire et de réviser les chapitres où vous rencontrez des difficultés. Les corrigés se trouvent page 280.

1 **Complétez les phrases avec les éléments manquants. Faites l'élision si c'est nécessaire.**

	20 Points	Chapitres
1. – Vous allez souvent ________ cinéma ?	____	4
2. – Le petit garçon est fatigué. La petite fille aussi est très ____________ !	____	2
3. – Qui est cet homme ? – ________ un ami de Julie.	____	5
4. En France, ________ soixante millions d'habitants.	____	9
5. Le soir, je me promène ________ la rue.	____	10
6. Les dossiers sont sur ________ bureau du directeur.	____	4
7. C'est l'hiver et ________ froid.	____	14
8. Souvent le soir, nous ______________ de la soupe avec de la salade.	____	16
9. – Vous vous levez tôt le matin ? – Oui, je ______________ très tôt.	____	27
10. – Qu'est-ce que vous ________ au petit déjeuner ? – Du café.	____	26
11. – ________ est votre profession ? – Je suis médecin.	____	33
12. Tous les hommes ______________ manger pour vivre.	____	26
13. Aujourd'hui, il y a ________ vent, c'est désagréable.	____	19
14. – Vous dînez tard le soir ? – Non, on ________ vers 20 heures.	____	16
15. J'habite ______________ vingt ans dans le même quartier.	____	17
16. Bientôt, il va ________ chaud. C'est l'été.	____	39
17. Hier, les enfants ______________ la télévision pendant deux heures.	____	40
18. – Si vous ______________ aux dents, allez vite chez le dentiste.	____	11
19. Ce matin, Pierre ________ levé très tôt.	____	40
20. – Excusez-moi, je suis pressé : je ________ partir !	____	26

2 **Complétez les phrases avec les éléments manquants. Faites l'élision si c'est nécessaire.**

	20 Points	Chapitres
21. – Quel est le bus ________ va à l'aéroport ?	_____	32
22. – Il fait chaud : est-ce que je ________ ouvrir la fenêtre ?	_____	26
23. – Tu vas au travail en voiture ? – Non, ________________ à pied.	_____	24
24. Nous ________________ rentrés de vacances il y a une semaine.	_____	40
25. Marie aime les fraises et elle ________ mange à tous les repas.	_____	20
26. Quand je suis arrivé à Paris, il ________________ froid.	_____	43
27. En 2030, Antoine ________ vingt ans.	_____	47
28. – Voilà la liste des livres ________ j'ai besoin.	_____	32
29. – Vous avez une voiture ? – Non, je ________________ voiture.	_____	10
30. – Paul a écrit à Marie ? – Oui, il ________________ une longue lettre.	_____	28
31. – Dis-moi ________ tu penses de ma nouvelle coiffure.	_____	35
32. Je suis arrivé tard hier soir parce qu'il ____________ des embouteillages.	_____	43
33. Quand je serai en Grèce, je vous ________________ une carte postale.	_____	47
34. Franz et Jack ont fait le tour du monde ________________ 60 jours !	_____	41
35. – Quel est le jour ________ vous êtes né ?	_____	32
36. Je dois aller à la banque : j'ai besoin ________ argent.	_____	19
37. – Il y a du beurre dans le frigo ? – Non, il ________________ plus.	_____	20
38. Si tu ________________ du sport, tu serais plus mince.	_____	50
39. Tu as mangé quelque chose à midi ? – Non, je ________________ mangé.	_____	34
40. Ce sont tes parents, sur cette photo ? – Oui, j'ai passé le réveillon avec _______.	_____	29

3 **Complétez les phrases avec les éléments manquants. Faites l'élision si c'est nécessaire.**

	20 Points	Chapitres
41. David est une personne ________ nous aimons beaucoup.	____	32
42. Mozart a composé sa première œuvre quand il ________ six ans.	____	43
43. – Tu connais ________ homme ? – Oui, c'est mon voisin.	____	8
44. Hier soir, nous avons vu un beau film ________ télé.	____	10
45. Les enfants pourront jouer une fois qu'ils ________________ leurs devoirs.	____	48
46. Pierre est malade : c'est la raison ________________ il est absent.	____	32
47. Nous passerons chez toi demain si nous ________ le temps.	____	50
48. ________________ ma voiture était en panne, je suis venu en métro.	____	52
49. Le directeur m'appelle dans son bureau. Il faut que je ________________ tout de suite.	____	51/24
50. Jean est à l'hôpital : il ________ un accident sur l'autoroute hier soir.	____	40
51. Nous allons au cinéma : tu ________________ avec nous ?	____	38
52. ________________ une aspirine avec un verre d'eau si vous avez mal à la tête.	____	30
53. – ________________ se passe dehors ? – Je ne sais pas ce qui se passe !	____	33
54. Pour voter, ________________ avoir plus de dix-huit ans.	____	26
55. Je me suis levé à 5 h du matin et je ________________ une douche glacée !	____	40
56. – Vous avez assez de café ou vous ________________ encore ?	____	20/26
57. La tour Eiffel ________ construite il y a plus de cent ans.	____	42
58. Je ne savais pas que le directeur ________ cinq enfants !	____	45
59. Je n'ai pas montré mon projet à ma mère, mais je ________________ parlé.	____	28/20
60. – Il y a quelqu'un dans la salle 8 ? – Non, il ________________.	____	34

(4) Complétez les phrases avec les éléments manquants. Faites l'élision si c'est nécessaire.

	40 Points	Chapitres
61. Je ne ________ pas où habite Julie. Je ne connais pas ________ adresse.	___	26/6
62. Paul ________ cassé une dent en ________________ un sandwich !	___	40/36
63. – Quand êtes-vous allés ________ Danemark ? – Nous ______________ il y a deux ans.	___	10/24
64. – Paul revient ________ cinq minutes. Voulez-vous boire un café en attendant	_	41
qu'il ________________ ?	_	51
65. – Tu as vu Max ? – Oui, je ________ vu et je _______________ parlé.	___	28
66. J'ai commencé ________ faire mes valises et je suis triste ________ partir.	___	37
67. Avant, je ________________ du sport, mais maintenant, je ____________ plus du tout.	___	43/20
68. C'est moi qui ________ appelé la police après ________ vu l'accident.	___	32/41
69. – Je ne comprends pas ________ vous dites. _______________ répéter, s'il vous plaît ?	___	35/26
70. Je suggère que nous ________________ un verre avant ____________ quitter.	___	51/41
71. On m'a posé beaucoup ________ questions et j'ai dit tout ___________ je savais.	___	19/32
72. Au cas où vous ________________ un problème, n'hésitez pas _______ m'appeler.	___	49/37
73. Je ________ peur quand ma mère ________ tombée dans l'escalier !	___	40
74. Lily s'est mariée ________ un an et elle ________ un bébé il y a un mois.	___	41
75. S'il ________ chaud demain, nous ________ à la piscine.	___	50
76. J'espère qu'il ________ beau demain, mais j'ai peur qu'il ________ encore froid.	___	51
77. Pour que les enfants ________ en forme, il faut qu'ils ________ du sport.	___	51
78. Je vais te raconter ________ s'est passé à la réunion d'hier, ____________ tu n'es pas venu !	___	32/52
79. Pour qu'un homme ________ beau, il faut qu'il ________ de la personnalité.	___	51
80. Si j'avais su que le film était si mauvais, je ________________________ voir !	___	50/28

INDEX

A

B

C

D

E

F

G

H

I

J

L

M

N

O

P

Q

R

S

T

U

V

Y

CORRIGÉS DU TEST

Exercice 1

1. au **2.** fatiguée **3.** C'est **4.** il y a **5.** dans **6.** le **7.** il fait
8. mangeons **9.** me lève **10.** prenez/buvez **11.** quelle **12.** doivent **13.** du **14.** dîne
15. depuis **16.** faire **17.** ont regardé **18.** avez mal **19.** s'est **20.** dois

Exercice 2

21. qui **22.** peux **23.** j'y vais **24.** sommes **25.** en **26.** faisait
27. aura **28.** dont **29.** n'ai pas de **30.** lui a écrit **31.** ce que **32.** y avait
33. enverrai **34.** en **35.** où **36.** d' **37.** n'y en a **38.** faisais
39. n'ai rien **40.** eux

Exercice 3

41. que **42.** avait **43.** cet **44.** à la **45.** auront fait/fini
46. pour laquelle **47.** avons **48.** Comme **49.** y aille **50.** a eu
51. viens/veux venir **52.** Prenez **53.** Qu'est-ce qui **54.** il faut/on doit **55.** ai pris
56. en voulez **57.** a été **58.** avait **59.** lui en ai **60.** n'y a personne

Exercice 4

61. sais … son **62.** s'est … mangeant **63.** au … y sommes allés **64.** dans … revienne
65. l'ai … lui ai **66.** à … de **67.** faisais … n'en fais **68.** ai … avoir
69. ce que … Pouvez-vous **70.** buvions/prenions, de nous **71.** de … ce que **72.** auriez … à
73. j'ai eu … est **74.** il y … a eu **75.** fait … irons **76.** fera … (ne) fasse
77. soient … fassent **78.** ce qui … puisque **79.** soit… ait **80.** ne serais pas allé le

Imprimé en Italie par STIGE en janvier 2016
Dépôt légal : Mars 2015
N° de projet : 1022228